清华大学附属中学语文专题学习系列丛书

文海撷英

主编 白沁文
副主编 龚卉 周若卉 王丽君

清华大学出版社
北京

内容简介

《文海撷英》是"清华大学附属中学语文专题学习系列丛书"中的一本，分为"阅读指津"和"阅读行动"两个篇章，"阅读行动"中包含五个专题，分别是"天地大美""至爱亲情""青史丹心""格物致知""小说大道"。在五个专题中，有诗歌，有散文，有报道，有小说，有说明文……有的侧重情感的抒发，有的侧重故事的讲述，有的侧重形象的塑造，有的侧重事物和事理的说明。涵盖爱国、孝亲等主题，兼顾理性思维和感性思维。主题丰富，文体多样，守正出新，立德树人。本书是教材的有益补充，在促进教师教改、提升学生核心素养等方面有一定的作用。

图书在版编目(CIP)数据

文海撷英/白沁文主编. —北京：清华大学出版社，2019(2024.6重印)
(清华大学附属中学语文专题学习系列丛书)
ISBN 978-7-302-51492-3

Ⅰ. ①文… Ⅱ. ①白… Ⅲ. ①中学语文课—教学参考资料 Ⅳ. ①G634.303

中国版本图书馆CIP数据核字(2018)第255207号

责任编辑：赵轶华
封面设计：傅瑞学
责任校对：袁 芳
责任印制：杨 艳

出版发行：清华大学出版社
网 址：https://www.tup.com.cn，https://www.wqxuetang.com
地 址：北京清华大学学研大厦A座 **邮 编**：100084
社 总 机：010-83470000 **邮 购**：010-62786544
投稿与读者服务：010-62776969，c-service@tup.tsinghua.edu.cn
质量反馈：010-62772015，zhiliang@tup.tsinghua.edu.cn
印 装 者：三河市人民印务有限公司
经 销：全国新华书店
开 本：185mm×260mm **印 张**：19.25 **字 数**：331千字
版 次：2019年10月第1版 **印 次**：2024年6月第9次印刷
定 价：58.00元

产品编号：081124-02

编 委 会

丛书序言

2017 年颁布的《普通高中语文课程标准》中提出了语文课程的基本理念:坚持立德树人,增强文化自信,充分发挥语文课程的育人功能;以核心素养为本,推进语文课程深层次的改革;加强实践性,促进学生语文学习方式的转变;注重时代性,构建开放、多样、有序的语文课程。基于以上理念,我们认为,语文教育的最终目标是依托祖国语文为学生构建精神家园,培养全面发展的人。我们的语文课程,要在语言建构与运用、思维发展与提升、审美鉴赏与创造、文化传承与理解四个核心素养分支上,给学生以潜移默化的影响。在时代的新要求下,语文教学内容与教学模式的革新势在必行。

自 2012 年起,清华大学附属中学(以下简称"清华附中")初中语文组开始了一场教学模式的变革——专题教学。七年琢磨,美玉渐成。我们无比珍惜这七年教学实践中的甘苦与得失,想到其中或许有值得广大读者借鉴之处,因而撮其精要,编成了这套丛书。本丛书既有丰富多样的选文,也有为初中读者量身定做的学习任务单;既可以"用眼睛来读",作为学生课余自读的文选;也可以"用笔来读",进入课堂。本丛书诞生的过程及基本架构如下。

清华附中初中语文组对专题教学的探索始于 2012 年。邱晓云老师正任教初一,她以朱自清的《背影》为主要精读篇目,汇入三毛的同题散文,另选张晓风的《母亲的羽衣》、老舍的《我的母亲》、季羡林的《赋得永久的悔》等一系列关于父母亲情的散文,设计了"我的父亲母亲"专题,在两个班级进行了教学实践,取得了良好的效果。

2013 年,时任备课组组长的王丽丽老师带领初中 2012 级七位语文老师全员跟进,以集体智慧投入专题教学的实践中,设计并实践了"走近诗人毛泽东""祖国民族之爱""格物致知""象征,象征的"等专题教学。专题教学在 2012 级开展两年之后,该备课组各项教学调查指标均领先于其他学科备课组,教学效果显著。

2014 年,时任教研组组长的王俊婷老师邀请邱晓云老师向全组介绍专题教学设计和实施的经验,推动专题教学在初中三个年级同时开展。自此,多个专题百花齐放。我们经过反复实践,收获了八个较为成熟的专题设计,分别是"致童年""多彩四季""传统文化""我的父亲母亲""祖国民族之爱""长征和红色经典阅读""小说之林"和"诗歌专题"。

专题教学在清华附中,就是这样由一位老师的课堂创新,酝酿为改变整个初中语文教学模式的革新,而革新的动机,正是着眼于新形势下立德树人的要求,源自我们对提升学生学科核心素养的追求。

专题教学的特点之一在于教学内容的重构。《义务教育语文课程标准》的颁布,树立了体现时代精神的语文课程与教学的目标,标准的实施、效果的达成,都关系到“教什么”的问题。因此,要大力推行语文教学内容重构,而专题教学就是一种重构模式。

专题教学的特点之二在于它是语文教学的综合改革。伴随着内容的重构,语文课堂教学活动、课后作业设计、语文综合实践活动的开展都因此而全面变革。课堂对话的有效性,问题提出的针对性,活动设计的艺术性,知识能力和情感、态度、价值观的融合性都受到了充分关注。专题教学像杠杆一样撬动了语文教学的变革,给语文教学带来了崭新的气象。

提升学科核心素养的目标是培养全面发展的人。专题教学以其主题的鲜明性、文本组建的合理性、阅读范围的广阔性、问题探究的深入性、教学活动的生动性,全面打造优秀的学习者。七年磨一剑,我们在实践中越来越清晰地认识到,初中语文专题教学是解决传统语文教学“少、慢、差、费”的有益尝试,是语文教学深入综合改革的有力举措,是发展学生核心素养的有效途径。

专题教学也滋养着教师的专业发展。专题教学选文打破了教材藩篱,学习活动的设计力求活泼多样,更适于团队合作完成。在集体备课的过程中,资深教师以丰厚的经验引领团队,身先士卒;年轻教师则可发挥专业特长,扬长补短,释放创造活力,形成集体合力。因此,专题教学有助于促进每一位教师的专业发展,提升职业的成就感和幸福感。

清华附中初中语文组在专题教学上所做的深度开掘,建立在我们长期坚持的教学实践与研究并重的传统之上。2006 年起,时任教研组组长的高慧娟老师,牵头编写了人文类的阅读丛书,没有正式出版,供校内选修课使用。2014—2015 年,继任教研组组长的王俊婷老师带领全组老师编写了《诗风词韵》《散文名家》《古文华章》三本书,深受师生和家长的喜爱,至今还在不断重印。我们所编写的内容全部来自学生发展的实际需要,来自平时教学实践的积累,是真正由一届届师生共同创造、共同打磨出来的教学成果。从高慧娟老师主编的人文类阅读丛书到王俊婷老师主编的读本,再到邱晓云老师主编的专题学习系列丛书,在三任教研组组长的引领下,清华附中初中语文组全体老师的智慧与汗水一点点凝聚成了丰硕的果实,渐成体系。从课外到课内,从拓展视野到提升素养,我们最关心并且持之以恒为之努力的始终是学生的需求。

2017年秋季，我们着手整理五年间收获的专题教学资料，进行归类、合并与增删，结合最新课程标准、部编教材和实践效果，确定了八个聚焦方向，分别是：水木清华、名著悦读、吉日追远、天地大美、至爱亲情、青史丹心、格物致知、小说大道。2018年1月，编写工作正式开始。仅仅一个多月的时间，八个专题读本雏形初现。为保证教学设计流畅无误并积累教学案例与学生作业，2018年3月，我们组织学生试学，根据实践经验与教训，各册主编对书稿作进一步的修订。经过清华附中初中语文组全体同人的齐心努力，2018年5月，书稿定稿，准备出版。

尤其让我们感动的是学生的参与热情。清华附中的同学们不但用心阅读选文、参与活动、完成任务单，更主动地对任务单提出了改进意见，其中特别富有创意的建议都被我们吸纳进了书稿中。清华附中2012—2018年间经历过专题学习的所有同学，都是书稿的共同创作者。有的同学高水平地完成了作业，有的同学设计了趣味性与启发性兼具的学习任务，更多的同学以听讲时全神贯注的目光、研讨时生动碰撞的思维激励着我们精益求精。

本丛书由《水木清华》《名著悦读》《吉日追远》和《文海撷英》四本分册组成，每本分册的内容架构如下图所示。

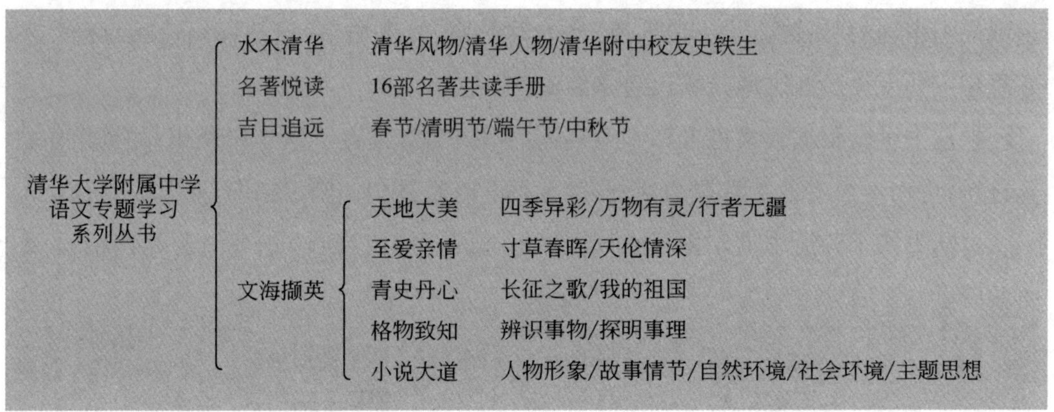

《水木清华》一书是清华附中初中语文组积极开发身边教育资源的产物。清华附中紧邻清华园，我们汇集清华风物与人物，编成此书，希望能成为学生追溯清华历史、领略清华精神的窗口。此书分为"阅读指津"和"阅读行动"两篇，"阅读行动"中包含三个子专题："清华风物""清华人物""清华附中校友史铁生"。"清华风物"与"清华人物"分别摘选清华人文遗迹和英杰风骨的相关文章；史铁生是当代文学史上独树一帜的优秀作家，同时又是清华附中的校友，我们希望通过他的几篇代表作品，把这位扶轮问路的作家介绍给更多的初中学生。

《名著悦读》由16部名著的共读手册组成，分别是《朝花夕拾》《西游记》《骆驼祥子》《海底两万里》《鲁滨逊漂流记》《红星照耀中国》《昆虫记》《傅雷家书》《钢铁是怎样炼成的》《红岩》《艾青诗选》《水浒传》《三国演义》《儒林外史》《简·爱》和《论语》。这16部名著是部编教材和北京市中考说明所推荐的必读书目，我们为每一部名著编写了一套阅读任务，希望能借此同读者一起且读且思，进行创造性的阅读。

《吉日追远》可以当作一本"如何过一个有意义的传统节日"的指南书来读，内容涵盖春节、清明节、端午节和中秋节四个传统佳节。我们通过系列选文和任务设计，发掘节日中的文化意味，希望带领读者体验四季轮回中那些特殊日子的特殊意义。

《文海撷英》是五个专题的集合。"天地大美"以感受自然之美为主题，分为三个子专题："四季异彩"选择了一组描绘四季景物的文章，"万物有灵"选择了一组在景物描绘中寄寓情志的文章，"行者无疆"选择了一组游记。"至爱亲情"以理解天伦亲情为主题，分为两个子专题："寸草春晖"选择的是关于父母亲子之爱的诗文，"天伦情深"则选编了一组关于祖孙和兄弟手足亲情的文章。"青史丹心"以感悟爱国情怀为主题，两个子专题分别是"长征之歌"和"我的祖国"，读者既可以读到红军将士的壮志雄心，也可以读到不同时代、不同国籍人民的爱国深情。"格物致知"是科普文阅读专题，分为两个子专题："辨识事物"中选的是一组介绍事物性状的科普文，"探明事理"则选择了一组说明事理的科普文。"小说大道"从人物形象、故事情节、自然环境、社会环境、主题思想等角度循序渐进地带领读者学会鉴赏小说。

本丛书可以根据教学进度和学生具体情况灵活穿插在不同年级使用；如果用作自读材料，可由学习者自主掌握阅读进度，也可以与教材相关篇目搭配阅读。

本丛书四个分册中，《水木清华》《吉日追远》与《文海撷英》三个分册体例相同，如下图所示。

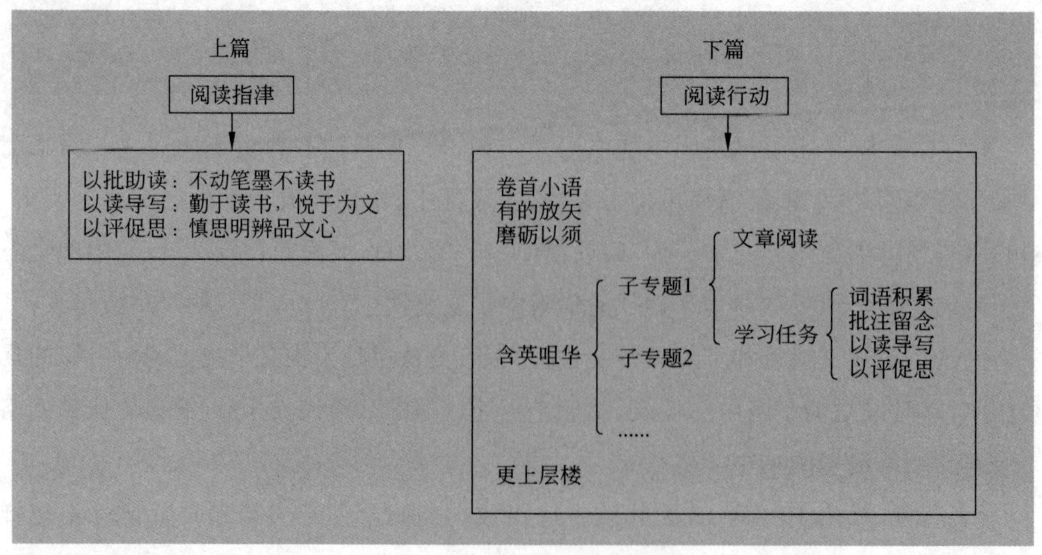

每册书分为“阅读指津”和“阅读行动”两个部分。

“阅读指津”中包含三篇指导性文章，分别是《以批助读：不动笔墨不读书》《以读导写：勤于读书，悦于为文》和《以评促思：慎思明辨品文心》。

在教学中，我们常常要求学生批注，可是效果却不尽如人意，很大程度上是因为欠缺关于批注方法的具体指导。针对学生的需求，迟旭和林加老师撰写了《以批助读：不动笔墨不读书》，具体指导学生应该如何进行阅读批注，其中既有概念的讲解，也有批注的分类和举例，相信能给学生提供一份实用的批注指津。

阅读与写作是专题教学的两翼，二者相辅相成，阅读能够提升写作的品格，而写作可以延展阅读的边界。本丛书强调读与写的结合，唐洁老师的《以读导写：勤于读书，悦于为文》广征博引，论述了阅读与写作相伴而行的意义，并进一步指出写作可以由模仿借鉴走向个性创造。

本丛书在写作训练上采取记叙与议论并重的策略，要求学生把阅读收获整理成文，学会写简单的文学评论，这样的训练对培养逻辑思维、批判性思维大有裨益。丁戊辰老师撰写了《以评促思：慎思明辨品文心》，讲解文学评论必要的要素和构思方法，相信会对学生试水文学评论有所帮助。

“阅读行动”部分是每一册书的主体。

第一部分“卷首小语”，是对本册内容的简介，它像一扇小小的窗，引导学习者窥见满园景致的一角，引人探胜。

第二部分“有的放矢”，简明扼要地列举了学习目标，使学习者一目了然，学完之后可以回头对照，对学习效果进行测试和评价。

第三部分“磨砺以须”，设计了1～2项任务，旨在为学习者构筑情境，导入专题；用于课堂教学时，教师亦可借此了解学情。

第四部分“含英咀华”，“英”即美文佳篇，这个部分下多包含2～3个子专题，每个子专题下又分文章阅读和学习任务两个分支。每个子专题的学习任务均有4项。需要说明的是，本部分选文全部根据权威出版社出版的版本原文做了精准的校对，一些字词的用法与当代汉语使用习惯或有出入，为了尊重原文，未作修改。

第一项任务是词语积累。我们希望学习者在阅读文章的同时，把喜欢的词语摘抄下来，扩充词汇量。书中还特意设计了田字格，希望学习者能够工整规范地书写汉字。

第二项任务是批注留念。我们为批注留出专门的空白区域，希望能帮助学习者养成用心阅读、随手批注的良好习惯。

第三项任务是以读导写。这项任务旨在引导学习者把阅读经验转化为写作实践经验,具体任务类型有仿写、改写、续写等。

第四项任务是以评促思。这项任务要求学习者整理阅读收获,学写评论文章,提升研究能力。

当学完所有的子专题后,学习者就可以借"更上层楼"对本专题的学习收获进行一场"汇报演出"。"更上层楼"从阅读理解、文章写作和综合实践三个方面引导学习者总结学习成效。阅读理解、文章写作旨在借专题之东风,适当做一些应试的训练;综合实践打通学科分界,倡导团队合作,最终完成提升语文核心素养的任务。

《名著悦读》分册仍由"阅读指津"和"阅读行动"两部分组成。不同的是,"阅读行动"部分是16部名著的共读手册。每一份共读手册中设有导读小语、故事驿站、人物画廊、探情索意、精读深思、援疑质理、他山之石、百花齐放八个栏目,分别从了解作者与背景、梳理与概括内容、分析与感悟人物形象、探讨作者情感与态度、片段精读、提出疑问、资料查阅、自主探究等方面引导学习者进行深度阅读。

本丛书是清华附中初中语文组对过往专题教学成果的阶段性总结,也是今后教师们进一步探索的基础。这套丛书可以作为教师组织教学的有效依托,也可以提供给学生作为课外阅读用书;教师可以参考它设计教学,更可以另辟蹊径,在专题教学这座宝矿中开掘自己的宝藏。

本丛书的诞生,离不开清华附中校领导的支持和关怀,离不开语文教育学界多位专家学者的引领,离不开清华大学出版社编辑老师们的辛勤劳动,更离不开清华附中教师团队一代代薪火相传的钻研精神,离不开语文教研组团结一心、朴实奉献的组风。我们在此表达最诚挚的感谢!

最后,希望阅读至此的你已经迫不及待要随我们开始一段奇妙的语文之旅;祝愿我们的丛书能够成为你漫长阅读生涯中的一位知音。

清华附中初中语文组

2019年2月

前言

语文课程与学生的成长密切相关，它引导学生认识自然、社会和自我；帮助学生涵养心灵，陶冶性情；给予学生美的熏陶，培养审美意识和审美情趣，促进学生思维能力的发展。我们如果想要发挥语文课程的巨大作用，就要在教学过程中更多地给予学生实践的机会，让学生多读多写，浸润其中，不但掌握语言运用的规律，更能够全面发展，以适应新时代对人才的需求。

清华附中一直致力于满足学生全面发展、个性发展的需要，帮助学生树立高远的理想，全面培养学生的核心素养。立德树人，任重道远。在不断探索、砥砺前行的过程中，清华附中初中语文组在六年实践的基础上编写了“清华大学附属中学语文专题学习系列丛书”。《文海撷英》是其中的一本。

本书分为“阅读指津”“阅读行动”两大部分。“阅读指津”的编写意图见丛书序言。“阅读行动”中包含五个专题，分别是“天地大美”“至爱亲情”“青史丹心”“格物致知”“小说大道”。每个专题中有“卷首小语”“有的放矢”“磨砺以须”“含英咀华”“更上层楼”五个部分。现就五个专题的主要内容和价值作一介绍。

“天地大美”专题有“四季异彩”“万物有灵”“行者无疆”三个子专题。古人云：文章是案头的山水，山水是地上的文章。“天地大美”专题中的选文俱是写景抒情类散文，有四季风景的描绘，有咏物情怀的抒发，有游览经历的叙述，带领读者去领略河山大好、美景无边，品味优美的语言，欣赏高雅的情趣，提高文化品位，进而感受天地之美、生命之美、生活之美。

“至爱亲情”专题有“寸草春晖”“天伦情深”两个子专题。在这个专题中，有对父母之爱的表现，有对祖孙之情的追怀，还有对手足之情的描画。亲情之爱亘古恒久，不因四季更迭而变化，不因功名利禄而浮沉。亲情散文不仅以其真挚的情感、真实的细节打动读者，更是在传承中华文化中孝老爱亲的传统。

“青史丹心”专题有“长征之歌”“我的祖国”两个子专题。“天下家国”是一个古老又永恒的话题。“青史丹心”专题中有不同时代、不同国家爱国者的心迹。革命战争时期一批批仁人志士向往光明，讴歌祖国，怀念故土家园。在和平年代，人们依然心系家国。注视众多爱国者高大的身影，聆听他们饱含着感情的呼号与低语，可以更深刻地理解祖国的意义，更真诚地表达出对祖国的爱，修身正己，砥砺品格。

“格物致知”专题有“辨识事物”“探明事理”两个子专题。“格物致知”专题所选文章大都采用了说明性的语言来表达文章内容。这些文章既准确介绍了说明对象的特征，又体现了缜密的思维，还注重能在实际生活中有所应用。阅读这样的文章可以帮助读者获得丰富的知识，提升自己的思维品质。

“小说大道”专题有“人物形象”“故事情节”“自然环境”“社会环境”“主题思想”五个子专题。读小说，要分析小说中感人的形象，理解小说借形象塑造、情节叙述和环境描写所表达的主题和作家的社会思考。“小说大道”子专题不仅提供了经典小说作品，同时对于一些主要作品还选择了作者本人或与创作有关的人所写的文章（或文章节选）作为“背景参读”资料，以及名家赏析作为“赏析助读”资料，供学习者参考。这样，一方面让学生能在自主阅读、理解的基础上，通过史料、文献的阅读提升阅读分析的质量，深度理解小说，掌握分析小说的方法；另一方面也是希望呈现专题文本组合的一种方式，以供参考。

本书在编选文章和专题分类时既充分参考了部编版教材，又关注了清华附中学生的个性特点和需求。在与教材的关系上，体现了课内外的有机结合，是学生课内学习的提高和扩展。教材七年级下册第四单元的综合性学习是“孝亲敬老，从我做起”，本书的“至爱亲情”则将这份亲情与关爱细致展现、点滴渗透；“青史丹心”专题倡导“家国天下”的情怀，重新确认了我们流淌在血脉里的祖国之爱，与教材七年级下册第二单元的综合性学习“天下国家”遥相呼应；教材中有多本小说名著阅读的要求，“小说大道”中则提供了小说阅读的角度和方法；教材中有多个单元涉及写景抒情、叙事写人的散文，“天地大美”“至爱亲情”专题既是对这些类别的有益补充，专题中的学习任务又为课本中的同类文章提供了阅读思考路径的参考和借鉴；八年级下册教材中选录了丁肇中先生的《应有格物致知精神》，“格物致知”专题正是对此文旨的极好诠释。与教材相关的专题还有许多，为什么我们只选择了这五个专题呢？因为囿于篇幅，不能做到兼顾。更重要的是，我们专题的确定、篇目的选择，首先考虑的是立德树人，发挥语文课程的育人功能，同时帮助学生完善知识体系，还要依据学生的喜好，鼓励他们求实进取、积极探索。

且在本书的五个专题中，有诗歌、有散文、有报道、有小说、有说明文……文体不同、内容不同，文章的语言风格也不尽相同，涵盖了初中生需要了解、掌握的五种表达方式中的四种：记叙、说明、描写、抒情。还有一种是议论，虽然在文本里没有特别体现,但是在学习任务“以评促思”中,我们以实践的方式尝试落实。

另外,本书体现了清华附中的价值追求,是学生人生成长的营养和土壤。读名篇佳作,完成学习任务,在读写结合中,引导学生关注生活,关注心灵,得到情与理的滋养,也完成情与理的传达。比如,“天地大美”专题中有这样一个学习任务。

文章是案头的山水,山水是地上的文章。学者王国维说:“一切景语皆情语。”游踪所至,美景在目,心有所感,形诸笔墨,往往物中有我,景中见情。写好游记的关键是注入自己的真感情。请你写一写清华附中,借助你的笔来抒发内心的情感吧。

初1612班武泽英同学的文题是《总是遇见你,在最美的时光里……》,这“最美的时光”既是清华附中最美的风景,亦是武泽英同学最美好的岁月。笔下有美景,心中有真意。

又比如“至爱亲情”专题中的一个学习任务。

总有一些东西成为爱与回忆的寄托,比如“蓼莪”寄托子女对父母的深深怀念。那么有没有什么东西可以寄托你与父母之间浓浓的亲子情呢?请你以此物为题,写一首小诗或一段文字。

初1612班丁童心同学写了一首小诗——《吹风机》。原本是寻常之物的吹风机成为爱与回忆寄托的东西,让读者感受到担当的情意和呵护的安心。

综上所述,《文海撷英》这本书作为部编版教材的补充,既可以作为教师教学中拓展和指导学生的教学资源,也可以作为学生课外学习时有益的阅读材料;既可以配合教材的进程选择相应的专题内容,也可以整体性阅读以形成系统;既适合清华附中学子学习,也适合所有中学生阅读。

希望在师生共读的岁月里,这本书能让我们收获感动,懂得感悟。读“天地大美”,让我们拓宽文化视野,在山水文化之中找到来时路,探寻中华文化的源头活水,对祖国文化保持应有的温情与敬意。读“至爱亲情”,让我们去感受父爱的深厚、母爱的慈祥、祖辈的关怀、手足的默契,传承孝老与爱亲的传统。读“青史丹心”,让我们感受其中厚重深邃的中华家国文化,获得强烈的民族认同与文化自信。我们不泯理想,赤子丹心阅春秋;我们不改情怀,永葆家国慎始终。读“格物致知”,让我们了解自然界万事万物的特点,感受各种事理的奥秘,体悟我国传统文化的博大精深,看到我们民族的鲜明烙印,从而心生热爱和自豪。读“小说大道”,让我们看悲欢离合的人生故事,阅古今中外的世相人心,观社会变迁的历史轮回,理解和借鉴不同民族与地区的文化,拓展文化视野。

阅读是灵魂的旅行，可以丰富我们仅有一次的人生。让我们充分感受文字、感受世界、感受生命。让生活多一份美好诗意，让生命多一层文化厚度，让灵魂多一些壮阔情怀。

白沁文

2019 年 2 月

目录

上篇 阅读指津

以批助读：不动笔墨不读书

同学们，当你翻开这套丛书，你将看到意趣交叠的旧时光，看到温暖感人的融融亲情，看到壮阔秀丽的祖国山河，看到……你开始思考，你想要表达，你迫切地想和这些名篇交流，像与故友重逢般谈叙，又像新逢知己一样炽烈。如何更好地与这套丛书交流？给大家推荐一种读书方法——批注阅读。

一、批注是什么？

所谓“批注”，由“批”和“注”构成。“批”即批语，多指用文字判定是非、优劣；“注”即注释，多指用文字来解释字句。批注既可以作为动词，指写批语和作解释两个动作；又可以当名词用，指写下的批语和解释的文字。

批注作为一种评价文学作品的方法古已有之，究其渊源当与评点有关。评点最初主要见于诗文，唐宋以后开始见于小说。在明末评点家金圣叹的推动下，评点发展成了一种独特的文学批评形式。金圣叹评点《水浒传》《西厢记》时，有诸多关于小说情节、结构和人物塑造等的观点，这些散落的观点集合起来，便是他有关文学创作的理论体系。可见，评点是古人表达观点态度和学术研究的阵地。其实，批注不仅仅是评点家们批评文学的法宝，也是我们每个学习者读书和进取的一种好方法。读文章时，标点、字、词、短语、句子、段落、图表，文章中的所有内容都是可以批注的范围；文章的结构、内容、主旨、写作手法、语言特色等都是可以批注的角度。

二、怎样做批注？

那么应该怎样做批注呢？完整做批注的步骤应当至少包括三步：确定批注对象；

找准批注位置；撰写批注内容。

确定批注对象就是要弄清楚自己想要批注什么。这里确定批注对象可以使用圈点标记的方法，利用诸如圆圈、三角号、点号、横线、波浪线、数字番号等符号标记批注对象，起到提示内容、引起重视的作用。在日常阅读中，同学们可以根据自己的阅读习惯，设计一组圈点符号，用不同的符号代表不同的提示。

圈点完批注对象后，要在文章或书本中选择合适的位置撰写批注内容。批注位置可以在文段两旁，叫作“旁批”；可以在文章上方页眉处批注，叫作“眉批”；也可以在文段之间空白处批注，叫作“夹批”；还可以在文章结尾空白处批注，叫作“尾批”。如何选择合适的位置？一般来说，首先考虑就近原则，即在距离确定的批注对象最近的空白处完成批注。但当空白处不足时，则可以适当改变位置，或者是补添纸张人为创造空白。此外，眉批和尾批往往还会有“总评”的性质。

撰写批注内容则是这部分的核心。我们可以把批注的内容分为五类：注解式批注、质疑式批注、品评式批注、感发式批注、补充式批注。

注解式批注是指阅读者对原文进行注音、释义，比如添加拼音、字词解释（包括字词基本含义解释和专有名词解释等）。注解式批注有助于阅读者复习和运用旧知识解决问题，也可以成为阅读者主动积累新知、解决问题的一种方式，其核心作用在于知识积累和简单运用。

示例中，袁行霈先生评点时提及“这‘折柳’二字既指曲名，又不仅指曲名。折柳代表一种习俗……”，这是对“折柳”一词的解释，然后才有进一步的分析。注解式批注是进行批注活动时常用的方法，也往往为品评式批注奠定基础。

【示例】

原　　文	批　　注
谁家玉笛暗飞声， 散入春风满洛城。 此夜曲中闻折柳， 何人不起故园情。 ——李白《春夜洛城闻笛》	第三句的修辞很讲究，不说听了一支折柳曲，而说在乐曲中听到了折柳。这“折柳”二字既指曲名，又不仅指曲名。折柳代表一种习俗、一个场景、一种情绪，折柳几乎就是离别的同义语。 ——袁行霈

质疑式批注是指阅读者对批注对象产生了疑惑，比如可以是对某个字词的基本意思、读音的疑惑，也可以是对某个句子意义内涵的疑惑，还可以是对某段话或整篇文章内容、情感、手法、结构等方面的疑惑。

示例中的批注是针对《卖油翁》这篇文章的整体内容和主旨提出的质疑，这个质疑有助于进一步探讨文章的内涵。在日常阅读中，阅读者需要在确定好批注对象后，立即把疑惑记下来。质疑式批注是一种很好的批注方法，有助于促进阅读者边阅读边思考，提高阅读效率和质量。

【示例】

原　　文	批　　注
康肃问曰："汝亦知射乎？吾射不亦精乎？"翁曰："无他，但手熟尔。"康肃忿然曰："尔安敢轻吾射！"翁曰："以我酌油知之。"乃取一葫芦置于地，以钱覆其口，徐以杓酌油沥之，自钱孔入，而钱不湿。因曰："我亦无他，惟手熟尔。"康肃笑而遣之。 ——节选自欧阳修《卖油翁》	高超的箭法真的能等同于往葫芦里灌油吗？ ——节选自《义务教育教科书语文》七年级下册

品评式批注是指对批注对象进行品味和评价。品味是指对批注对象进行赏析，例如，从结构角度品味批注对象，需要分析这些句段里如何体现文章结构、层次和顺序；从写作手法角度品味批注对象，就需要分析它的表达方式、修辞手法和写作手法，并分析这么用好与不好。评价则是阅读者对批注对象的看法、观点和疑惑，例如可以评价文章的情感、意义等。

在日常运用中，阅读者一定要选择批注的角度来进行品评，这样才能有下笔撰写的方向。比如，示例中孙绍振老师从写作手法的角度抓住原文"偷偷地"等关键词，品评了句子的内涵和其中包含的情感。品评式批注是最常见的批注法，是阅读者赏析和评价文章、语段的重要方法，是锻炼和提升文学鉴赏与批评水平的重要途径。

【示例】

原　　文	批　　注
小草偷偷地从土里钻出来，嫩嫩的，绿绿的。 ——节选自朱自清《春》	在他的笔下，草是"偷偷地"从土里"钻"出来的。这个"偷偷地"是一个关键词，这里表现的不仅仅是草一下子冒出来，而且是一种突然的发现：没有注意，一下子就长出来了。这三个字透露出一种无言的喜悦。 ——节选自孙绍振《名作细读：微观分析个案研究》

在阅读完一个语段之后，阅读者在理解语段的基础上产生了感悟与启发，并通过

批注的方式写下来，就是感发式批注。感发式批注包括两个层面：一个是认识层面；另一个是行动层面。认识层面是指阅读者阅读完语段后，认识到了一些道理，获得了感悟和启发，然后写下这些认识。行动层面是指阅读者阅读完语段后，认识和学习到了一些方法，想要把这些方法实践到自我的生活中，并撰写行动计划。

感发式批注不再是以品评者的视角去分析一句话、一篇文章的内容、情感、手法等，而是强调读完之后对读者来说有何思想体会，或者对读者的现实生活有什么指导意义。这是读者与作品进行深层沟通的一种途径。正如示例所示，王国维通过读这些诗句，想到的是人生大事，关乎成大事业、大学问的事，而不再是诗词本身的内涵。这就启示同学们，感发式批注除了写情感认识层面的思想体会，还可以学习文中的方法和经验，并尝试用这些经验来影响、改变自己的学习和生活，让阅读进入自己的日常真实生活。

【示例】

原　　文	批　　注
昨夜西风凋碧树。独上高楼，望尽天涯路。 ——节选自晏殊《蝶恋花》 衣带渐宽终不悔，为伊消得人憔悴。 ——节选自柳永《蝶恋花》 众里寻他千百度，蓦然回首，那人却在灯火阑珊处。 ——节选自辛弃疾《青玉案》	古今之成大事业、大学问者，必经过三种之境界。"昨夜西风凋碧树。独上高楼，望尽天涯路"，此第一境也。"衣带渐宽终不悔，为伊消得人憔悴"，此第二境也。"众里寻他千百度，蓦然回首，那人却在灯火阑珊处"，此第三境也。此等语皆非大词人不能道。然遽以此意解释诸词，恐为晏欧诸公所不许也。 ——节选自王国维《人间词话》

补充式批注是在理解批注对象的基础上，阅读者产生了联想、想象，想对原文的内容进行一些补充，这种补充形式可以是文字的、图像的，还可以是图示的。常见的补充式批注是续写文章或扩写句子、段落。当然，利用图像法给人物描写、环境描写的段落补充一个直观的画面，利用图表对一堆繁杂的数据进行直观化呈现，利用思维导图对一系列烦琐的步骤进行清晰呈现，这些都是补充式批注的具体内容，是阅读者个性、创造性的体现，也是阅读者文段理解的一种表达。

【示例】

话说前《水浒》中，宋江等一百单八人，原是锁伏之魔，只因国运当然，一时误走，以致群雄横聚；后因归顺，遂奉旨征服大辽，剿平河北田虎、淮西王庆、江南方腊。此时道君贤明，虽不重用，令其老死沟壑，也可消释。无奈蔡京、童贯、高俅、杨戬用事，忌妒功臣。或明明献谗，或暗暗矫旨，或改赐药酒，或私下水银，将宋江、卢俊义两个大头目，俱一时害死。宋江服毒，自知不免，却虑李逵闻信，定然不服，又要生事，以伤其归顺忠义之名。因而召至楚州，亦暗以药酒饮之，使其同死；继而吴用、花荣亲来探望，见宋江死于非命，不胜悲痛，欲要再作风波，而蛇已无头，大势尽失，死灰不能复燃，遂同缢于蓼儿洼坟树之上。一时梁山好汉闻此凶信，俱各惊骇，不能自安；虽未曾尽遭其毒手，然惊惊恐恐，不多时早尽皆同毙矣。唯燕青一人，心灵性巧，屡屡劝宋、卢二头领全身远害，二头领不以为然。燕青因藏赦书，并金银财物，悄悄遁去，隐姓埋名，到各处遨游，十分快乐。

一日，忽重游到梁山水浒，见金沙滩边，寂寂寥寥，唯有渔樵出入；忠义堂上，荒荒凉凉，只存砧毁遗迹。回想当时弟兄啸聚，何等威风，今一旦萧条至此，不胜叹息了半晌。因又想到，若论改邪归正，去狼虎之猖狂，守衣冠之澹薄，亦未尝不是；但恐落奸人圈套，徒苦徒劳，而终不免，则此心何以能甘，此气何以能平！ 低徊了半晌，忽又想到，此皆我之过虑耳。一个朝廷诏旨，赫赫煌煌，明降招安，各加职任，地方为官，治政理民。奸臣纵恶，亦不敢有异。就是宋公明哥哥与主人卢俊义，亦要算做当今之豪杰。我苦苦劝他隐去，决不肯听从者，亦必看得无患耳。我今不放心者，真可谓过虑。想罢才去东西闲玩。虽说闲玩，然荆榛满地，只觉凄凉，无兴久留。因又渡过金沙滩来。

——【明】青莲室主人《后水浒》

《第一回　燕小乙访旧事暗伤心　罗真人指新魔重出世》

总的来说，批注是一种沿袭已久、方法明确、行之有效的读书方法。当然，批注也仅仅是万千读书法中的一种，它是重要的，但并不是唯一的。希望各位同学在阅读或学习这套丛书的时候，能积极运用批注读书法，收获自己的阅读体验，书写自己的阅读人生。让批注促进你的阅读，让阅读陪伴你的人生。

以读导写：勤于读书，悦于为文

语文学习有两件大事：阅读与写作。同学们有没有想过二者有怎样的联系呢？元人程端礼对此有一段精辟的比喻："读书如销铜，聚铜入炉，大鞴扇之，不销不止，极用费力。作文如铸器，铜既销矣，随模铸器，一冶即成，只要识模，全不费力。所谓劳于读书，逸于作文者，此也。"也就是说，勤于读书能够使写作变得轻松自然。的确，我们在写作中遇到的诸多问题，极有可能与我们读书的习惯和方法息息相关。

清人唐彪有言曰："腹空之至，将以何物撰成文艺。"读书首先能够帮助我们解决写什么的问题。无论是知识的增长，还是情操的陶冶，抑或是为人处世之道、修身立德之格，无一不靠读书而来。单篇文章、单元连缀，传统的教材组合方式容易让同学们对读书产生误解——读书就是读语文书以及读语文书上要求读的书。鲁迅先生说："爱看书的青年，大可看看本分以外的书，即课外的书，不要只将课内的书抱住。"清华附中初中语文组专题教学的突破性尝试，就是想告诉同学们，阅读的天地无限宏阔。读书既是在有字之书里涵咏古今，又是在无字之书中认识世界，终而丰富自我，润泽心灵。而作为一种自我表达的写作，也就是在这个阅读的过程中，配合着那不得不发之情、不抒不快之意，成为一种自我成长的必然。书本中的世界扩大了我们的生活空间，丰富了我们的心灵空间。作家毛姆曾从惠特曼的诗里得到启悟："诗歌不一定非要诞生于月光中，断壁残垣之上或者相思成疾的少女的愁苦中，诗歌也可以诞生于街坊中、火车上、汽船里，以及工匠辛勤的劳动中，还有农妇平凡的辛劳中，存在于生活中的时时刻刻。简而言之，诗歌存在于生活的每个角落。"阅读促使我们理解生活，感受爱意，认识真情；写作帮助我们提炼生活，珍藏记忆，铭刻美好。

"能读千赋，则能为之"，读书还可以帮助我们解决怎么写的问题。叶圣陶先生曾经说过："阅读是吸收，写作是倾吐，倾吐能否合乎法度，显然与吸收有密切的关系。"那么如何从阅读中汲取写作的养分，从哪些方面促进我们更好地写作，也是语文学习中需要解决的问题。《辞海》中在解释"模仿"时这样写道："从文学的角度看，人在掌握语言和各种技能的过程中，以及艺术学习的最初阶段，都要借助于模仿。自觉地效仿先进的榜样，作为进一步发挥创造性的基础。"一般来说，写作的起步常常依赖于模仿。李白"我欲因之梦吴越，一夜飞渡镜湖月"的奇诡想象到毛泽东主席笔下化作"我欲因之梦寥廓，芙蓉国里尽朝晖"的豪迈气象，清代小说大家曹雪芹的《红楼梦》中也屡屡可见明代戏曲《牡丹亭》的影子。诺贝尔文学奖获得者马尔克斯常说："学习写作总归要以前贤为楷模。"借鉴与模仿可谓是我们由读到写的起步之法，语言、结构、取材、立意无一不可仿而学之。

然而，起步并非止步，模仿虽可入门，但并非不二法门。语贵在新，文贵由己，写出个性也就意味着要读出个性，读出自我的独特体验。其中必须要调动的就是思考与想象。在阅读中发现问题、分析问题、解决问题，能让我们跳出人云亦云的藩篱，站在巨人的肩膀上，成就更好的自我。北京大学中文系教授曹文轩说："这世界上的许多写书人，不仅仅是将自己所具有的特别经验复述于人，还在于他们常仰望星空，利用自己的幻造能力，在企图创造新的知识，以引发新的经验。你得知了这些知识，它们就会在不知不觉之中引导你进行新的实践。它们能使你在面对许多从前司空见惯的事情时忽然发现了新意，甚至干脆让你发现许多事情——这些事情在未得知这些知识的预设之前，虽与你朝夕相处，你却毫无觉察。"老舍先生谈自己的读书经验时，认为自己收益最大的西方文学作品是但丁的《神曲》。这样一部上入天堂、下达地狱、包罗万象的作品启发老舍先生思考文艺创造的方法，体会肉体与灵魂的关系，从而引领老舍先生勇于冒险、不怕碰壁的创作实践。老舍作品中浓郁的京味儿，形象鲜明、千姿百态的市民王国，活泼幽默、睿智灵动的语言，无一不是其个性的彰显。

同学们，本册书每一个子专题都有"以读导写"任务，希望你们能把阅读营养运用到写作中去。在最后的"文章写作"板块中有写作指导文章《如何选材》，具体讲解了读书和写作之间互相促进的关系，希望可以帮助大家提高写作水平。

阅读不必然为了写作，写作亦不必然因为阅读。但是阅读与写作，都必然与我们成为怎样的人密切相关。阅读是心灵的滋养，写作是灵魂的飞扬，阅读与写作相得益彰，相伴相生，塑造我们的人格，涵养我们的性灵。希望同学们勤于读书，悦于为文，在提升语文素养的同时，拓展视野，提升格局，构筑自我的精神家园。

以评促思：慎思明辨品文心

读完一篇文章或一本书，我们或多或少总会有些感受。把这些感受写下来，就是文学评论。文学评论内容很广泛，可以鉴赏遣词造句，可以针对谋篇布局，可以探讨思想主题；态度上可以褒奖，可以批判，可以中立。写文学评论可以让我们更全面、更深入地理解文本。写评论可以帮助我们整理阅读思路，方便我们完善阅读策略，指导我们更好地进行写作。说了这么多，那么评论到底应该怎样写呢？

一、亮观点，摆证据，讲条理，抓重点

文学评论一定要有一个明确的观点。观点是评论的核心，明确了观点，评论就有了方向。在写评论的时候，不妨直接先把自己的观点、态度明确地写出来再展开论述。光有观点当然还不够，还需要有支撑观点的证据。大家可以在读文章的过程中边读边画，把觉得可以证明自己观点的地方画下来，在写评论的时候就可以用原文加引号的方式引用，这种方法叫作引述。此外，也可以在读懂文章的基础上，针对需要证明的观点，对文章内容进行概括，这种方法叫作概述。无论是引述还是概述的内容，都是评论时必不可少的证据。有了证据，我们的评论才能做到“有理有据，令人信服”。

文章读毕，各种想法和感受往往一齐涌上心头，在落笔写评论之前，一定要先理清思路，再按条理写评论。我们可以先从词句入手，到结构，再评论主题；也可以读到某个部分，记录下自己的感受，进一步阅读，再记录新增的感受；或者先写最表层的感受，再写更深入的感受；或者先写从文本所得，再写联想到的文本之外的感受……写作的顺序多种多样，但一定要有条理。评论文章没有必要面面俱到，只要抓住其中某一个角度重点展开就可以了，这个角度可以是阅读时体会最深的一点，可以是作者着力最

多的一点，也可以是读者觉得最需要探讨的一点、最为有趣的一点，等等。抓住重点展开可以把评论写得更细致、充分。

下面我们来看一篇例子。

评论语段	分析讲解
鲜灵的诗　流动的画 古往今来，多少文人墨客描写过风光旖旎的春天，抒发过对春天无比的热爱和赞美。但是，像朱自清这样，“把一个完整的春天形象推到读者的眼前，就像一幅长卷风景画，而且这画是流动、鲜灵的”还是少见的。作家先是宏观勾勒，“一切都像刚睡醒的样子，欣欣然张开了眼”总写春回大地、万物苏醒的神态，接着又分别从山醒、水醒、太阳醒三方面去写。山醒用了“朗润”一词，水醒用了一个“涨”字，太阳醒用了“红”字，要言不烦，形神俱至。微观描绘共有五幅画面：春草图、春花图、春风图、春雨图、迎春图。一幅图，一首诗；一幅图，一轴画。诗，是鲜灵的。你看，小草，是“钻”出来的，还“嫩嫩的，绿绿的”，鲜灵吗？果树上的花，是“你不让我，我不让你”的，也是鲜灵的。春风是流动的，春雨是“密密地斜织着”的，也是流动的。至于人，“赶趟儿似的”“抖擞抖擞精神”，自不消言了。作家创作了五幅春的画面，把自己的真情融化其间，真是应了“一切景语皆情语”这句老话了，《春》这篇散文也就理所当然地成为中国现代文学史上的经典名作。 ——节选自王恒娟《鲜灵流动的春天形象——朱自清散文〈春〉赏析》(有删改)	亮明观点，朱自清笔下的春天是一幅流动、鲜灵的长卷风景画。 引述原文语句，用“睡醒”来描写春回大地，突出了春天活动、鲜灵的特点。 概述文章内容，五幅春的图画，从不同方面描绘春景，共同构成了一幅长卷风景画。 总结，作者笔下鲜灵、流动的春天也是作者内心的写照。

上面一段评论，在开头先亮明自己的观点，认为《春》中的描写是流动、鲜灵的风景画。后面结合朱自清文中流动、鲜明的语句进行了引用赏析，也对全文图画式展开的结构进行了概括评论，就是我们前面提到的“证据”。再来看结构，评论开头先点出了整体的观点，在下文分条概述展开，最后再加以总结，采用了总分总的结构，逻辑严谨。在评论过程中主要分析了朱自清充满活力的清新文笔，对结构安排的分析要言不烦。

观点明确，证据充分，条理清晰，重点突出，是写评论文章必备的基本素质。

二、需知人，能论世，作比较，会迁移

文学作品不是凭空出现的，而是由作家写就的。文学评论不能仅仅关注文本本

身，更要关注写出作品的作者。作者不同，作品的风格便大有不同。豪放派与婉约派、现实主义与浪漫主义……作家所处的时代、地域也与作品的风格关系密切。先秦古朴，魏晋风流，盛唐气象……结合作家所处时代与作家生平经历，可以让评论内容更加饱满丰富。

另外，我们也可以把同一作家不同时期的作品拿到一起来评论，这样便可以看出作家本人风格形成的轨迹；也可以把同一时期不同作家的作品放在一起进行比较阅读，这样可以看出某位作家不同于常人的独特气质；我们甚至还可以把风格、内容、手法等任何有相似点的作品放在一起进行比较阅读，发现某一类文章共有的特性。之后我们还可以利用这样的共性特征，去迁移阅读同类文本。

下面我们来看一篇例子。

评论语段	分析讲解
《江南逢李龟年》作于大历五年(770年)，此时距离杜甫在长安初逢李龟年已近五十年，对于“人生七十古来稀”的唐人来说，如此长久的一段时间足以令人感慨万千。况且在这段时间里，国家和社会发生了天翻地覆的变化，个人的命运也发生了惊心动魄的变化，这会给诗人带来何等深重的沧桑之感！……《观公孙大娘弟子舞剑器行》中说：“五十年间似反掌，风尘澒洞昏王室。梨园弟子散如烟，女乐馀姿映寒日。金粟堆南木已拱，瞿唐石城草萧瑟。”这五十年可不是太平无事的五十年，而是包括安史之乱在内的五十年……公孙的潇洒舞姿，李龟年的美妙歌声，本是开元盛世的一种象征，是繁华长安的一种点缀，如今诗人竟在远离长安的地方得以重见重闻，怎能不使他心潮澎湃！然而江南又是远离京师的地方，对于名动京师的歌手李龟年而言，他最好的人生舞台当然是在长安。对于胸怀大志的杜甫而言，他得以实现报国宏图的人生舞台也应是长安。然而现在两人却在江南相逢了，他们是被命运抛到这遥远的异乡来的，江南相逢肯定会使他们产生暮年流离的感受。相逢的时节正是落花纷飞的暮春，此时此地，斯人斯景，诗人心中该有多少感慨！正如近人俞陛云所评：“此诗多少盛衰之感，千万语无从说起，皆于‘又逢君’三字之中，蕴无穷酸泪。”(《诗境浅说》续编) ——节选自莫砺锋《余音绕梁的〈江南逢李龟年〉》(有删改)	写杜甫个人的经历，说明他在写诗的时候内心波澜起伏。 引用杜甫的其他诗歌作比较，写出了杜甫对比现实，想起过去盛世时内心的失落。 写社会和时代对于杜甫作诗的影响。 运用其他人的品读，迁移协助评论，点出杜甫与故人重逢时内心的复杂感受。

上面对《江南逢李龟年》一诗的评论，不仅结合了杜甫的生平，也对杜甫当时所

处的时代背景进行了分析。在唐朝由盛转衰的过程中，诗人与乐师一起经历了沧桑巨变，辗转再次在远离都城的江南重逢，想起当年的盛景，难免有黍离之悲。对比杜甫另外的作品《观公孙大娘弟子舞剑器行》，也更能够突出杜甫内心的无奈与悲凉。

了解作者，结合时代，比较阅读，迁移运用，是拓展评论文章深度与广度的有效方法。

三、动真心，找角度，敢批判，有文采

阅读本身是一项非常个性化的文学活动，每个人在读完文学作品后，都会有自己独有的感受。把自己独有的感受写出来，评论会更加凸显个性；表达自己内心真正所想，评论才更能够打动人心。选择自己熟悉的角度，从个人经验出发，往往能够看到别人看不到的问题。如在读《三国演义》的时候，历史迷会更多地注意到其中与史实不符的演义成分，军事迷会从战争过程解读文本，喜欢传统戏剧的人可以从戏剧中的三国形象入手评论……百家争鸣，百花齐放。

写评论也要带有批判的眼光。文学作品受到作者个人和所处时代的局限，我们在阅读作品时也可以有多角度不同的解读。历来人们对《论语》中“民可使由之，不可使知之”一句的解读就有不同，封建统治者用这句话作为实行愚民政策的依据，革命者却把这句话当作广开民智的批判靶子。我们在写作评论时也要有批判的精神，敢于读出新意。

在简明、连贯、得体的基础上，评论还要有独特的语言风格，或严谨缜密，或激情澎湃，或娓娓道来，或风趣幽默……嬉笑怒骂，皆成文章。找到了自己擅长的风格，就能够把评论写得更加吸引人，毕竟只有大家爱读你的评论，你的观点才能够被大家所知。

表达自我，找好角度，敢于批判，风格独特，是体现评论文章独特风采的重要手段。

在本册书中，也有许多“以评促思”的练习，希望大家能够在写作评论的时候运用以上知识，写出真正的好评论。希望大家能够通过练习，锻炼自己的评论能力与写作技巧，提高自己的思维水平和综合素养。祝大家都能够在阅读中获得快乐，在写作中获得成长。

下篇

阅读行动

天地大美

卷首小语

子曰："知者乐水，仁者乐山。"古今中外，文人们的诗词文赋与山水自然密不可分，融为一体。他们在青山秀水间游历，山水陶冶其情操，塑造其品格。"醉翁之意不在酒，在乎山水之间也。"他们寄情于山水，山水如醇酒佳酿，如知己老友，如雅乐一曲。"登山则情满于山，观海则意溢于海。"一处美的山水就是一个暂栖身心、抒发情怀、净化灵魂的所在。陶渊明漫步南山下，李太白两看敬亭山，曹孟德东临观沧海，苏东坡醉心西湖畔。至今读来，仍如临其境，余音绕梁，回味不绝。

初中时代对个人品性修养来说是一个十分关键的时期。我们真诚希望同学们能关注生态、崇尚自然、亲近自然，览山乐水陶冶情操，培养爱国情怀，塑造乐观豁达、积极向上的人格和心态，必将终身获益。

请结合教材以下课文及综合性学习，学习阅读本专题。

《春》(七年级上册第一单元)

《济南的冬天》(七年级上册第一单元)

《紫藤萝瀑布》(七年级下册第五单元)

《白杨礼赞》(八年级上册第四单元)

《一滴水经过丽江》(八年级下册第五单元)

《壶口瀑布》(八年级下册第五单元)

有的放矢

1．感知抒情散文优美的语言，了解抒情散文中的多种描写方法。

2．品读文章中精彩的描写片段，领略自然风景之优美，体会和理解作者在景物中蕴含的情感。

3．欣赏富有画面感的自然美景，品味景物深厚的历史文化内涵，理解作者丰富的情感，感悟作者独特的哲思。展开自己的联想和想象，运用“定点观察”“移步换景”“分类摹写”的写作方法，将情与理渗透到景物的描绘刻画之中，做到景与情、景与理的统一和融合。

4．正确理解人与自然的关系，了解人类文明的进步与自然生态之间的矛盾，心存感恩自然之心、敬畏自然之心，明确人与自然应该和谐相处的道理与意义，认识保护自然环境的必要性和重要性，增强环境保护的责任感。

磨砺以须

1. 在你的记忆中，有哪一处景物令你印象深刻？请把它用文字描述出来，80～100字。

【同学分享】

追溯记忆，我印象最深的，还是以前家楼下的那棵柿子树。那是一棵从我出生起就种好的树，深褐色的、粗糙的树干点缀上一抹墨绿，给我一种格外亲切的感觉。暖春来临，柿子树上开始冒出新的、绿油油的嫩芽，一簇一簇的。从窗户俯瞰，总有一种如雾如烟般的感觉。到了盛夏，嫩芽已成长为绿叶，是那种椭圆形的，与芭蕉叶有些相似。那时，柿子树就像一把遮阳伞一样，为在楼下玩耍的我撑起一片阴凉。不过，我最喜欢的还是秋天的柿子树了。因为那时，柿子树上会长出许多的柿子，就像挂了一盏盏小灯笼一样。邻居们则会争先恐后地赶来打柿子、接柿子。渐渐地寒冬来了，绿叶没了，柿子没了，我便开始期待下一个春天的到来。

（初1605班　桂昀）

【点评指导】

整个文段字里行间都流露出作者对柿子树的喜爱之情，运用了多种修辞手法，把柿子树放置在四季变换的背景之下，情与景非常自然地融合在一起。如果能结合多感官描写的方法来写，从视觉、嗅觉、味觉等多角度去描绘柿子树，这个文段也许会更加完美。

这项描写记忆中景物的作业，为学生叩开了学习写景散文之门。

2．拍一张风景照，给照片取个标题，并附 100 字以内的解说。

【同学分享】

标题：旷野流云

解说：这张照片是我在草原上所摄。时值夏秋相接之时，无垠的原野上，一直不变的是那绿铺一片的大地，以及无形的、奔放的、自由的风。天空蔚蓝，无边无际，仿若这片土地上明澈的湖泊。流云洁白，无拘无束，仿若绵羊的绒毛被清风温柔地吹拂，只是慢慢地在空中随波逐流。这儿的天空低得仿佛近在咫尺，直欲与大地相拥。

（初 1604 班　马星语）

【点评指导】

照片上面连绵的云，在无边的旷野上，在凛冽的天宇下，移动升腾流转，这大概是作者给照片起名为"旷野流云"的缘由，照片和标题之间的契合度很高。作者的描写对象为夏秋相接之际旷野上的云，主要从正面着笔，展现出一种难得的动态之美。这是一份非常优秀的作业，建议同学们在完成作业时，采用彩色照片，写出丰富多彩的颜色之美。

图片配文字、起名，激发同学们学习写景散文的兴趣。

含英咀华

四季异彩

春　风

林斤澜[①]

北京人说："春脖子短。"南方来的人觉着这个"脖子"有名无实，冬天刚过去，夏天就来到眼前了。

最激烈的意见是："哪里有什么春天，只见起风、起风，成天刮土、刮土，眼睛也睁不开，桌子一天擦一百遍……"

其实，意见里说的景象，不冬不夏，还得承认是春天。不过不像南方的春天，那也的确。褒贬起来着重于春风，也有道理。

起初，我也怀念江南的春天，"暮春三月，江南草长，杂花生树，群莺乱飞。"这样的名句是老窖名酒，是色香味俱全的。这四句里没有提到风，风原是看不见的，又无所不在的。江南的春风抚摸大地，像柳丝的飘拂。体贴万物，像细雨的滋润。这才草长，花开，莺飞……

北京的春风真就是刮土吗？后来我有了别样的体会，那是下乡的好处。

我在京西的大山里京东的山边上，曾数度"春脖子"。背阴的岩下，积雪不管立春、春分，只管冷森森的，没有开化的意思。是潭、是溪、是井台还是泉边，凡带水的地方，都坚持着冰块、冰砚、冰溜、冰碴……一夜之间，春风来了。忽然从塞外的苍苍草原，莽

---

① 林斤澜(1923—2009)，当代作家。

莽沙漠，滚滚而来。从关外扑过山头，漫过山梁，插山沟，灌山口，呜呜吹号，哄哄呼啸，飞沙走石，扑在窗户上，撒拉撒拉，扑在人脸上，如无数的针扎。

轰的一声，是哪里的河冰开裂吧。嘎的一声，是碗口大的病枝刮折了。有天夜间，我住的石头房子的木头架子，格拉拉格拉拉响起来，晃起来。仿佛冬眠惊醒，伸懒腰，动弹胳臂腿，浑身关节挨个儿格拉拉、格拉拉地松动。

麦苗在霜冰里返青了，山桃在积雪里鼓苞了。清早，着大靸鞋，穿老羊皮背心，使荆条背篓，背带冰碴的羊粪，绕山嘴，上山梁，爬高高的梯田，春风呼哧呼哧地，帮助呼哧呼哧的人们，把粪肥抛撒匀净。好不痛快人也。

北国的山民，喜欢力大无穷的好汉。到得喜欢得不行时，连捎带来的粗暴，也只觉着解气。要不，请想想，柳丝飘拂般的抚摸，细雨滋润般的体贴，又怎么过草原、走沙漠、扑山梁？又怎么踢打得开千里冰封和遍地赖着不走的霜雪？

如果我回到江南，老是乍暖还寒，最难将息，老是牛角淡淡的阳光，牛尾蒙蒙的阴雨，整天好比穿着湿布衫，墙角落里发霉，长蘑菇，有死耗子味儿。

能不怀念北国的春风！

夏　感

梁　衡[①]

充满整个夏天的是一个紧张、热烈、急促的旋律。

好像炉子上的一锅冷水在逐渐泛泡、冒气而终于沸腾一样，山坡上的芊芊细草渐渐滋成一片密密的厚发，林带上的淡淡绿烟也凝成了一堵黛色的长墙。轻飞曼舞的蜂蝶不见了，却换来烦人的蝉儿，潜在树叶间一声声地长鸣。火红的太阳烘烤着金黄的大地，麦浪翻滚着，扑打着远处的山、天上的云，扑打着公路上的汽车，像海浪涌着一艘艘的舰船。金色主宰了世界上的一切，热风浮动着，飘过田野，吹送着已熟透了的麦香。那春天的灵秀之气经过半年的积蓄，这时已酿成一种磅礴之势，在田野上滚动，在天地间升腾。夏天到了。

夏天的色彩是金黄的。按绘画的观点，这大约有其中的道理。春之色为冷的绿，如碧波、如嫩竹，贮满希望之情；秋之色为热的赤，如夕阳、如红叶，标志着事物的终极。夏正当春华秋实之间，自然应了这中性的黄色——收获之已有而希望还未尽，正是一个承前启后、生命交替的旺季。

---

① 梁衡，著名学者、新闻理论家、作家，山西霍州人。

你看，麦子刚刚割过，田间那挑着七八片绿叶的棉苗，那朝天举着喇叭筒的高粱、玉米，那在地上匍匐前进的瓜秧，无不迸发出旺盛的活力。这时她们已不是在春风微雨中细滋慢长，而是在暑气的蒸腾下，蓬蓬勃发，向秋的终点做着最后的冲刺。

夏天的旋律是紧张的，人们的每一根神经都被绷紧。你看田间那些挥镰的农民，弯着腰，流着汗，只是想着快割、快割。麦子上场了，又想着快打、快打。他们早起晚睡已够苦了，半夜醒来还要听听窗纸，可是起了风；看看窗外，天空可是遮上了云。麦子打完了，该松一口气了，又得赶快去给秋苗追肥浇水。“田家少闲月，五月人倍忙”，他们的肩上挑着夏秋两季。

遗憾的是，历代文人不知写了多少春花秋月，却极少有夏的影子。大概春日融融，秋波澹澹，而夏呢，总是浸在苦涩的汗水里。有闲情逸致的人，自然不喜欢这种紧张的旋律。我却要大声地赞美这个春与秋之间的金黄的夏季。

故都的秋

郁达夫[①]

秋天，无论在什么地方的秋天，总是好的；可是啊，北国的秋，却特别地来得清，来得静，来得悲凉。我的不远千里，要从杭州赶上青岛，更要从青岛赶上北平来的理由，也不过想饱尝一尝这“秋”，这故都的秋味。

江南，秋当然也是有的；但草木凋得慢，空气来得润，天的颜色显得淡，并且又时常多雨而少风；一个人夹在苏州上海杭州，或厦门香港广州的市民中间，浑浑沌沌地过去，只能感到一点点清凉，秋的味，秋的色，秋的意境与姿态，总看不饱，尝不透，赏玩不到十足。秋并不是名花，也并不是美酒，那一种半开、半醉的状态，在领略秋的过程上，是不合适的。

不逢北国之秋，已将近十余年了。在南方每年到了秋天，总要想起陶然亭的芦花，钓鱼台的柳影，西山的虫唱，玉泉的夜月，潭柘寺的钟声。在北平即使不出门去吧，就是在皇城人海之中，租人家一椽破屋来住着，早晨起来，泡一碗浓茶，向院子一坐，你也能看得到很高很高的碧绿的天色，听得到青天下驯鸽的飞声。从槐树叶底，朝东细数着一丝一丝漏下来的日光，或在破壁腰中，静对着像喇叭似的牵牛花（朝荣）的蓝朵，自然而然地也能够感觉到十分的秋意。说到了牵牛花，我以为以蓝色或白色者为佳，紫

---

① 郁达夫，原名郁文，字达夫，中国现代作家、革命烈士，浙江富阳人。

黑色次之，淡红色最下。最好，还要在牵牛花底，教长着几根疏疏落落的尖细且长的秋草，使作陪衬。

北国的槐树，也是一种能使人联想起秋来的点缀。像花而又不是花的那一种落蕊，早晨起来，会铺得满地。脚踏上去，声音也没有，气味也没有，只能感出一点点极微细极柔软的触觉。扫街的在树影下一阵扫后，灰土上留下来的一条条扫帚的丝纹，看起来既觉得细腻，又觉得清闲，潜意识下并且还觉得有点儿落寞，古人所说的梧桐一叶而天下知秋的遥想，大约也就在这些深沉的地方。

秋蝉的衰弱的残声，更是北国的特产；因为北平处处长着树，屋子又低，所以无论在什么地方，都听得见它们的啼唱。在南方是非要上郊外或山上去才听得到的。这秋蝉的嘶叫，在北平可和蟋蟀耗子一样，简直像是家家户户都养在家里的家虫。

还有秋雨哩，北方的秋雨，也似乎比南方的下得奇，下得有味，下得更像样。

在灰沉沉的天底下，忽而来一阵凉风，便悉悉窣窣地下起雨来了。一层雨过，云渐渐地卷向了西去，天又青了，太阳又露出脸来了；著着很厚的青布单衣或夹袄的都市闲人，咬着烟管，在雨后的斜桥影里，上桥头树底下去一立，遇见熟人，便会用了缓慢悠闲的声调，微叹着互答着的说：

“唉，天可真凉了——”（这“了”字念得很高，拖得很长。）

“可不是么？一层秋雨一层凉了！”

北方人念阵字，总像是层字，平平仄仄起来，这念错的歧韵，倒来得正好。

北方的果树，到秋来，也是一种奇景。第一是枣子树；屋角、墙头、茅房边上、灶房门口，它都会一株株地长大起来。像橄榄又像鸽蛋似的这枣子颗儿，在小椭圆形的细叶中间，显出淡绿微黄的颜色的时候，正是秋的全盛时期；等枣树叶落，枣子红完，西北风就要起来了，北方便是尘沙灰土的世界，只有这枣子、柿子、葡萄，成熟到八九分的七八月之交，是北国的清秋的佳日，是一年之中最好也没有的 Golden Days①。

有些批评家说，中国的文人学士，尤其是诗人，都带着很浓厚的颓废色彩，所以中国的诗文里，颂赞秋的文字特别的多。但外国的诗人，又何尝不然？我虽则外国诗文念得不多，也不想开出账来，做一篇秋的诗歌散文钞，但你若去一翻英、德、法、意等诗人的集子，或各国的诗文的 Anthology② 来，总能够看到许多关于秋的歌颂与悲啼。

---

① 英文，意为“金色的日子”。

② 英文，意为“选集”。

各著名的大诗人的长篇田园诗或四季诗里，也总以关于秋的部分，写得最出色而最有味。足见有感觉的动物，有情趣的人类，对于秋，总是一样的能特别引起深沉、幽远、严厉、萧索的感触来的。不单是诗人，就是被关闭在牢狱里的囚犯，到了秋天，我想也一定会感到一种不能自已的深情；秋之于人，何尝有国别，更何尝有人种阶级的区别呢？不过在中国，文字里有一个"秋士"的成语，读本里又有着很普遍的欧阳子的《秋声》与苏东坡的《赤壁赋》等，就觉得中国的文人，与秋的关系特别深了。可是这秋的深味，尤其是中国的秋的深味，非要在北方，才感受得到底。

南国之秋，当然是也有它的特异的地方的，比如廿四桥的明月，钱塘江的秋潮，普陀山的凉雾，荔枝湾的残荷等等，可是色彩不浓，回味不永。比起北国的秋来，正像是黄酒之与白干，稀饭之与馍馍，鲈鱼之与大蟹，黄犬之与骆驼。

秋天，这北国的秋天，若留得住的话，我愿把寿命的三分之二折去，换得一个三分之一的零头。

冬　　天

茅　盾[①]

诗人们对于四季的感想大概颇不同罢。一般的说来，则为"游春""消夏""悲秋"，——冬呢，我可想不出适当的字眼来了，总之，诗人们对于"冬"好像不大怀好感，于"秋"则已"悲"了，更何况"秋"后的"冬"！

所以诗人在冬夜，只合围炉话旧，这就有点近于"蛰伏"了。幸而冬天有雪，给诗人们添了诗料。甚而至于踏雪寻梅，此时的诗人俨然又是活动家。不过梅花开放的时候，其实"冬"已过完，早又是"春"了。

我不是诗人，对于一年四季无所偏憎。但寒暑数十易而后，我也渐渐辨出了四季的味道。我就觉得冬天的味儿好像特别耐咀嚼。

因为冬天曾经在三个不同的时期给我三种不同的印象。

十一二岁的时候，我觉得冬天是又好又不好。大人们定要我穿了许多衣服，弄得我动作迟笨，这是我不满意冬天的地方。然而野外的茅草都已枯黄，正好"放野火"，我又得感谢"冬"了。

在都市里生长的孩子是可怜的，他们只看见灰色的马路，从没见过整片的一望无

---

① 茅盾，作家、文学评论家、社会活动家。

际的大草地。他们即使到公园里看见了比较广大的草皮，然而那是细曲得像狗毛一样的草坪，枯黄了时更加难看，不用说，他们万万想不到这是可以放起火来烧的。在乡下，可不同了。照例到了冬天，野外全是灰黄色的枯草，又高又密，脚踏下去簌簌地响，有时没到你的腿弯上。是这样的草——大草地，就可以放火烧。我们都脱了长衣，划一根火柴，那满地的枯草就毕剥毕剥烧起来了。狂风着地卷去，那些草就像发狂似的腾腾地叫着，夹着白烟。一片红火焰就像一个大舌头似的，会一下子把大片的枯草舐光。有时我们站在上风头，那就跟着火头跑；有时故意站在下风，看着烈焰像潮水样涌过来，涌过来，于是我们大声笑着嚷着在火焰中间跳，一转眼，那火焰的波浪已经上前去了，于是我们就又追上去送它。这些草地中，往往有浮厝的棺木或者骨殖甏，火势逼近了那棺木时，我们的最紧张的时刻就来了。我们就来一个"包抄"，扑到火线里一阵滚，收熄了我们放的火。这时候我们便感到了克服敌人那样的快乐。

二十以后成了"都市人"，这"放野火"的趣味不能再有了，然而穿衣服的多少也不再受人干涉了，这时我对于冬，理应无憎亦无爱了罢，可是冬天却开始给我一点好印象。二十几岁的我是只要睡眠四个钟头就够了的，我照例五点钟一定醒了；这时候被窝是暖烘烘的，人是神清气爽的，而又大家都在黑甜乡，静得很，没有声音来打扰我，这时候，躲在那里让思想像野马一般飞跑，爱到哪里就到哪里，想够了时，顶天亮起身，我仿佛已经背着人，不声不响自由自在做完了一件事，也感得一种愉快。那时候，我把"冬"和春、夏、秋比较起来，觉得"冬"是不干涉人的，她不像春天那样逼人困倦，也不像夏天那样使得我上床的时候弄堂里还有人高唱《孟姜女》，而在我起身以前却又是满弄堂的洗马桶的声音，直没有片刻的安静。而也不同于秋天。秋天是苍蝇蚊虫的世界，而也是疟病光顾我的季节呵！

然而对于"冬"有恶感，则始于最近。拥着热被窝让思想跑野马那样的事，已经不高兴再做了，而又没有草地给我去"放野火"。何况近年来的冬天似乎一年比一年冷，我不得不自愿多穿点衣服，并且把窗门关紧。

不过我也理智地较为认识了"冬"。我知道"冬"毕竟是"冬"，摧残了许多嫩芽，在地面上造成恐怖；我又知道"冬"只不过是"冬"，北风和霜雪虽然凶猛，终不能永远的不过去。相反的，冬天的寒冷愈甚，就是冬的运命快要告终，"春"已在叩门。

"春"要来到的时候，一定先有"冬"。冷罢，更加冷罢，你这吓人的冬！

⊙学习任务

一、词语积累。摘录喜欢的词语，工整地抄写在表格内。

1. 老师推荐

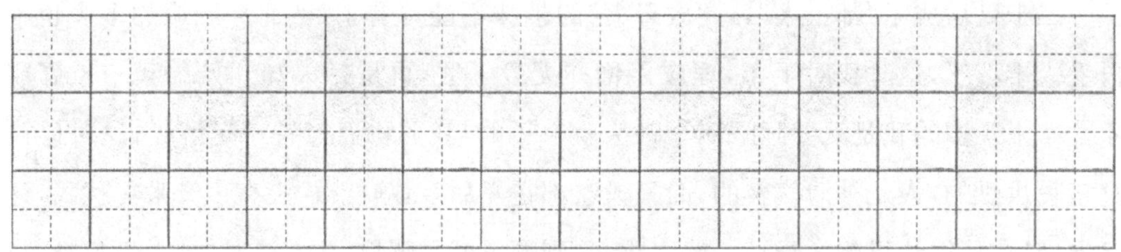

（初 1513 班　丘欣鑫 书写）

2. 我的选择

二、批注留念。边读书，边批注。挑选一则最满意的批注，写入下表。

摘　　录	批　　注

三、以读导写。任选一题完成。

1. 作为生活在北京城中的人，你留心观察过这座城市吗？请以“北京的________”为题，写一段文字。要求：任选春、夏、秋、冬中的一个季节，填入横线。抓住景物特征，写出季节特点，使文字富有画面感，写出真情实感。

【同学分享】

北京的秋

初1604班　丁涵风

赤红的城墙上方，一段苍劲的枫树枝伸出来，上面一嘟噜一嘟噜巴掌大小的枫叶轻轻摇晃。

香山红叶是秋日的美景之一。漫山遍野的红叶红得像火焰一般，极目远眺，远山近坡，粉红、猩红、桃红，层次分明，秋风中，似红霞排山倒海而来，整座山好像都摇晃起来了……

每到秋冬交替的好时节，大大小小的银杏树满树金黄，钓鱼台的银杏大道被装点得素雅大方，厚厚的金色的银杏树叶覆盖着树下的芳草，踩起来“沙沙”作响。

有人说陶然亭是最富有诗意的地方，深秋的芦花一簇簇拥拥挤挤、蓬蓬勃勃地在寂寥的湖畔把生命的诗意淡然舒展，这种生命力旺盛的植物，应该是深秋最凄美的意象。

香山的红叶，钓鱼台的银杏，陶然亭的芦花……这个集万千宠爱于一身的迷人古都，在秋天显得尤其美丽。

诚然，秋天是平和的。它是勃勃生机的结束语，是萧条来临的前奏。它不像春天那样忙碌、夏日那样斑驳、冬夜那样漫长。它是四季乐章中的过渡，却也必不可少。

这也正是它与古老京都暗相契合的地方。

【点评指导】

很显然，这篇文章的作者有极强的发现美、认识美、感悟美、创造美的能力，这种能力是诗意生活所必备的素质之一。“香山的红叶”“钓鱼台的银杏”“陶然亭的芦花”无一不代表着北京的秋，表现出了秋的流光溢彩、秋的热闹非凡，作者将它们再现于笔端，描绘出一幅幅如诗般的秋天的画卷。

建议同学们在完成本项作业时，可借鉴作者的思路，寻找季节的一个特点作为立足点，描摹出季节的美。

2．请以“我爱________的________”为题，写一段文字。要求：第一处横线上填写地名，第二处横线上填写景物名称，例如，我爱香山的红叶。抓住景物特征，使用一定的描写方法，使文字富有画面感，写出真情实感。

【同学分享】

我爱故乡的夜

初1604班　马澍雨

我的故乡内蒙古额济那旗，有着美丽无双的夜色，有着最淳朴、最本真的夜空。

夏日的夜晚是清凉怡人的。在院子里支一张钢丝床，拉一床棉被就可倾听整晚的星语。没有被光污染的天空，更像是深紫色的，充满了魔力与幻想，伸出手，你仿佛就能穿过天幕，去到充满神秘的彼岸，那里装载了孩童所有的梦。

从夕阳到傍晚，彼岸的人们提起了闪烁明亮的灯笼，一盏、两盏、三盏，直到布满了整片天空，那是一颗颗清晰可见、璀璨夺目的繁星！星星们眨着眼、跳着舞，变换着脚步。有些星星组成了团，手拉着手，摆出各种造型。调皮的它们从舞台这一端滑到那一端，旋转着、飞升着、舞蹈着、唱着古老的歌，消失在台下。如果你认真听，能听见星星们的私语。闭上眼，听！北斗七星的勺子舀起了水，天琴座的星星拨起了琴弦，弹奏着，低声叙述着那一段古老的故事，那一段不为人知的传说。她弹出了整片天河的声音，像小水滴滴落到大海中，像世界的时钟咔嗒咔嗒地、永不停歇地转动，像弹珠碰撞在一起又清脆地弹开。夜风拂过树叶，发出“沙沙”的声音。远处，鸟儿飞过，扑扇着抹去了飞过的痕迹，发出高亢的鸣声，你猛睁开眼，映入眼帘的是整片耀眼的星河！无数的星汇在一起，发出世界上最亮的光！它们夺走了你的眼睛，你的视线牢牢地粘在了上面，久久无法移开。你忘记了自己，忘记了自己身处何处，忘记了时间。你被夜的美丽夺走了魂，拿走了梦。

入睡了，这是个安稳的夜、无梦的深夜。

黎明前的浅夜，星空淡出了视野。随着曙光初现，不知名的鸟儿在天空中飞了一个圈，它唱着夜的离开，歌吟新的一天。夜还会来的。我开始期待下一个夜。

【点评指导】

这是一份非常符合要求的作业，很明显，作者认真审题了，抓住了故乡的夜空群星闪烁的特征。对自己故乡的夜空有生动鲜活的描摹，星星“眨眼”“组团”“手拉手”“私语”“弹奏”……非常有画面感，太像一曲宏大悠扬的交响乐了，情融于景，景饱含情，自然抒发，意味隽永。

建议同学们在完成本题时，可以有意识地去勾画一些能够触动自己的写景片段。

四、以评促思。任选一题完成。

1. 你的朋友小林要来你生活的城市旅游，他想知道哪个季节的景色最好，请你写一段话，为他推荐你认为最美的一个季节，希望你的推荐理由能打动他哦！

【同学分享】

小林，你若要光顾北京，这里秋最好。

常有人说，到了秋天，北京便成了北平。倒并不是其他时候无趣，而是这里的秋天颜色太好，风太清，让人不住地惦念，逢人还要赞叹。

就比如秋的树。变换的妆容带了萧疏和寒冷，一时分不清是油彩还是素描。道旁灰干上灿黄而点缀深翠的银杏，到深秋，还会垂下练实，碎一地金黄。杨树会伴风而起，又承不住阳光，"啪"地撒在石板路上。栾木的果实是一盏又一盏的灯笼，秋雨打下，有的还是青绿的，有的自灯尖燃起了火，黄红漫开。一种桦木有胜似银杏的黄叶，干净的枝条，在阳光下明媚得叫人忘了路，只看清黄灿的彩。再不用说香山的红叶，颐和园的深柳，小园的玉兰……北京的秋是言语无法触达的美。

再说琉璃瓦的屋檐，古木的钟楼，或许乘秋爽的你乐得在街巷中一转，拣一只糖葫芦，看一看什刹海明媚的波纹、轻摇的小舟，听一句茶馆的筝琴、广场上的戏文，驻足在那黄铜的朱门，仰视灰瓦上结的秋霜、秋霜里立着的篦草。你只要略站一站，秋便用豪爽的风、利落的云，使你不忍就此移步了。

总之，作为一个在北京长大的人，我感觉北京的秋天是美的。首先，丰富的树种在秋天的叶子颜色各异，五彩斑斓，置身其中，仿佛进入一幅绚丽的油画。其次，众所周知，北京秋天的天气最宜人，不冷不热，天高云淡，没有雾霾，会让人觉得神清气爽。最后，北京的秋天正值各种果实成熟上市，随意在街巷胡同里走一走，就能闻到糖炒栗子的甜香，看到挂满枝头黄澄澄的柿子，吃到晶莹鲜亮的糖葫芦……正如老舍先生在《北平的秋》里所说："北平之秋就是人间的天堂，也许比天堂更繁荣一点呢！"

朋友，秋天就来吧，你一定会不虚此行。

（初 1604 班　卫天沐）

【点评指导】

上面的文段很符合题目的要求，从作者笔下的文字里，我们就能感受到北京秋天独特的美，在作者的笔下，秋天的树，银杏、杨树、栾木、桦树仿佛齐齐展现出自己最有韵味的一面，琉璃瓦的屋檐、轻摇的小舟，像一幅幅精美的画卷迤逦展开。小作者不仅善于形象地描写，还擅长思考分析。

建议同学们在完成此活动时，可以借鉴这个同学的写法，选择一组或几组景物展开描写，并有理有据地陈述理由。

2. 请在专题中选出一篇文章，标出文章中你最喜欢的景物描写片段，并写出你喜欢的原因。

【同学分享】

(1) 狂风着地卷去，那些草就像发狂似的腾腾地叫着，夹着白烟。一片红火焰就像一个大舌头似的，会一下子把大片的枯草舐光。(茅盾《冬天》)

作者茅盾先生用拟人的手法，将野火燃烧的气势描摹得很生动、有力。草燃烧起来是危险的，狂野的，在作者笔下，升腾起来，叫起来，刺激，欢快!

(2) 有时故意站在下风，看着烈焰像潮水样涌过来，涌过来，于是我们大声笑着嚷着在火焰中间跳，一转眼，那火焰的波浪已经上前去了，于是我们就又追上去送它。(茅盾《冬天》)

作者用了比喻的修辞手法，把熊熊火焰比作潮水翻涌，又用了拟人的修辞手法，写火焰的波浪"上"前去了，体现了野火灵动的焰气，又借"跳""追"等动词，将作者冬天玩耍的乐趣展现得淋漓尽致。 (初1604班　赵嘉祺)

【点评指导】

上面是非常符合要求的一份作业，作者选择了两组景物描写的片段，并逐一写了自己喜欢的原因，写出了修辞和灵动的效果，也分析出了描写对象的动态之美和茅盾先生心中的童趣。选取的修辞有比喻，有拟人，同样的修辞却表达出了不同的意境。

建议同学们在完成这项任务单时，展开自己的联想和想象，运用"定点观察""移步换景""分类摹写"等方法来分析写景片段。

万物有灵

杨　柳

丰子恺①

因为我的画中多杨柳，就有人说我喜欢杨柳；因为有人说我喜欢杨柳，我似觉自己真与杨柳有缘。但我也曾问心，为什么喜欢杨柳？到底与杨柳树有什么深缘？其答案了不可得。原来这完全是偶然的：昔年我住在白马湖上，看见人们在湖边种柳，我向他们讨了一小株，种在寓屋的墙角里。因此给这屋取名为"小杨柳屋"，因此常取见惯的杨柳为画材，因此就有人说我喜欢杨柳，因此我自己似觉与杨柳有缘。假如当时人

① 丰子恺，中国现代画家、散文家、美术教育家、音乐教育家、漫画家、书法家和翻译家。

们在湖边种荆棘，也许我会给屋取名为“小荆棘屋”，而专画荆棘，成为与荆棘有缘，亦未可知。天下事往往如此。

但假如我存心要和杨柳结缘，就不说上面的话，而可以附会种种的理由上去。或者说我爱它的鹅黄嫩绿，或者说我爱它的如醉如舞，或者说我爱它像小蛮的腰，或者说我爱它是陶渊明的宅边所种，或者还可援引“客舍青青”的诗，“树犹如此”的话，以及“王恭之貌”“张绪之神”等种种古典来，作为自己爱柳的理由。即使要找三百个冠冕堂皇、高雅深刻的理由，也是很容易的。天下事又往往如此。

也许我曾经对人说过“我爱杨柳”的话。但这话也是随缘的。仿佛我偶然买一双黑袜穿在脚上，逢人问我“为什么穿黑袜”时，就对他说“我喜欢穿黑袜”一样。实际，我向来对于花木无所爱好；即有之，亦无所执着。这是因为我生长穷乡，只见桑麻、禾黍、烟片、棉花、小麦、大豆，不曾亲近过万花如绣的园林。只在几本旧书里看见过“紫薇”“红杏”“芍药”“牡丹”等美丽的名称，但难得亲近这等名称的所有者。并非完全没有见过，只因见时它们往往使我失望，不相信这便是曾对紫薇郎的紫薇花，曾使尚书出名的红杏，曾傍美人醉卧的芍药，或者象征富贵的牡丹。我觉得它们也只是植物中的几种，不过少见而名贵些，实在也没有什么特别可爱的地方，似乎不配在诗词中那样地受人称赞，更不配在花木中占据那样高尚的地位。因此我似觉诗词中所赞叹的名花是另外一种，不是我现在所看见的这种植物。我也曾偶游富丽的花园，但终于不曾见过十足地配称“万花如绣”的景象。

假如我现在要赞美一种植物，我仍是要赞美杨柳。但这与前缘无关，只是我这几天的所感，一时兴到，随便谈谈，也不会像信仰宗教或崇拜主义地毕生皈依它。为的是昨日天气佳，埋头写作到傍晚，不免走到西湖边的长椅子里去坐了一会儿。看见湖岸的杨柳树上，好像挂着几万串嫩绿的珠子，在温暖的春风中飘来飘去，飘出许多弯度微微的S线来，觉得这一种植物实在美丽可爱，非赞它一下不可。

听人说，这种植物是最贱的。剪一根枝条来插在地上，它也会活起来，后来变成一株大杨柳树。它不需要高贵的肥料或工深的壅培，只要有阳光、泥土和水，便会生活，而且生得非常强健而美丽。牡丹花要吃猪肚肠，葡萄藤要吃肉汤，许多花木要吃豆饼；但杨柳树不要吃人家的东西，因此人们说它是“贱”的。大概“贵”是要吃的意思。越要吃得多，越要吃得好，就是越“贵”。吃得很多很好而没有用处，只供观赏的，似乎更贵。例如牡丹比葡萄贵，是为了牡丹吃了猪肚肠只供观赏，而葡萄吃了肉汤有结果的缘故。杨柳不要吃人的东西，且有木材供人用，因此被人看作“贱”的。

我赞杨柳美丽，但其美与牡丹不同，与别的一切花木都不同。杨柳的主要的美点，是其下垂。花木大都是向上发展的，红杏能长到“出墙”，古木能长到“参天”。向上原是好的，但我往往看见枝叶花果蒸蒸日上，似乎忘记了下面的根，觉得其样子可恶；你们是靠它养活的，怎么只管高踞在上面，绝不理睬它呢？你们的生命建设在它上面，怎么只管贪图自己的光荣，而绝不回顾处在泥土中的根本呢？花木大都如此。甚至下面的根已经被斫，而上面的花叶还是欣欣向荣，在那里作最后一刻的威福，真是可恶而又可怜！杨柳没有这般可恶可怜的样子：它不是不会向上生长。它长得很快，而且很高；但是越长得高，越垂得低。千万条陌头细柳，条条不忘记根本，常常俯首顾着下面，时时借了春风之力，向处在泥土中的根本拜舞，或者和它亲吻，好像一群活泼的孩子环绕着他们的慈母而游戏，但时时依傍到慈母的身边去，或者扑进慈母的怀里去，使人见了觉得非常可爱。杨柳树也有高出墙头的，但我不嫌它高，为了它高而能下，为了它高而不忘本。

自古以来，诗文常以杨柳为春的一种主要题材。写春景曰“万树垂杨”，写春色曰“陌头杨柳”，或竟称春天为“柳条春”。我以为这并非仅为杨柳当春抽条的缘故，实因其树有一种特殊的姿态，与和平美丽的春光十分调和的缘故。这种姿态的特点，便是“下垂”。不然，当春发芽的树木不知凡几，何以专让柳条做春的主人呢？只为别的树木都凭仗了春的势力而拼命向上，一味求高，忘记了自己的根本，其贪婪之相不合于春的精神。最能象征春的神意的，只有垂杨。

这是我昨天看了西湖边上的杨柳而一时兴起的感想。但我所赞美的不仅是西湖上的杨柳。在这几天的春光之下，乡村处处的杨柳都有这般可赞美的姿态。西湖似乎太高贵了，反而不适于栽植这种“贱”的垂杨呢。

灯

巴　金[1]

我半夜从噩梦中惊醒，因为感到窒闷，便起来到廊上去呼吸寒夜的空气。

夜是漆黑的一片，在我的脚下仿佛横着一个沉睡的大海，但是渐渐地像浪花似地浮起来灰白色的马路。然后夜的黑色逐渐减淡。那里是山，那里是房屋，那里是菜园，我终于分辨出来了。

在右边，傍山建筑的几处平房里射出来几点灯光，是它们给我扫淡了黑暗的颜色。

① 巴金（1904—2005），现当代著名作家。

我望着这些灯，灯山带着昏黄色，似乎还在寒气的袭击中微微颤抖。有一两次我以为灯会灭了，但是一转眼黄色的光又在前面亮起来，这些深夜还燃着的灯，它们（似乎只有它们）默默地散布着一点点的光线和热，不仅对我，而且还对那些寒夜不能睡眠的人，和那些这时还在黑暗中摸索的行路人。是的，那边不是起了一阵急促的脚步声吗？谁从城里走回乡下来了？过了一会儿，一个黑暗在我眼前晃动一下。影子走得极快，好像跑，又像溜，我了解这个人的急忙赶回家去的心情，那么，我想，在这个人的眼里，心上，前面那些灯光会显得是更亮更热的罢！

我自己也有过这样的经验的。只有一点微弱的灯光，就是那一点仿佛随时都会被黑暗扑灭的灯光也可以鼓舞我多走一段长长的路。大片的飞雪飘打在我的脸上，我的皮鞋不时陷在泥泞的土路中，风几次要把我摔倒在污泥里。我似乎走入了一个迷阵，永远找不到出口，看不见路的尽头，但是我始终挺起身子向前迈进，我不停脚步，因为我看见了一点豆大的灯光。灯光，不管是哪个人家的灯光，都可以给行人指路，甚至像我这样一个异乡人。

这已经是许多年以前的事了，我的生活中有过了好些大的变化。然而现在站在廊上望着山脚的灯光，那灯光和好些年前的灯光不是同样的么？我看不出一点分别！为什么？我现在不是安安静静站在自己的房间前面的廊上么？我并没有在雨中摸夜路，但是看见灯光，我却忽然感到安慰，得到鼓舞。未必是我的心在黑夜里徘徊，它被噩梦引入了迷阵、到这时才找到归路？

我对自己的这个疑问不能够给一个确定的回答。但是我知道我的心渐渐的镇定了，呼吸也畅快了许多。我应该感谢这些我不知姓名的人家的灯光。

他们点灯不是为着我。在他们的梦寐中也不会现着我的影子，但是我的心仍还得到了益处。我爱这样的灯光。几盏灯甚或一盏灯的微光固然不能照彻黑暗，可是它也会给一些寒夜不眠的人带来一点勇气，一点温暖。

孤寂的海上的灯塔挽救了许多船只的沉没，任何航行的船都可以得到那灯光的指引，哈里希岛上的姐姐为着弟弟点在窗前的长夜孤灯，不能唤回那个航海远去的弟弟，但是不少捕鱼归来的邻人都得到了它的帮助。

再回溯到远古的年代去。古希腊女教士希洛点燃的火炬点亮了每夜泅过海峡来的利安得尔的眼睛。虽然有一晚上暴风雨把火炬弄灭了，让那个勇敢的情人溺死在海里。但是熊熊的火光还隐约地亮在我们的眼前，似乎那火炬并没有随着殉情的古美人沉在海底。

这些光亮都不是为我燃着的，可是像我这个渺小不足道的人也分到了它们的一点点恩泽——一点热，一点光；光驱散了一个微小心灵里的黑暗，热促成了微小心灵的发育。一个朋友说：“我们不是单靠吃米活着。”我自然也是如此。我的心常常在黑暗的海上飘浮，要不是得着灯光的指引，它有一天也会永沉海底。

我又想起了另一位敬爱的友人的故事：他怀着满身难治的创伤和必死之心，投到江南的一条河里，到了水中，他听见一声叫喊（“救人啊！”），看见一点灯光，模糊中他还听见一阵喧闹，随后便失去知觉。醒过来时发现自己躺在一个陌生人的家中，桌上一盏油灯，眼前几张诚挚关切的脸。这人间毕竟还有温暖，他感激地想着，从此他改变了生活态度，“绝望”没有了，“悲观”消失了，他成了一个热爱生命的积极的人。这已经是二十几年前的事了。我最近还见到这位朋友。那一点灯光居然鼓舞一个出门求死的人多活了这许多年，而且，他到现在还活得很健壮。我没有跟他重谈起灯光的话。但是，我想，那一点灯光一定还在他的心灵中摇晃。

在这人间，灯光是不会灭的——我想着，想着，不觉对着山那边宽慰地微笑了。

丑　石

贾平凹①

我常常遗憾我家门前的那块丑石呢：它黑黝黝地卧在那里，牛似的模样；谁也不知道是什么时候留在这里的，谁也不去理会它。只是麦收时节，门前摊了麦子，奶奶总是要说：这块丑石，多碍地面哟，多时把它搬走吧。

于是，伯父家盖房，想以它垒山墙，但苦于它极不规则，没棱角儿，也没平面儿；用錾破开吧，又懒得花那么大气力，因为河滩并不甚远，随便去捎一块回来，哪一块也比它强。房盖起来，压铺台阶，伯父也没有看上它。有一年，来了一个石匠，为我家洗一台石磨，奶奶又说：用这块丑石吧，省得从远处搬运。石匠看了看，摇着头，嫌它石质太细，也不采用。

它不像汉白玉那样的细腻，可以凿下刻字雕花，也不像大青石那样的光滑，可以供来浣纱捶布；它静静地卧在那里，院边的槐荫没有庇覆它，花儿也不再在它身边生长。荒草便繁衍出来，枝蔓上下，慢慢地，竟锈上了绿苔、黑斑。我们这些做孩子的，也讨厌起它来，曾合伙要搬走它，但力气又不足；虽时时咒骂它，嫌弃它，也无可奈何，只好任它留在那里去了。

稍稍能安慰我们的，是在那石上有一个不大不小的坑凹儿，雨天就盛满了水。常常雨过三天了，地上已经干燥，那石凹里水儿还有，鸡儿便去那里喝饮。每每到了十五的夜晚，我们盼着那满月出来，就爬到其上，翘望天边；奶奶总是要骂的，害怕我们摔下

---

① 贾平凹，1952年2月21日生于陕西省，当代作家。

来。果然那一次就摔了下来，磕破了我的膝盖呢。

人都骂它是丑石，它真是丑得不能再丑的丑石了。

终有一日，村子里来了一个天文学家。他在我家门前路过，突然发现了这块石头，眼光立即就拉直了。他再没有走去，就住了下来；以后又来了好些人，说这是一块陨石，从天上落下来已经有二三百年了，是一件了不起的东西。不久便来了车，小心翼翼地将它运走了。

这使我们都很惊奇！这又怪又丑的石头，原来是天上的呢！它补过天，在天上发过热，闪过光，我们的先祖或许仰望过它，它给了他们光明、向往、憧憬；而它落下来了，在污土里，荒草里，一躺就是几百年了?!

奶奶说："真看不出！它那么不一般，却怎么连墙也垒不成，台阶也垒不成呢?"

"它是太丑了。"天文学家说。

"真的，是太丑了。"

"可这正是它的美!"天文学家说，"它是以丑为美的。"

"以丑为美?"

"是的，丑到极处，便是美到极处。正因为它不是一般的顽石，当然不能去做墙，做台阶，不能去雕刻，捶布。它不是做这些小玩意儿的，所以常常就遭到一般世俗的讥讽。"

奶奶脸红了，我也脸红了。

我感到自己的可耻，也感到了丑石的伟大；我甚至怨恨它这么多年竟会默默地忍受着这一切，而我又立即深深地感到它那种不屈于误解、寂寞的生存的伟大。

礁　　石

艾　青①

一个浪，一个浪
无休止地扑过来
每一个浪都在它脚下
被打成碎沫，散开……
它的脸上和身上
像刀砍过的一样
但它依然站在那里
含着微笑，看着海洋……

① 艾青，1910 年 3 月 27 日生于浙江金华，现代文学家、诗人。

致 橡 树

舒 婷[①]

我如果爱你——
绝不像攀援的凌霄花，
借你的高枝炫耀自己；
我如果爱你——
绝不学痴情的鸟儿，
为绿荫重复单调的歌曲；
也不止像泉源，
长年送来清凉的慰藉；
也不止像险峰，
增加你的高度，衬托你的威仪。
甚至日光，
甚至春雨。
不，这些都还不够！
我必须是你近旁的一株木棉，
作为树的形象和你站在一起。
根，紧握在地下；
叶，相触在云里。
每一阵风过，
我们都互相致意，
但没有人，
听懂我们的言语。
你有你的铜枝铁干，
像刀，像剑，也像戟；
我有我红硕的花朵，
像沉重的叹息，
又像英勇的火炬。
我们分担寒潮、风雷、霹雳；
我们共享雾霭、流岚、虹霓。

① 舒婷，1952年7月28日生于福建，中国当代女诗人，朦胧诗派的代表人物。

仿佛永远分离，
却又终身相依。
这才是伟大的爱情，
坚贞就在这里：
爱——
不仅爱你伟岸的身躯，
也爱你坚持的位置，
足下的土地。

⊙学习任务

一、词语积累。摘录喜欢的词语，工整地抄写在表格内。

1. 老师推荐

执	着		窒	闷		驱	散		喧	闹		细	腻
繁	衍		寂	寞		休	止		攀	援		致	意
如	醉	如	舞		万	花	如	绣		万	树	垂	杨

（初 1513 班　丘欣鑫 书写）

2. 我的选择

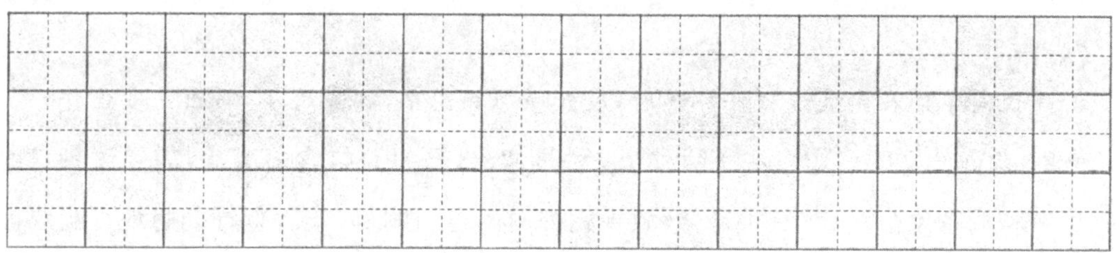

二、批注留念。边读书，边批注。挑选一则最满意的批注，写入下表。

摘　　录	批　　注

三、以读导写。任选一题完成。

1. 自己选择一种树，展开联想和想象，思考：它可以象征什么？请你模仿课文《白杨礼赞》第七段的句式写出其象征意义。也就是说，要写一组排比句，一共三个分句，每个分句中有树成长的环境，有树的样貌，最后点出树的象征意义。

【同学分享】

它没有伟岸的身躯，没有盘根错节的粗枝。也许你要说它软弱。如果强硬是专指"坚挺"或"傲然挺立"之类而言，那么，杨柳树算不得树中的伟丈夫。但是它美丽，温柔，窈窕，谦逊又不失顽强，更不用提它的宽容，高不忘本，它是树中的知礼小姐。当你在蛙鸣阵阵的池塘边散步，看见湿润的泥土上悠然站立这么一株或一排杨柳树，难道你就只觉得它只是树？难道你就不想到它的谦逊，窈窕，至少也象征了老师们？难道你竟一点也不联想到，在各地的儒雅学堂里，到处都有美丽温柔，就像这杨柳树一样宽容谦逊的哺育祖国未来的老师？难道你又不更远一点想到，这样高不忘本、慈祥和蔼、安静优雅的杨柳树，宛然象征了今天在全国各地蔓延伸展、用礼节写出新中国风貌的那种精神和意志？

（初 1605 班　段偲哲）

【点评指导】

这可以说是一份非常成功的仿写作业，很符合题目要求，要写一组排比句，一共三个分句，每个分句中有树成长的环境——湿润的泥土上，儒雅学堂里……有树的样貌——美丽、温柔、窈窕、谦逊又不失顽强，最后点出树的象征意义——老师和他们的精神。

建议同学们在完成这项任务单时，展开联想和想象，拓宽思路，写出更多佳作。

2. 象征作文的写作方法有两种：一种是像《礁石》那样，含蓄蕴藉，需要读者自己去思考和揣摩象征之意；一种是像《致橡树》那样，直白明确，作者直抒胸臆地点明象征寓意。请自选一种事物，自选一种写作方法构思，自拟题目，写一首小诗。

【同学分享】

落　叶

初 1608 班　辛　元

起风了。

它穿过大街小巷。

伴着深秋的夕阳和归巢的倦鸟；
伴着车轮的旋转和匆忙的行人。
无论他们是否停下；
无论他们是否回眸。
起伏着、翻滚着、呐喊着——
我辉煌过，
我辉煌过！

【点评指导】

上面的作业很显然是非常符合题目要求的，一首以落叶为描写对象的小诗，落叶穿过大街小巷，伴着夕阳和倦鸟……在诗的末尾直抒胸臆："我辉煌过！"启发读者去思考和揣摩落叶到底象征着什么样的人。建议同学们在完成本项任务单的时候，可以尝试用直白明确的象征寓意来创作诗歌。

四、以评促思。任选一题完成。

1. 有人说，象征是变平凡为深刻的催化剂。的确，象征是一种深入浅出、寓意深远的构思方式，它把寓意深刻的思想内涵蕴于平凡的事物中，好像是写"此"，实际上让人感受到是在写"彼"，如《白杨礼赞》《海燕》《丑石》这几篇课文就非常符合这种特点。那么，由贾平凹笔下的"丑石"，你能联想到生活中的哪些人？为什么说他们是"丑石"一样的人？

【同学分享】

由"丑石"我也能想到一些提出了新思想、新观点、新主张的先驱者们。他们新奇的观点起初大都不被世人所承认，世人激烈地反驳他们，以为他们的观点丝毫不值一提。所以他们中的很多都为世人所鄙视。可是这些先驱者们却一点也未动摇。他们不因世人的观点而改变自己的本色，而是愈加坚定自己的信念。他们深信，自己的观点一定是正确的。因此在世俗的浪潮一波一波地猛击下，他们却依然屹立不倒，从不改变本色。这些先驱者不正如那块"丑石"吗？从世人的角度看，它极丑，没有一点用处。但是它却不为世人所左右，仍然立在那里，毫不掩盖、毫不改变。只因为它知道，时间总会展现出它的美来的。

（初1604班　阎舒羽）

【点评指导】

这份作业很符合题目要求，是一篇观点明确、说理充分的出色小议论文。小作者思路清晰,论述有条理、有层次,首先鲜明地亮出自己的看法,然后论述先驱者所处的不利的人际环境,以此反衬下文所述先驱者坚守信念的品格,还用反问句来强调和回扣题干的“丑石”,回归选文内容和主题,准确、充分地阐释了“丑石精神”,可见小作者对文本的熟悉和把握。

2. 六年级的学弟学妹们即将升入初中,他们想向你请教象征类文章的阅读方法,根据你的学习体会,你将传授哪些阅读经验?请写出你的“秘籍”吧。

【同学分享】

以下是我对你们这些学弟学妹们的关于象征类文章的“秘籍”。

(一)要有较强的洞察力

在写象征这一类文章的时候,请不要忙于动笔,你要仔细地想一想,在你的身边或经历过的人或事物是否有价值去写?像高尔基在创作《海燕》一样,他经历了一段特殊时期,作为革命者的他,把革命者的精神写了下来。你也需要一个有价值的素材。比如,我们本专题中学过的诗《致橡树》,作者根据自己对爱情的思考和对事物的观察选择了一种树,作为自己的描写对象。

(二)要有强大的想象力

何谓象征类文章?我认为就是通过描写一个或者几个事物或这个事物的本质,来衬托出另一个没有出现在文章里的事物,就像贾平凹用丑石来比喻那些虽然渺小,但不肯屈于平凡的人们一样。你也需要这样的想象力,找到两者之间的关联点展开描写。

(三)要透过事物看本质

我们身边有许许多多的事物很平常但却没有被看透,大家没有发现其真正的价值,像贾平凹在《丑石》中所写,人们一开始以为丑石毫无价值和意义,后来才发现它的伟大,我们也需要观察到某些事物的本质。

(初1604班　周逸成)

【点评指导】

这份作业完成得非常好!首先,表述条理清晰,不仅简洁地罗列出三点经验,还有具体的解释说明,让人一目了然;其次,三点经验都准确地抓住了象征类文章的特点,而且深入浅出地进行阐释,浅显易懂;再次,所述三点经验都结合本专题选文举例来谈,有理有据,说服力强;最后,以学长口吻表述,语气亲切诚恳,非常符合题目设定的语境要求。

行者无疆

罗　　马

朱自清[①]

罗马(Rome)是历史上大帝国的都城,想象起来,总是气象万千似的。现在它的光荣虽然早过去了,但是从七零八落的废墟里,后人还可仿佛于百一。这些废墟,旧有的加上新发掘的,几乎随处可见,像特意点缀这座古城的一般。这边几根石柱子,那边几段破墙,带着当年的尘土,寂寞地陷在大坑里;虽然是夏天中午的太阳,照上去也黯黯淡淡,没有多少劲儿。就中罗马市场(Forum Romanum)规模最大。这里是古罗马城的中心,有法庭、神庙与住宅的残迹。卡司多和波鲁斯庙的三根哥林斯式的柱子,顶上还有片石相连着,在全场中最为秀拔,像三个丰姿飘洒的少年用手横遮着额角,正在眺望这一片古市场。想当年这里终日挤挤闹闹的也不知有多少人,各有各的心思,各有各的手法;现在只剩三两起游客指手画脚地在死一般的寂静里。犄角上有一所住宅,情形还好;一面是三间住屋,有壁画,已模糊了,地是嵌石铺成的;旁厢是饭厅,壁画极讲究,画的都是正大的题目,他们是很看重饭厅的。市场上面便是巴拉丁山,是饱历兴衰的地方。最早是一个村落,只有些茅草屋子;罗马共和末期,一姓贵族聚居在这里;帝国时代,更是繁华。游人走上山去,两旁宏壮的住屋还留下完整的黄土坯子,可以见出当时阔人家的气局。屋顶一片平场,原是许多花园,总名法内塞园子,也是四百年前的旧迹;现在点缀些花木,一角上还有一座小喷泉。在这园子里看脚底下的古市场,全景都在望中了。

市场东边是斗狮场,还可以看见大概的规模;在许多宏壮的废墟里,这个算是情形最好的。外墙是一个大圆圈儿,分四层,要仰起头才能看到顶上。下三层都是一色的圆拱门和柱子,上一层只有小长方窗户和楞子;这种单纯的对照叫人觉得这座建筑是整整的一块,好像直上云霄的松柏,老干亭亭,没有一些繁枝细节。里面中间原是大平场;中古时在这儿筑起堡垒,现在满是一道道颓毁的墙基,倒成了四不像。这场子便是斗狮场;环绕着的是观众的座位。下两层是包厢,皇帝与外宾的在最下层,上层是贵族的,第三层公务员坐,最上层平民坐:共可容四五万人。狮子洞还在下一层,有口直通场中。斗狮是一种刑罚,也可以说是一种裁判:罪囚放在狮子面前,让狮子去搏他;他

① 朱自清,号秋实,后改名自清,字佩弦。现代散文家、诗人、学者、民主战士。

若居然制死了狮子，便是直道在他一边，他就可自由了。但自然是让狮子吃掉的多；这些人大约就算活该。想到临场的罪囚和他亲族的悲苦与恐怖，他的仇人的痛快，皇帝的威风与一般观众好奇的紧张的面目，真好比一场噩梦。这个场子建筑在一世纪，原是戏园子，后来才改作斗狮之用。

斗狮场南面不远是卡拉卡拉浴场。古罗马人颇讲究洗澡，浴场都造得好，这一所更其华丽。全场用大理石砌成，用嵌石铺地；有壁画，有雕像，用具也不寻常。房子高大，分两层，都用圆拱门，走进去觉得稳稳的；里面金碧辉煌，与壁画雕像相得益彰。居中是大健身房，有喷泉两座。场子占地六英亩，可容一千六百人洗浴。洗浴分冷热水蒸气三种，各占一所屋子。古罗马人上浴场来，不单是为洗澡；他们可以在这儿商量买卖，和解讼事等等，正和我们上茶店上饭店一般作用。这儿还有好些游艺，他们公余或倦后来洗一个澡，找几个朋友到游艺室去消遣一回，要不然，到客厅去谈谈话，都是很“写意”的。现在却只剩下一大堆遗迹。大理石本来还有不少，早给搬去造圣彼得等教堂去了。零星的物件陈列在博物院里。我们所看见的只是些巍巍峨峨参参差差的黄土骨子，站在太阳里，还有学者们精心研究出来的《卡拉卡拉浴场图》的照片，都只是所谓过屠门大嚼而已。

罗马从中古以来便以教堂著名。康南海《罗马游纪》中引杜牧的诗“南朝四百八十寺，多少楼台烟雨中”，光景大约有些相像的；只可惜初夏去的人无从领略那烟雨罢了。圣彼得堂最精妙，在城北尼罗圆场的旧址上。尼罗在此地杀了许多基督教徒。据说圣彼得上十字架后也便葬在这里。这教堂几经兴废，现在的房屋是十六世纪初年动工，经了许多建筑师的手。密凯安杰罗七十二岁时，受保罗第三的命，在这儿工作了十七年。后人以为天使保罗第三假手于这一个大艺术家，给这座大建筑定下了规模；以后虽有增改，但大体总是依着他的。教堂内部参照卡拉卡拉浴场的式样，许多高大的圆拱门稳稳地支着那座穹隆顶。教堂长六百九十六英尺，宽四百五十英尺，穹隆顶高四百〇三英尺，可是乍看不觉得是这么大。因为平常看屋子大小，总以屋内饰物等为标准，饰物等的尺寸无形中是有谱子的。圣彼得堂里的却大得离了谱子，“天使像巨人，鸽子像老鹰”；所以教堂真正的大小，一下倒不容易看出了。但是你若看里面走动着的人，便渐渐觉得不同。教堂用彩色大理石砌墙，加上好些嵌石的大幅的名画，大都是亮蓝与朱红二色，鲜明丰丽，不像普通教堂一味阴沉沉的。密凯安杰罗雕的彼得像，温和光洁，别具一格，在教堂的犄角上。

圣彼得堂两边的列柱回廊像两只胳膊拥抱着圣彼得圆场，留下一个口子，却又像个块。场中央是一座埃及的纪功方尖柱，左右各有大喷泉。那两道回廊是十七世纪时亚历山大第三所造，成于倍里尼之手。廊子里有四排多力克式石柱，共二百八十四根；顶上前后都有栏杆，前面栏杆上并有许多小雕像。场左右地上有两块圆石头，站在上面看同一边的廊子，觉得只有一排柱子，气魄更雄伟了。这个圆场外有一道弯弯的白石线，便是梵蒂冈与意大利的分界。教皇每年复活节站在圣彼得堂的露台上为人民祝福，这个场子内外据说是拥挤不堪的。

圣保罗堂在南城外，相传是圣保罗葬地的遗址，也是柱子好。门前一个方院子，四面廊子里都是些整块石头凿出来的大柱子，比圣彼得的两道廊子却质朴得多。教堂里面也简单空廓，没有什么东西。但中间那八十根花岗石的柱子和尽头处那六根蜡石的柱子，纵横地排着，看上去仿佛到了人迹罕至的远古的森林里。柱子上头墙上，周围安着嵌石的历代教皇像，一律圆框子。教堂旁边另有一个小柱廊，是十二世纪造的。这座廊子围着一所方院子，在低低的墙基上排着两层各色各样的细柱子——有些还嵌着金色玻璃块儿。这座廊子精工可以说像湘绣，秀美却又像王羲之的书法。

在城中心的威尼斯方场上巍然盘踞着的，是也马奴儿第二的纪功廊。这是近代意大利的建筑，不缺少力量。一道弯弯的长廊，在高大的石基上。前面三层石级：第一层在中间，第二、三层分开左右两道，通到廊子两头。这座廊子左右上下都匀称，中间又有那一弯，便兼有动静之美了。从廊前列柱间看到暮色中的罗马全城，觉得幽远无穷。

罗马艺术的宝藏自然在梵蒂冈宫，卡辟多林博物院中也有一些，但比起梵蒂冈来就太少了。梵蒂冈有好几个雕刻院，收藏约有四千件，著名的《拉奥孔》(*Laocoön*)便在这里。画院藏画五十幅，都是精品，拉飞尔的《基督现身图》是其中之一，现在却因修理关着。梵蒂冈的壁画极精彩，多是拉飞尔和他门徒的手笔，为别处所不及。有四间拉飞尔室和一些廊子，里面满是他们的东西。拉飞尔由此得名。他是乌尔比奴人，父亲是诗人兼画家。他到罗马后，极为人所爱重，大家都要叫他画；他忙不过来，只好收些门徒做助手。他的特长在画人体。这是实在的人，肢体圆满而结实，有肉有骨头。这自然受了些佛罗伦司派的影响，但大半还是他的天才。他对于气韵、远近、大小与颜色也都有敏锐的感觉，所以成为大家。他在罗马住的屋子还在，坟在国葬院里。歇司丁堂与拉飞尔室齐名，也在宫内。这个神堂是十五世纪时歇司土司第四造的，长一百三十三英尺，宽四十五英尺。两旁墙的上部，都由佛罗伦司派画家装饰，有波铁乞利在内。屋顶的画满都是密凯安杰罗的，歇司丁堂著名在此。密凯安杰罗是佛罗伦司派的极峰。他不多作画，一生精华都在这里。他画这屋顶时候，以深沉肃穆的心情渗入画中。他的构图里气韵流动着，形体的勾勒也自然灵妙，还有那雄伟出尘的风度，都是他独具的好处。堂中祭坛的墙上也是他的大画，叫作《最后的审判》。这幅壁画是以后多年画的，费了他七年工夫。

罗马城外有好几处隧道，是一世纪到五世纪时候基督教徒挖下来做墓穴的，但也用作敬神的地方。尼罗搜杀基督教徒，他们往往避难于此。最值得看的是圣卡里斯多隧道。那儿还有一种热诚花，十二瓣，据说是代表十二使徒的。我们看的是圣赛巴司提亚堂底下的那一处，大家点了小蜡烛下去，曲曲折折的狭路，两旁是大大小小深深浅浅的墓穴。现在自然是空的，可是有时还看见些零星的白骨。有一处据说圣彼得住过，成了龛堂，壁上画得很好。别处也还有些壁画的残迹。这个隧道似乎有四层，占的地方也不小。圣赛巴司提亚堂里保存着一块石头，上有大脚印两个；他们说是耶稣基督的，现在供养在神龛里。另一个教堂也供着这么一块石头，据说是仿本。

缧绁堂建于第五世纪，专为供养拴过圣彼得的一条铁链子。现在这条链子还好好的在一个精美的龛子里。堂中周理乌司第二纪念碑上有密凯安杰罗雕的几座像；摩西像尤为著名。那种原始的坚定的精神和勇猛的力量从眉目上，胡须上，胳膊上，手上，腿上，处处透露出来，叫你觉得见着了一个伟大的人。又有个阿拉古里堂，中有圣婴像。这个圣婴自然便是耶稣基督，是十五世纪耶路撒冷一个教徒用橄榄木雕的。他带它到罗马，供养在这个堂里。四方来许愿的很多，据说非常灵验；它身上密层层地挂着许多金银饰器都是人家还愿的。还有好些信写给它，表示敬慕的意思。

罗马城西南角上，挨着古城墙，是英国坟场或叫作新教坟场。这里边葬的大都是艺术家与诗人，所以来参谒来凭吊的意大利人和别国的人终日不绝。就中最有名的自然是十九世纪英国浪漫诗人雪莱与济兹的墓。雪莱的心葬在英国，他的遗灰在这儿。墓在古城墙下斜坡上，盖有一块长方的白石；第一行刻着“心中心”，下面两行是生卒年月，再下三行是莎士比亚《风暴》中的仙歌。

彼无毫毛损，
海涛变化之，
从此更神奇。

好在恰恰关合雪莱的死和他的为人。济兹墓相去不远，有墓碑，上面刻着道：

这座坟里是
英国一位少年诗人的遗体；

他临死时候，

想着他仇人们的恶势力，

痛心极了，叫将下面这一句话

刻在他的墓碑上：

“这儿躺着一个人，

他的名字是用水写的。”

末一行是速朽的意思，但他的名字正所谓“不废江河万古流”，又岂是当时人所料得到的。后来有人别作新解，根据这一行话作了一首诗，连济兹的小像一块儿刻铜嵌在他墓旁墙上。这首诗的原文是很有风趣的。

济兹名字好，

说是水写成；

一点一滴水，

后人的泪痕——

英雄枯万骨，

难如此感人。

安睡吧，

陈词虽挂漏，

高风自峥嵘。

这座坟场是罗马富有诗意的一角，有些爱罗马的人虽不死在意大利，也会遗嘱葬在这座“永远的城”的永远的一角里。

桃花源记

汪曾祺[①]

汽车开进桃花源，车中一眼看见一棵桃树上还开着花。只有一枝，四五朵，通红的，如同胭脂。十一月天气，还开桃花！这四五朵红花似乎想努力地证明：这里确实是桃花源。

有一位原来也想和我们一同来看看桃花源的同志，听说这个桃花源是假的，就没有多大兴趣，不来了。这位同志真是太天真了。桃花源怎么可能是真的呢？《桃花源记》是一篇寓言。中国有几处桃花源，都是后人根据《桃花源诗并记》附会出来的。先

① 汪曾祺，散文家、戏剧家、小说家。

有《桃花源记》，然后有桃花源。不过如果要在中国选举出一个桃花源，这一个应该有优先权。这个桃花源在湖南桃源县，桃源旧属武陵。而且这里有一条小溪，直通沅江。陶渊明的《桃花源记》不是这样说的么："晋太原中，武陵人，捕鱼为业，缘溪行，忘路之远近……"

刚放下旅行包，文化局的同志就来招呼去吃擂茶。闻擂茶之名久矣，此来一半为擂茶，没想到下车后第一个节目便是吃擂茶，当然很高兴。茶叶、老姜、芝麻、米，加盐，放在一个擂钵里，用硬杂木做的擂棒"擂"成细末，用开水冲开，便是擂茶。吃擂茶时还要摆出十几个碟子，里面装的是炒米、炒黄豆、炒绿豆、炒苞谷、炒花生、砂炒红薯片、油炸锅巴、泡菜、酸辣藠头……边喝边吃。擂茶别具风味，连喝几碗，浑身舒服。佐茶的茶食也都很好吃，藠头尤其好。我吃过的藠头多矣，江西的、湖北的、四川的……但都不如这里的又酸又甜又辣，桃源藠头滋味之浓，实为天下冠。桃源人都爱喝擂茶。有的农民家，夏天中午不吃饭，就是喝一顿擂茶。问起擂茶的来历，说是：诸葛亮带兵到这里，士兵得了瘟疫，遍请名医，医治无效，有一个老婆婆说："我会治!"她熬了几大锅擂茶，说："喝吧!"士兵喝了擂茶，都好了。这种说法当然也只好姑妄听之。诸葛亮有没有带兵到过桃源，无可稽考。根据印象，这一带在三国时应是吴国的地方，若说是鲁肃或周瑜的兵，还差不多。我总怀疑，这种喝茶法是宋代传下来的。《都城纪胜》中"茶坊"载："冬天兼卖擂茶。"《梦粱录》中"茶肆"条载："冬月添卖七宝擂茶。"有一本书载："杭州人一天吃三十丈木头。"指的是每天消耗的"擂槌"的表层木质。"擂槌"大概就是桃源人所说的擂棒。"一天吃三十丈木头"，形容杭州人口之多。

擂槌可以擂别的东西，当然也可以擂茶。"擂"这个字是从宋代沿用下来的。"擂"者，擂而细之之谓也，跟擂鼓的擂不是一个意思。茶里放姜，见于《水浒传》，王婆家就有这种茶卖，《水浒传》第二十四回写道："便浓浓的点两盏姜茶，将来放在桌子上。"从字面看，这种茶里有茶叶，有姜，至于还放不放别的什么，只好阙闻了。反正，王婆所卖之茶与桃源擂茶有某种渊源，是可以肯定的。湖南省不少地方喝"芝麻豆子茶"，即在茶里放入炒熟且碾碎的芝麻、黄豆、花生，也有放姜的，好像不加盐，茶叶则是整的，并不擂细，而且喝干了茶水还把叶子捞出来放进嘴里嚼嚼吃了，这可以说是擂茶的嫡堂兄弟。湖南人爱吃姜。十多年前在醴陵、浏阳一带旅行，公共汽车一到站，就有人托了一个磁盘，里面装的是插在牙签上的切得薄薄的姜片，一根牙签上插五六片，卖与过客。本地人掏出角把钱，买得几串，就坐在车里吃起来，像吃水果似的。大概楚地卑湿，故湘人保存了不撤姜食的习惯。生姜、茶叶可以治疗某些外感，是一般的本草书上都讲过的。北方的农村也有把茶叶、芝麻一同放在嘴里生嚼用来发汗的偏方。因此，说擂茶最初起于医治兵士的时症，不为无因。

上午在山上桃花观里看了看。进门是一正殿，往后高处是“古隐君子之堂”。两侧各有一座楼，一名“蹑风”，用陶渊明“愿言蹑轻风”诗意；一名“玩月”，用刘禹锡故实。楼皆三面开窗，后为墙壁，颇小巧，不俗气。观里的建筑都不甚高大，疏疏朗朗，虽为道观，却无甚道士气，既没有一气三清的坐像，也没有伸着手掌放掌心雷降妖的张天师。楹联颇多，联语多隐括《桃花源记》词句，也与道教无关。这些联匾在“文化大革命”中由一看山的老人摘下藏了起来，没有交给“破四旧”的红卫兵，故能完整地重新挂出来，也算万幸了。下午下山，去钻了“秦人洞”。洞口倒是有点像《桃花源记》所写的那样，“山有小口，仿佛若有光”，“初极狭，才通人”。洞里有小小流水，深不过人脚面，然而源源不竭，蜿蜒流至山下。走了十几步，豁然开朗了，但并不是“土地平旷，屋舍俨然，有良田桑竹之属，阡陌交通，鸡犬相闻”。后面有一点平地，也有一块稻田，田中插一木牌，写着：“千丘田”，实际上只有两间房子那样大，是特意开出来种了稻子应景的。有两个水池子，山上有一个擂茶馆，再后就又是山了。如此而已。因此不少人来看了，都觉得失望，说是“不像”。这些同志也真是天真。他们大概还想遇见几个避乱的秦人，请到家里，设酒杀鸡来招待他一番，这才满意。

看了秦人洞，便扶向路下山。山下有方竹亭，亭极古拙，四面有门而无窗，墙甚厚，拱顶，无梁柱，云是明时所筑，似可信。亭后旧有方竹，为国民党的兵砍尽。竹子这个东西，每隔三年，须删砍一次，不则挤死；然亦不能砍尽，砍尽则不复长。现在方竹亭后仍有一丛细竹，导游的说明牌上说：这种竹子看起来是圆的，摸起来是方的。摸了摸，似乎有点楞。但一切竹竿似皆不尽浑圆，这一丛细竹是补种来应景的，和我在成都薛涛井旁所见方竹不同，——那是真正的“角四方”的。方竹亭前原来有很多碑，“文化大革命”中都被红卫兵椎碎了，剩下一些石头乌龟昂着头空空地坐在那里。据说有一块明朝的碑，字写得很好，不知还能不能找到拓本。

旧的碑毁掉了，新的碑正在造出来。就在碎碑残骸不远处，有几个石工正在丁丁地亚斤治。一个小伙子在一块桃源石的巨碑上浇了水，用一块油石在慢慢地磨着。碑石绿如艾叶，很好看。桃源石很硬，磨起来很不容易。问：“磨这样一块碑得用多少工？”——“好多工啊？哪晓得呢！反正磨光了算！”这回答真有点无怀氏之民的风度。

晚饭后，管理处的同志摆出了纸墨笔砚，请求写几个字，把上午吃擂茶时想出的四句诗写给了他们：

红桃曾照秦时月，

黄菊重开陶令花。

大乱十年成一梦，

与君安坐吃擂茶。

晚宿观旁的小招待所，栏杆外面，竹树萧然，极为幽静。桃花源虽无真正的方竹，但别的竹子都可看。竹子都长得很高，节子也长，竹叶细碎，姗姗可爱，真是所谓修竹。树都不粗壮，而都甚高。大概树都是从谷底长上来的，为了够得着日光，就把自己拉长了。竹叶间有小鸟穿来穿去，绿如竹叶，才一寸多长。

修竹姗姗节子长，

山中高树已经霜。

经霜竹树皆无语，

小鸟啾啾为底忙？

晨起，至桃花观门外闲眺，下起了小雨。

山下鸡鸣相应答，

林间鸟语自高低。

芭蕉叶响知来雨，

已觉清流涨小溪。

做了一日武陵人，临去，看那个小伙子磨的石碑，似乎进展不大。门口的桃花还在开着。

岳阳楼记

汪曾祺

岳阳楼值得一看。

长江三胜，滕王阁、黄鹤楼都没有了，就剩下这座岳阳楼了。

岳阳楼最初是唐开元中中书令张说所建，但在一般中国人的印象里，它是滕子京建的。滕子京之所以出名，是由于范仲淹的《岳阳楼记》。中国过去的读书人很少没有读过《岳阳楼记》的。《岳阳楼记》一开头就写道：“庆历四年春，滕子京谪守巴陵郡。越明年，政通人和，百废俱兴……”虽然范记写得很清楚，滕子京不过是“重修岳阳楼，增其旧制”，然而大家不甚注意，总以为这是滕子京建的。岳阳楼和滕子京这个名字分不开了。滕子京一生做过什么事，大家不去理会，只知道他修建了岳阳楼，好像他这辈子就做了这一件事。滕子京因为岳阳楼而不朽,而岳阳楼又因为范仲淹的一记而不朽。若无范仲淹的《岳阳楼记》,不会有那么多人知道岳阳楼,有那么多人对它向往。《岳阳楼记》通篇写得很好,而尤其为人传诵者,是“先天下之忧而忧,后天下之乐而乐。”这两句名言。可以这样说:岳阳楼是由于这两句名言而名闻天下的。这大概是滕子京始料所不及,亦为范仲淹始料所不及。这位“胸中自有数万甲兵”的范老夫子的事迹大家也多不甚了了,他流传后世的,除了几首词,最突出的,便是一篇《岳阳楼记》和《记》里的这两句话。这两句话哺育了很多后代人,对中国知识分子的品德的形成,产生了极其深远的影响。匹夫而为百世师,一言而为天下法,呜呼,立言的价值之重且大矣,可不慎哉!

写这篇《记》的时候,范仲淹不在岳阳,他被贬在邓州,即今延安,而且听说他根本就没有到过岳阳,《记》中对岳阳楼四周景色的描写,完全出诸想象。这真是不可思议的事。他没有到过岳阳,可是比许多久住岳阳的人看到的还要真切。岳阳的景色是想象的,但是其思想却是久经考虑,出于胸臆的,真实的、深刻的。看来一篇文章最重要的是思想。有了独特的思想,才能调动想象,才能把在别处所得到的印象概括集中起来。范仲淹虽可能没有看到过洞庭湖,但是他看到过很多巨浸大泽。他是吴县人,太湖是一定看过的。我很深疑他对洞庭湖的描写,有些是从太湖印象中借用过来的。

现在的岳阳楼早已不是滕子京重修的了。这座楼烧掉了几次。据《巴陵县志》载:岳阳楼在明崇祯十二年毁于火,推官陶宗孔重建。清顺治十四年又毁于火,康熙二十二年由知府李遇时、知县赵士珩捐资重建。康熙二十七年又毁于火,直到乾隆五年由总督班第集资修复。因此范记所云“刻唐贤、今人诗赋于其上”,已不可见。现在楼上刻在檀木屏上的《岳阳楼记》系张照所书,楼里的大部分楹联是到处写字的“道州何绍基”写的,张、何皆乾隆间人。但是人们还相信这是滕子京修的那座楼,因为范仲淹的《岳阳楼记》实在太深入人心了。也很可能,后来两次修复,都还保存了滕楼的旧样。九百多年前的规模格局,至今犹能得其仿佛,斯可贵矣。

我在别处没有看见过一个像岳阳楼这样的建筑。全楼为四柱、三层、盔顶的纯木结构。主楼三层,高十五米,中间以四根楠木巨柱从地到顶承荷全楼大部分重力,再用十二根宝柱作为内围,外围绕以十二根檐柱,彼此牵制,结为整体。全楼纯用木料构成,逗缝对榫,没用一钉一铆,一块砖石。楼的结构精巧,但是看起来端庄浑厚,落落大方,没有搔首弄姿的小家气,在烟波浩淼的洞庭湖上很压得住,很有气魄。

岳阳楼本身很美,尤其美的是它所占的地势。“滕王高阁临江渚”,看来和长江是有一段距离的。黄鹤楼在蛇山上，晴川历历，芳草萋萋，宜俯瞰，宜远眺，楼在江之上，江之外，江自江，楼自楼。岳阳楼刚好像直接从洞庭湖里长出来的。楼在岳阳西门之上，城门口即是洞庭湖。伏在楼外女墙上，好像洞庭湖就在脚底，丢一个石子，就能听见水响。楼与湖是一整体。没有洞庭湖，岳阳楼不成其为岳阳楼；没有岳阳楼，洞庭湖也就不成其为洞庭湖了。站在岳阳楼上，可以清清楚楚看到湖中帆船来往，渔歌互答，可以扬声与舟中人说话；同时又可远看浩浩汤汤，横无际涯，北通巫峡，南极潇湘的湖水，远近咸宜，皆可悦目。“气吞云梦泽，波撼岳阳城”，并非虚语。

我们登岳阳楼那天下雨，游人不多。有三四级风，洞庭湖里的浪不大，没有起白花。本地人说不起白花的是“波”，起白花的是“涌”。“波”和“涌”有这样的区别，我还是第一次听到。这可以增加对于“洞庭波涌连天雪”的一点新的理解。

夜读《岳阳楼诗词选》。读多了，有千篇一律之感。最有气魄的还是孟浩然的那一联，和杜甫的“吴楚东南坼，乾坤日夜浮”。刘禹锡的“遥望洞庭山水翠，白银盘里一青螺”，化大境界为小景，另辟蹊径。许棠因为《洞庭》一诗，当时号称“许洞庭”，但“四顾疑无地，中流忽有山”，只是工巧而已。滕子京的《临江仙》把“气蒸云梦泽，波撼岳阳城”，“曲终人不见，江上数峰青”整句地搬了进来，未免过于省事！吕洞宾的绝句：“朝游岳鄂暮苍梧，袖里青蛇胆气粗。三醉岳阳人不识，朗吟飞过洞庭湖”，很有点仙气，但我怀疑这是伪造的(清人陈玉垣《岳阳楼》诗有句云：“堪惜忠魂无处奠，却教羽客踞华楹”，他主张岳阳楼上当奉屈左徒为宗主，把楼上的吕洞宾的塑像请出去，我准备投他一票)。写得最美的，还是屈大夫的“袅袅兮秋风，洞庭波兮木叶下。”两句话，把洞庭湖就写完了！

苏州园林

梁　衡

我到苏州，是特地为她的园林而来的。在一条很小的弄里，我找见了网师园。这是苏州最小的园子，占地只有八亩。园子入口处很窄，四周有山、水、石、桥、花、木。园中心处有一屋，名“竹外一枝轩”，这个名字初读来令人不解，细想才知是据苏东坡诗意：“江头千树春欲暗，竹外一枝斜更好。”果然，轩面一池水，水边有斜依的松柏，袅袅的垂柳，而柳后在波光水色中闪现出亭台、桥榭。景是错落的，甚至斜乱的，但这正是整齐美之外的更深一层的美，造园者与诗人的心是相通的，他们用人力来提炼自然美的精英，这是艺术。和网师园相比，拙政园算是苏州最大的园子了，据说是《红楼梦》大观园的原型，但她并没有因为大而失去精。园中有楼曰“见山楼”，但对面只是很宽阔的水，隔岸又是若许亭、轩、阁，一起埋在绿树丛中，哪里有什么山？可是当你再凭栏品味时，会突然想起陆游的诗：“疏荒分北涧，剪木见南山。”谁敢说剪掉林木之后，那边没有山呢？想见的山比看见的更好看、更有味。这真是含蓄的极致了，其余还有许多亭、堂，如“看松读画轩”“风到月来亭”“留听阁”等，都画龙点睛，景外有意。让你身在其中，又不得不神思其外，城中的园林不比大自然中的山水，她只有在有限的条件下，向精美、凝练、含蓄去求艺术，像一首律诗。这样“园”有尽而意无穷，而在这里这种艺术的表现手段又不像诗一样靠字、词，却是靠山石、花木、砖瓦。难得的是这些无声之物，竟有神有韵地构成了一个美的境界。当你在这些园子里悠游时，那实际上是在翻一部唐诗，或一本宋词了。

如果说在网师园、拙政园里得到的是诗情，那么在留园得到的便是画意了。这个园子多回廊。亭堂又多窗。匠心之意是让你尽量透过廊、窗取景。抬眼时便是一幅画图。窗外常是粉墙，窗与墙之间或植竹数竿，或插梅一枝，墙为纸，物为墨，随风摇曳，影布墙上，且天生的艳红翠绿，这是任何丹青高手所不能企及的。这还不止，窗户又都是各种图案的花格子，透过窗子看景时别有一种隐约的效果与气氛，是朦胧的美。还有一奇趣，当游人在廊中走动时，不同的角度望去，又会是一幅不同的画面，叫“移步换景”。真可谓将我们视觉的潜力挖绝了。

园中除画之外，还有雕塑，这便要说到石了。

有一块“鹰石”突兀耸立，浑身高高低低，洞洞眼眼，石顶部极似一只老鹰腾空，长颈内弯，两爪伸张，双目炯炯，大约发现了地上有一只雏鸡正鼓翅欲下。我站在石旁注视良久，越看越像，越想越像。觉得那鹰神从石出，气从石来，活了！但我岂不知，这是太湖里随便捞上来的一块石头。苏州园林的艺术正在不以墨为图，不以斧凿去雕塑，尽量利用自然之美，专取似与不似之间，匠心之意只是撩拨起你的遐想，引而不发，藏而不露。中国画中本有写意的一派，那是比工笔更含蓄，更有味的。

留园中还有两块石头叫人难忘。一曰：“冠云峰”，高六点五米，重五吨。是宋时运“花石纲”落入太湖中，清朝官僚刘蓉峰造园时又捞得的，这是苏州园林中最大的一块了。其旁又还有一块石“岫云峰”，傍有一些紫藤出地，分为两股，穿石间小孔而上，到石巅后又绞作一团，浓阴蔽覆。藤遒劲而叶蒙缀，至少已逾百年。在苏州园林中，空间自不必说了，就连时间这个因素也被纳入造林艺术之中了。有人工制造的错落的美，有历史铸就的古幽邈远的美。我们平时谈画，那是些平面的颜色，我们游历山水，那是些自然的原形。而现在，我们看到的却是窗框里的翠竹，水池中的山石，这是自然物与纸上画的过渡，是自然美与艺术美的融合，别有一种角度，另是一番享受。

别于宅地花园的是沧浪亭。园中有山，环山有河，水面开阔。这本是宋庆历年间，诗人苏舜钦为官失意后隐居之所。他在这里造了亭，还写了《记》，歌咏其自在之情："觞而浩歌，踞而仰啸，野老不至，鱼鸟共乐。"亭上有楹联："清风明月本无价，近水远山皆有情。"登亭而望，绿阴之外空水茫茫，尘嚣不闻，市井不见，闲矣，静矣。这里不比城里那几处园子，那是主人正官运亨通之时闲玩游赏之地，这里是文人失意官场后抒发悲凉、宣泄愤积的所在。其意境是李白的《春夜宴桃李园序》，是王维的《山中与裴秀才书》，是陶渊明的《桃花源记》，游这种园子，得到的是一种恬淡闲逸的美。这就不只是诗与画的陶醉，而是在冷静地披览历史了。她使人不由忆想起我们民族悠久的文化和历史上曾相继登场的各种思想与人物。

在苏州看园林，实在是在读一本立体的书。本来通过建筑这面镜子，我们一样可窥见当时社会的政治、经济与文化，不过这种窥视与探讨却是充满了艺术的乐趣。这在国外已经专门兴起了一门"艺术社会学"。苏州的园林建筑艺术则完全称得起这门学科的一个分支，我想现在我们继承自己民族的文化遗产，不仅要去钻图书馆，考察文物，看古装戏，还应该到这样的城市里来走一走、想一想。建筑是凝固的音乐，在这些秀美的园林里随时都飘荡着几世纪前的音符，一碰到我们的心弦，便会响起历史的鸣奏，在我们心灵的空谷中久久回荡。我又想，我们现在欣赏这浸透了古典文化艺术之汁的苏州城，还不应该忘记，怎样去为我们的后代创造一座同样饱储着当代文化艺术的城市。

⊙学习任务

一、词语积累。摘录喜欢的词语，工整地抄写在表格内。

1. 老师推荐

<table>
<tr><td>聚</td><td>居</td><td></td><td>巍</td><td>峨</td><td></td><td>质</td><td>朴</td><td></td><td>精</td><td>彩</td><td></td><td>敬</td><td>慕</td></tr>
<tr><td>古</td><td>拙</td><td></td><td>萧</td><td>然</td><td></td><td>不</td><td>朽</td><td></td><td>含</td><td>蓄</td><td></td><td>心</td><td>弦</td></tr>
<tr><td>横</td><td>无</td><td>际</td><td>涯</td><td></td><td>千</td><td>篇</td><td>一</td><td>律</td><td></td><td>随</td><td>风</td><td>摇</td><td>曳</td></tr>
</table>

（初 1513 班　丘欣鑫 书写）

2. 我的选择

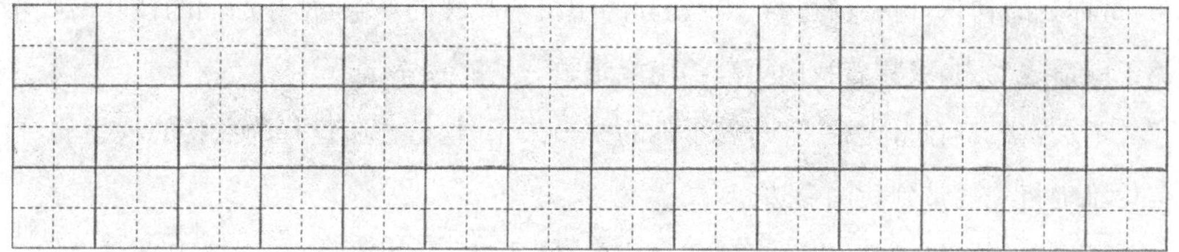

二、批注留念。边读书，边批注。挑选一则最满意的批注，写入下表。

摘　　录	批　　注

三、以读导写。任选一题完成。

风景，有大自然鬼斧神工的作品，也有历史文化的遗迹。所以，我们在撰写游记时，除了描绘自然风光，还可以勾联古今历史，穿插美丽传说，尝试旁征博引，这样多层次、多侧面地描绘景物，烘托景物，会使画面显得充实饱满，富有内涵和艺术魅力。那么，你是喜欢陶醉于自然风景之中，还是善于联想和思考人文历史呢？请从下面两个题目中选择自己更喜欢的一个，完成练笔。

1. 文章是案头的山水，山水是地上的文章。学者王国维说："一切景语皆情语。"游踪所至，美景在目，心有所感，形诸笔墨，往往物中有我，景中见情。写好游记的关键是注入自己的真感情。请你写一写清华附中，借助你的笔来抒发出你内心的情感吧。

【同学分享】

总是遇见你，在最美的时光里……

初 1612 班　武泽英

初见，在那年夏末。

怀着激动，我第一次以附中人的身份踏进这里，一声快门，定格了初见的美丽。

我微微仰头，夏日余威未消，炽热的阳光被你温柔怀抱，只在地上洒下斑驳的点点光影，挺拔高大却又清爽地带着阳光的暖意，你的身影已偷偷烙在我的心里。那段日子，是你我的初识，倚在窗边给了我勃勃的生机与暖暖的新意，那绿油油的枝叶给我增添了向前的动力，鼓舞着我向更高的山巅走去。

不久，秋风肃起，大雁南飞，属于你的季节来了，携着你所诠释的独特的秋之韵，自信优雅地将美丽带到我的身边。

不见夏的生机勃勃，你已慢慢变得成熟，叶子黄了，黄得透亮，金色阳光穿过银杏叶，其中细如丝的叶脉让人百看不厌其烦，缠缠绵绵。你绽放的光彩，引来无数人的赞叹，微风摇曳中，飒飒——金黄的叶子带着最后一丝清香，跳着最后一支也是最惊艳的一次舞蹈回馈母树给予了它一次生命，最终不留遗憾地回归故土，即使只有短暂的美丽，也留下了最绚丽的一瞬。

他们看见了，迫不及待想抓住你的美丽，无数次按下快门，留下照片后，却又不愿再欣赏自然中最真实的你，我想，你大概是不会计较这些的吧，你总是这样的，带着自己的骄傲从不留恋赞美，多少搁浅的情怀，和着秋的韵脚，遗落在一帧秋色里。

继续走，你不会因为自己的美丽而忘记下一个征途。

随着秋天的脚步落下帷幕，我好像了解了你，再次仰起头，目光聚焦于你，屏住了呼吸，心好像猛地被什么撞了一下。

天空是如洗的澄净，带着一种朦胧的淡蓝。你终于能将纷扰抛下，心中澄净安闲如在涅槃，光秃的枝条挺着，从不因风寒而筒袖而瑟缩，不因无人留念而自卑自惭，你挺着坚韧的身躯，在萧瑟中酝酿着另一个更美的春……

我懂你的，清雅绝尘，淡泊包容，你只做自己。我轻声说，而后微笑。

触摸着那经历过风雨洗礼的树纹，我靠在银杏树挺拔的树干上，微微闭眼，享受这片刻宁静。

三年时光，我遇见了你，喜欢上了你，即使将来我走了，你也将永远被我藏在心中一隅，承载着你的希望，我会像你一样，水般悠远纯净，木般正直向上，永记“自强不息，厚德载物”的内涵，追随心中不灭的火光……

【点评指导】

这片习作选择自己最熟悉的素材入手，描写校园景色并没有按常见的四季板块一一道来，而是选择初见的夏季和最钟爱的秋天这两季风景，可见作者在选材上的精心。文章以夏季导入，介绍初遇的“一见钟情”，画面明朗温暖，色彩明快。然后作者浓墨重彩地重点描绘校园秋色，可见其偏爱。而金黄的银杏树和湛蓝如洗的天空，是很多附中学子难忘的中学美好记忆，引人共鸣。

2．音乐人高晓松说：“生活不只眼前的苟且，还有诗和远方。”游览各地风景，边走边看，且行且思，请以“在远方”为题，写一首小诗。

【同学分享】

在　远　方

初1612班　何俊杰

是谁，在远方
奏一曲，悠扬
曲过入肠，暗自神伤
遥看塞外，战火泱泱

是谁，在远方
划一道，边疆
剑之所指，心之所向
长城之畔，即是故乡

【点评指导】

小诗用设问手法，引领读者的思路随诗句跨越千山万水，抵达烽烟从未断歇的塞外边关。小作者思接千载，视野开阔，富有热血男儿的壮志情怀。第一小节中，以一首无形之曲，吟唱出对历史上战争频发、生灵涂炭的慨叹；第二小节中，以一柄有形之剑，表达出英雄志士对国家、对故乡的真挚热爱。短短的两节诗句，化用典故自然，可以看出小作者深受王昌龄《出塞》和范仲淹《渔家傲》（塞下秋来风景异）的影响，读者也觉得熟悉，易产生共鸣。

四、以评促思。任选一题完成。

1．结合你阅读本专题文章的体会，说一说为什么要“行万里路”。

【同学分享】

行万里路可以增加阅历。踏上旅途，我们常常可以看到更多以前不知道的奇闻逸事，并将书本里的抽象思维形象化到我们眼前。只有这样，我们才能真正理解和运用那些枯燥无味的知识。

行万里路可以扩大视野。在旅途中，我们会纵览百家争鸣，最终将那些新的见解化为自己的财富，享受到“衔远山，吞长江，浩浩汤汤，横无际涯”的境界。

行万里路可以收获“柳暗花明又一村”的惊喜。正当我们在读书之后觉得“疑无路”时，行万里路会使我们获得新的思路和方法，最终引领我们见到“又一村”。

行万里路可以收获创新之美。在旅途中，我们会思考苏州园林别具一格的不对称艺术，也会领悟到各个大师“灵魂之作”的用意，并将它们转化成自己的再创新。

行万里路还可以领略古今中外，仁人志士的家国情怀，正如彭世强《郁孤台笑》所云，“我侧过身子，回眸郁孤台的侧影，想起先前楼内的楹联‘郁结古今事，孤悬天地心’。是的，楼台、城墙都在警示我们：莫忘历史！它们也在教导我们：位卑未敢忘忧国！如今的郁孤台，修葺一新，绝无当年的伤痕。如今的古城墙，也无历史的霉点。然而，民族之魂犹在！”

所以，让我们一起：读万卷书——行万里路！

（初 1602 班　吴天一）

【点评指导】

这份作业基本符合题目的要求。这位同学能清晰地表达出自己的观点，首先阐明了行万里路的种种益处；其次，选取本专题部分选文进行分析，指出“行走”的重要意义；最后，还恰当引用古诗名句再次强调亲身实践的重要性。如果能在举例部分，多结合本专题的选文内容作一些具体分析，就更显得有理有据，说服力更强。

2．一位同学热爱旅游，经常到各地游览风景名胜，每次回来后，他都有大量的心得，想分享到携程、途牛、去哪儿等热门旅游网站攻略栏的“游记”板块里，可是总觉头绪太多，不知道从何写起，按什么顺序写，怎样才能写清楚，还担心不能吸引网友点击阅读。他想请你帮他理清线索，明确思路，介绍一些写法技巧，你将如何帮助他呢，请写下你的建议。

【同学分享】

一篇好的旅行游记，首先要构思，写提纲，确定了顺序后，可以对提纲进行扩充，对词汇进一步润色，最后完稿。

旅行游记不同于叙事的文章，它时间较长，内容也较为全面。面对长时间的旅行，最为简单好写的是按照时间顺序，将每天游览的地方记录下来，简洁明了；如果旅行有专门目的，可以使用从不同方面描写的写法，这样可以突出重点，例如，去体验少数民族生活，就可以从吃、穿、住、行这几方面写，这种写法可以几个方面并列，也可以层层递进，根据自己旅行的实际情况入手即可。

确定好了顺序，接下来就可以考虑如何将文章表达清楚、准确了。

在这一点上，旅行游记与叙事的文章有相同之处——详略要得当。一趟旅行，总有重点要去的地方，对于这些地方应详细描写，而不重要的地方则可一笔带过；其次，文章内容要精简，特别是对旅行的建议、看法、心得。

文章有了框架、内容，接下来，也是最后一步，就是装饰外表，“刷”阅读量了。

几十篇的游记，如果都是干巴巴的建议，人们自然不会有兴趣。想增加阅读量，首先在语言上要幽默诙谐，辞藻不一定多华丽，但要有自己的真实想法，使用一些网络语言也可以吸引年轻人的眼球；其次可以在文章中引用典故、插入故事，会使文章更生动；最后配图片是必要的，让人望着满满一页字时也可以欣赏美图。

我相信，这样写出的一篇旅行游记，一定能在旅游网站攻略栏大放异彩！

（初1710班　陈思齐）

【点评指导】

这份作业基本符合题目的要求。这位同学首先从游记的总体构思谈起，说明写作的时空顺序；其次说明写景的内容要点；再次对如何美化开头和题目提出容易掌握的方法建议；最后还给出采用恰当修辞手法的提醒，所介绍的方法比较全面。略有不足的是，纯谈方法技巧显得比较空洞，如果再加入结合本专题选文的相关内容，具体举例说明上述方法的运用，会让人更加明白。

更上层楼

阅读理解

沙　枣

梁　衡

记得我刚从北京来到河套时就对沙枣这种树感到奇怪。1968 年冬，我大学毕业后分到内蒙古临河县，头一年在大队劳动锻炼。我们住的房子旁是一条公路，路边长着两排很密的灌木丛，也不知道叫什么名字。第二年春天，柳树开始透出了绿色，接着杨树也发出了新叶，但这两排灌木却没有一点表示。我想大概早已干死了，也不去管它。

后来不知不觉中这灌木丛发绿了，叶很小，灰绿色，较厚，有刺，并不显眼，我想大概就是这么一种树吧，也并不十分注意。只是在每天上井台担水时，注意别让它的刺钩着我的袖子。

6 月初，我们劳动回来，天气很热，大家就在门前空场上吃饭，这时隐隐约约飘来一种花香。我一下就想起在香山脚下夹道的丁香，清香醉人。但我知道这里是没有丁香树的。到晚上，月照窗纸，更是香浸草屋满地霜。当时很不解其因。

第二天傍晚我又去担水，照旧注意别让枣刺刮着胳膊，这才发现，原来香味是从这里发出的。真想不到这么不起眼的树丛能发出这么醉人的香味。从此，我开始注意沙枣。

认识的深化还是第二年春天。那是 4 月下旬，我参加了县里的一期党校学习班。

党校院里有很大的一片沙枣林，房前屋后也都是沙枣树。学习直到6月9日才结束。这段时间正是沙枣发芽抽叶、开花吐香的时期，我仔细地观察了全过程。

沙枣的外表极不惹人注意，叶虽绿但不是葱绿，而是灰绿；花虽黄，但不是深黄、金黄，而是淡黄；个头很小，连一般梅花的一个花瓣大都没有。它的幼枝在冬天时为灰色，发干，春天灰绿，其粗干却无论冬夏都是古铜色。总之，色彩是极不鲜艳引人的，但是它却有极浓的香味。我一下想到鲁迅说过的，牛吃进去的是草，挤出来的是奶，它就这样悄悄地为人送着暗香。当时曾写了一首小词记录了自己的感受：

干枝有刺，

叶小花开迟。

沙埋根，风打枝，

却将暗香袭人急。

1972年秋天，我已调到报社，到杭锦后旗的太荣大队去采访，又一次见识了沙枣的壮观。

这个大队紧靠乌兰布和大沙漠，为了防止风沙的侵蚀，大队专门成立了一个林业队，造林围沙。十几年来，他们沿着沙漠的边缘造起了一条20多里长的沙枣林带，沙枣林带的后面又是柳、杨、榆等其他树的林带，再后才是果木和农田。我去时已是秋后，阴历十月了。沙枣已经开始落叶，只有那些没有被风刮落的果实还稀疏地缀在树上，有的鲜红鲜红，有的没有变过来，还是原来的青绿，形状也有滚圆的和椭圆的两种。我们摘着吃了一些，面而涩，倒也有它自己的味道，小孩子们是不会放过它的。当地人把它打下来当饲料喂猪。在这里，我才第一次感觉到了它的实用价值。

首先，长长的沙枣林带锁住了咆哮的黄沙。你看那浩浩的沙海波峰起伏，但一到沙枣林前就止步不前了。沙浪先是凶猛地冲到树前，打在树干上，但是它立即被撞个粉碎，又被风卷回去几尺远，这样，在树带下就形成了一个几尺宽的无沙通道，像有一个无形的磁场挡着，沙总是不能越过。而高大的沙枣树带着一种威慑力量巍然屹立在沙海边上，迎着风发出豪壮的呼叫。沙枣能防风治沙，这是它最大的用处。

沙枣还有顽强的生命力。一是抗旱力强，无论怎样干旱，只要插下苗子，就会茁壮生长，虽不水嫩可爱，但顽强不死，直到长大。二是能自卫，它的枝条上长着尖尖的刺，动物不能伤它，人也不能随便攀折它。正因为这点，沙枣林常被栽在房前屋后当墙围，或在地边护田。三是它能抗盐碱。它的根扎在白色的盐碱土上，枝却那样红，叶却那样绿。因为有这些优点，它在严酷的环境里照样能茁壮地生长。

过去我以为沙枣是灌木。在这里我才发现沙枣是乔木，它可以长得很高大。那沙海前的林带，就像巨人手挽手站成的队列，那古铜色的粗干多么像男人健康的臂膀。我采访的林业队长是一个近60岁的老人，20多年来一直在栽树。花白的头发，脸上深而密的皱纹，古铜色的脸膛，粗大的双手，我一下就联想到，他像一株成年的沙枣，年年月月在这里和风沙作战，保护着千万顷的庄稼不受风沙之害。质朴、顽强、吃苦耐劳，这些可贵的品质就通过他那双满是老茧的手在育苗时注到沙枣秧里，通过他那双深沉的眼睛在期待中注到沙枣那红色的树干上。

______________________________________。

第二年冬季，我搬到县城中学来住。这个校园其实就是一个沙枣园。一进校门，大道两旁便是一片密密的沙枣林。初夏时节，每天上下班，特别是晚饭后，黄昏时，或皓月初升的时候，那沁人的香味四处蒸起，八方袭来，飘飘漫漫，流溢不绝，让人陶醉。这时，我感到万物都融化在这清香中，充盈于宇宙间。

宋人咏梅有一名句"暗香浮动月黄昏[①]"，其实，这句移来写沙枣何尝不可？这浮动着的暗香是整个初夏河套平原的标志。沙枣飘香过后，接着而来的就是八百里平原上仲夏的麦香，初秋的菜香，仲秋的玉米香和晚秋糖菜的甜香。

沙枣花香，香飘四季，40多年了还一直飘在我的心里。

（2016年北京中考题，有删改）

1. 文章在描写沙枣时，多次写到沙枣的花香，请你简要说明作者对沙枣花香的认识过程。（4分）

2. 根据上下文，从下面两句话中选择一句填入文章横线处，恰当的是________。（3分）

【甲】不是沙枣像人，是人像沙枣

【乙】不是人像沙枣，是沙枣像人

3. 这篇文章的语言表达有值得欣赏的地方，也有可以讨论的地方。请你从最后三段中找出一处（字、词、句）值得讨论的地方，并写出你的讨论题。（4分）

讨论题来自：

你的讨论题：

---

① "暗香浮动月黄昏"出自林逋《山园小梅》。意思是，清幽淡雅的梅香浮动在黄昏的月色下。

【参考答案】

1. 最初作者对飘来的花香不解其因，后来由沙枣的花香开始注意沙枣，再到赞赏沙枣花香，最后认识到沙枣花香是整个初夏河套平原的标志。

2.【乙】不是人像沙枣，是沙枣像人

3. 示例一：

讨论题来自：这时，我感到万物都融化在这清香中，充盈于宇宙间。

你的讨论题：用"融化"写沙枣清香弥漫万物是否合适？

示例二：

讨论题来自：宋人咏梅有一名句"暗香浮动月黄昏"，其实，这句移来写沙枣何尝不可？

你的讨论题：用清幽淡雅的"暗香"写有极浓香味的沙枣是可合适？

又临黄河岸

高　缨

① 不知为什么，每当我看到黄河，眼中常渗出热泪。

② 大约是少年时候的记忆老盘旋在我心里吧！那时，日寇的铁蹄践踏着中华大地，俯冲的敌机，飞落的炮弹，爬满火车顶的难民……我被大人们塞进闷死人的车厢，暗夜中逃过黄河。在渭水之滨的山村里，我捏紧小拳头，眼里闪着泪星儿，跟流亡的大学生们学唱那首悲愤的歌："风在吼，马在叫，黄河在咆哮！……"

③ 直到新中国成立后，我才第二次看见黄河。火车北上，欢腾地驶过新生的中原。当列车员告诉乘客们，火车就要跨过伟大的黄河的时候，我急忙把前额贴在车窗上，看浩荡的浊流沉着而有力地漫过大地。一瞬间，我的眼睛润湿了，我胸中涌出了那首崇高的歌："啊，黄河，你是中华民族的摇篮！"

④ 大前年的秋天，我去访问呼和浩特。好友邀我一道去登大青山。汽车盘旋而上，窗外掠过如花的红叶和挺秀的白桦林。一路上，好友给我说了好些抗日战争时期蒙、汉人民并肩战斗的故事，那昔日的厮杀声和马蹄声，犹在耳边。车停在山巅，他遥指苍莽的土默特平川，深情地说："看，黄河！"可不，远处不就是我久违的黄河吗？像一根不见首尾的丝带，云中而来，雾中而去，千回万转，把我的无尽思绪缠入过去，引向未来。

⑤ 去年夏天，我又临黄河岸。不是在北方，而是在四川的若尔盖大草原。

⑥ 谁都知道，四川省属于长江流域。可粗心的人们不曾留意，这巴山蜀水，却也属黄河的版图。黄河，这万水之父，来自巴颜喀拉山，奔过青海高地，急转直下，轻轻

地、轻轻地擦过川西北的边缘。

⑦ 我来到若尔盖的辖曼牧场，一下车，就央告牧场的同志，快带我去看看黄河。于是备马置鞍，牧场的副场长求吉同志，热心地伴我同行。

⑧ 马蹄溅溅，踩过一条小溪。前面是一大片数千亩的人工草场，种植着披碱草、燕麦和紫花苜蓿。求吉告诉我，眼下这寂静的草原，也曾有过一番沸腾的景象：为建设美好家园所激奋的牧民们，用拖拉机的队列翻起了亘古沉睡的处女地，播下优良草种，造就了这草原上的草原。正是由于近年来他们狠抓草原建设，牲畜才摆脱了靠天吃草、夏足冬欠的困窘，更快地繁衍起来。

⑨ 看四处，牧草高及马胸，繁花美似彩毡。这是草原牧民用辛勤的汗水描绘出来的美景。肥美的牧草，让马儿走到这里，也只恋着埋头吃草，却把我们搁在马鞍上。我想着心中的黄河，于是扬起马鞭，马儿跃过沟渠，直奔一带浅山。

⑩ 求吉先登上山头，他翻身下马，欢叫着对我招手："快，快来看！"

⑪ 啊，黄河，我又一次，又一次看到了你！

⑫ 千里草原上，从天地相接的远方，迂回曲折，慢慢悠悠地走来了黄河。没有奔腾的激浪，没有啸叫的怒涛，安详、舒展而从容不迫。这里河面不过百十来米，两岸像刀削般整齐；那深沉的河水，呈现着淡淡的绿色，清晰地映出白云的影子。黄河，似乎在沉思，在暂时地歇息，在默默地积蓄力量，在期待着明天的奔腾……

⑬ 是这样的吗？黄河！此时此地，你多像我们中华民族的今天。我们黄河的子孙们，经历了多少苦难和欢欣，黑暗和光明，失败和胜利……空前浩劫的十年，把我们民族的元气几乎耗尽，留下了贫穷、迷惑、创伤和艰辛。哀叹吗？不！那是弱者的声音。我们需要的是智慧的目光，是积淀的力量，是航机起飞前的滑行，是健将跳高前的一顿……正如这黄河的沉思、歇息、积蓄和期待！

⑭ 沿着黄河岸，我和求吉并辔而行。黄河在草原上流，也在我的心上流着。这沉着而有力的洪流，冲去我胸中的痛苦和哀伤。我不由得昂奋而自豪了。啊，我们伟大的、多难却不败的中华民族呀，纵然是身负贫穷落后的重荷，纵然是一步一个艰辛，但却更加紧密地团结着，凝聚着无尽的力量，坚韧顽强地向着光明、富足，向着最美好的未来走去！

⑮ 哦，我眼中又渗出了热泪。我心中颤动着昔日和今日的颂歌：啊，黄河，我们祖国的英雄儿女，像你一样的伟大坚强！伟大坚强！

（2009年北京市中考题，有删改）

1. 文中写了作者的三次流泪，表达了不同的情感。阅读文章，填写表格。(4分)

	地点	流泪原因	内心情感
第一次	山村里	(1)	悲愤痛苦
第二次	火车上	想到祖国获得新生	(2)
第三次	黄河岸	(3)	(4)

2. 第⑨段在文中起承上启下的作用。它承接了上文所写的____________，引起了下文所写的________________。(4分)

3. 文章中有许多句子写得很精彩，请你从文中自选一句，作简要赏析。(不超过150个字)(5分)

【参考答案】

1. (1)想到国土遭到日寇践踏(人民颠沛流离)；(2)兴奋激动；(3)想到历经磨难的祖国正走向美好未来；(4)昂奋自豪。

2. 草原建设取得的可喜成果；看到黄河的情景。

3. (黄河)“像一根不见首尾的丝带，云中而来，雾中而去，千回万转，把我的无尽思绪缠入过去，引向未来。”作者把黄河比作“不见首尾的丝带”，形象地写出了黄河蜿蜒绵长的流动之形；又用“缠”和“引”将黄河“云中而来，雾中而去，千回万转”之态与对往昔的回忆和对未来的畅想巧妙地结合，表达出作者的无限感慨。

文章写作

⊙写作指导

悦景写景

景色描写是指用准确、丰满、生动的语言，将所见、所感的景色用文字描摹出来。一段恰当的景色描写，会给文章增色不少，有助于氛围的渲染和情感的表达。那么如何写好一段景色描写的文字呢？

第一步：选取合适的描写对象。

景色描写的第一步就是选取合适的描写对象，例如，本专题的几篇选文在描写多彩四季时，都确定了各自的描写对象。这些描写对象有的是核心对象，需要详细写，有的是非核心对象，则简略写。建议大家在进行景色描写时，选取一两个核心对象展开描写，踏稳景色描写的第一步。

春	夏	秋	冬
春风、春雨 春花、春草 《春》	荷花　麦场 月光　庄稼 《夏感》	秋蝉 槐树 《故都的秋》	冬雪 河水 《济南的冬天》

第二步：多角度描写。

在进行景色描写时，选取多个角度进行描写可以增强描写的空间感。从近到远，从小到大，从低到高，从下到上等，不同的空间角度可以丰富描写的内容和层次，使得景色描写更加丰满。

好像炉子上的一锅冷水在逐渐泛泡、冒气而终于沸腾一样，山坡上的芊芊细草渐渐滋成一片密密的厚发，林带上的淡淡绿烟也凝成了一堵黛色的长墙。轻飞曼舞的蜂蝶不见了，却换来烦人的蝉儿，潜在树叶间一声声地长鸣。火红的太阳烘烤着金黄的大地，麦浪翻滚着，扑打着远处的山、天上的云，扑打着公路上的汽车，像海浪涌着一艘艘的舰船。 ——梁衡《夏感》	草地—树林 蜂蝶—蝉儿 麦浪—远山—云朵 从低到高的描写角度

这三组描写，每一组内部都是从低到高的角度。但是把第一组和第二组合在一起，我们发现：从草地树林，到蜂蝶蝉儿，是有大小变化的，是一种由远到近的写法，蜂蝶蝉儿微小，定是在眼前才能见着。最后一组描写，总体是从低到高，但最后又回到公路，采用从高到低这样的写法，采取了一种较为主要的视角，从低到高，使得文段逻辑性和连贯性强。在这个主要视角之余，灵活运用从远到近、从低到高再到低的描写视角，使得文段空间开阔，层次分明，描写内容饱满而灵动。

第三步：多感官描写。

早晨起来，泡一碗浓茶，向院子一坐，你也能看得到很高很高的碧绿的天色，听得到青天下驯鸽的飞声。从槐树叶底，朝东细数着一丝一丝漏下来的日光，或在破壁腰中，静对着像喇叭似的牵牛花（朝荣）的蓝朵，自然而然地也能够感觉到十分的秋意。 ——郁达夫《故都的秋》	视觉：天色、日光、牵牛花 听觉：驯鸽的飞声

许多同学进行景色描写时，一般注重从视觉角度进行描写，往往忽略调动听觉等多方面感官进行景色描写。在选定的几篇文章中，作者们运用了多种感官来展开描

写，使文章描写的细节丰富，让阅读者如临其境。

第四步：使用合适的修辞。

在前三步的基础上，景色描写就已经初具模样。但此刻的景色，恰似冬日冰河，凝滞不前。所以需要采用一些合适的修辞手法，让冰河融化成一江春水，灵动前行。可以将一两种修辞手法作为一个段落的核心修辞手法，进行景物描写的雕琢和润泽。

小草偷偷地从土里钻出来，嫩嫩的，绿绿的。园子里，田野里，瞧去，一大片一大片满是的。坐着，躺着，打两个滚，踢几脚球，赛几趟跑，捉几回迷藏。风轻悄悄的，草软绵绵的。 …… “吹面不寒杨柳风”，不错的，像母亲的手抚摸着你，风里带着些新翻的泥土的气息，混着青草味儿，还有各种花的香，都在微微润湿的空气里酝酿。鸟儿将巢安在繁花嫩叶当中，高兴起来了，呼朋引伴地卖弄清脆的喉咙，唱出宛转的曲子，与轻风流水应和着。牛背上牧童的短笛，这时候也成天在嘹亮地响。 ——朱自清《春》	触觉 嗅觉 听觉 综合运用多种感官，将春细致地呈现，如在目前。
最妙的是下点小雪呀。看吧，山上的矮松越发的青黑，树尖儿上顶着一髻儿白花，好像日本看护妇。山尖全白了，给蓝天镶上一道银边。山坡上，有的地方雪厚点儿，有的地方草色还露着；这样，一道儿白，一道儿暗黄，给山们穿上一件带水纹的花衣；看着看着，这件花衣好像被风儿吹动，叫你希望看见一点儿更美的山的肌肤。等到快日落的时候，微黄的阳光斜射在山腰上，那点儿薄雪好像忽然害了羞，微微露出点儿粉色。就是下小雪吧，济南是受不住大雪的，那些小山太秀气！ ——老舍《济南的冬天》	这段描写冬景的文字，着重使用了拟人的修辞手法，将济南冬雪中的小山写的生动形象，娇媚动人。

⊙写作实践

题目1

春季，生机勃勃；夏季，绿树浓荫；秋季，五谷丰登；冬季，白雪皑皑。请你以“季节”为话题，自拟题目，写一篇写景抒情的文章。

【同学分享】

万物有“零”

初1614班　孔令雯

零，这是一个神秘的数字，在数学中它的意义是“无”，可它同时也是所有事物的根本，是它们的源。

零，可以是开始，看春天来时，那一粒粒种子，它们蜷缩着的背影，嫩绿的芽还躲在它的外壳里，那可爱而充满生机的模样，不正如零的样子一般吗？这是春的开始，一年的开始，生命的开始。

零，可以是迷幻，待夏季悄然而至，你去公园里看一看，当你抬头，看见的是透彻蔚蓝的、玻璃一般的蓝天，还是攒成一团、像美味棉花糖一样的云朵，抑或是火热的骄阳？夏景，虽美却杂，哪里都美，所以要寻更美的，就要花点力气了。看天，忍不住想起古人的“天圆地方”；看云，那顽皮的一团就像圆圆的糖果；看太阳，那就更不必说了，就是一个发光散热的大火球啊！此情此景，太真实，反显假了。零的身影交杂在或真或假的事物中，却更迷幻。

零，可以是反复。秋收的季节，果园里的苹果、香梨、桃子，闻着香气便要被迷住了，更何况尝上一口呢？圆的果实源于圆的种子，淋淋雨滴的浇灌才使得它长出鲜嫩的果实。待它把自己的果实献给人们，它的果核又将重回土壤，重启旅程，重复上一代所经历的一切。正如数学中的相反数，不管它有多大，最后这两数相加，抵消，为零。

零，可以是结束。冬至，冬风凛冽，秋水成冰，在这万物都仿佛被这寒冷威慑住时，雪演奏了它的篇章。有一词曰“飘零”，用来形容冬季最恰当不过了，“飘”或指雪花飘落，降临人间，而这“零”又指何物呢？是指百花凋零？是指温度急骤下降？不知道，但总归，这是结束的意思。一年的结束，又一个轮回的结束，这么一想，“飘零”这个词中，似乎又含了些希望与憧憬，不再那么冰冷，那么无奈了。

四季缓缓流逝，开始了，反复了，结束了。或许身在其中的我们并不知情，并不十分在意，但是时间不等，走了就是走了，不再回来。四季也有灵气，春风、夏荷、秋叶、冬雪皆有灵。一切事物都有着它独特的灵气，万物有“零”，万物有灵。

【点评指导】

本文给不同的季节都找了一个“零”，春季是开始的零，夏季是迷幻的零，秋季是反复的零，冬季是结束的零。同时，利用谐音，四季流逝，开始，反复，结束，又有着各自的灵气，万物有“零”，万物有灵。对“零”的不同阐释本就十分独特，又对应到不同季节的特点上，就更为精妙。尤其是对秋、冬二季的挖掘，秋收的果实是重启旅程的零，冬季飘零是结束又蕴含希望，令人不禁拍案叫绝！

题目 2

傲然耸立的白杨，让作者读出了坚忍不拔、力求向上的不屈意志；婀娜柔韧的杨柳，让作者读出了朴实无华、不忘根本的高贵品质；平凡丑陋的石头，让作者读出了不屈于误解、寂寞生存的伟大精神……请你选择一种事物，以“读________”为题，写写你读出了什么。请先将题目补充完整，写一篇不少于 600 字的文章。

【同学分享】

读　　狼

初 1209 班　尤启昕

这是一片广阔的草原，太阳在高处闪耀着，炽热是唯一能形容这里的词语。而树对于草原就像星星与天空，渺小得不值得一提，这里无边无垠，一眼望去，只有绿色，完全没有边界。当然，这里是危险的，道道裂痕刻在地面，就像被刀子划开的口子，凶恶的动物们在这里成群结队，横尸荒野对于弱小的猎物们都是最好的下场，而偏偏在这里，有那么一头独狼……

这狼算不上高壮，也算不上敏捷，但它却从来不需要狼群的帮助，永远是自己孤身战斗，自己捕食。不幸的是，现在它受伤了，红艳的鲜血染满了它的脸颊，仅存的一只眼睛露出凶狠的神情，尖锐的牙齿上留下敌人恐怖的痕迹。它想继续奔跑，可是刚才它自己一个打倒了两个，力量在慢慢消散，双脚只能蹒跚，一步一步踱着。慢慢地，它坚持挺立住的身躯撑不下去了，终于，它如巨石般重重地摔在了地上，它剧烈地喘息着，它胸中的满腔热血不知往何处喷发，它望着漫无边界的草原，无力地发出“凶猛”的咆哮，闭上眼睛，聆听这死寂带给他的回声。

突然，就当他马上要进入梦乡时，一声犬吠打破了宁静，一只牧羊人养的大狗冲他傲慢地走去，嘴里不屑地嘟囔着：“这头蠢狼，伤得这么厉害肯定很弱，一定是个不折不扣的废物，诶！”狼轻蔑地将嘴角撇起：“哈哈！你体验过战斗的滋味吗？你身上有代表尊严的伤疤吗？你流下过自己‘宝贵’的鲜血吗?”狗大声地反驳道：“战斗？受伤？流血？果然是蠢，你不想想这有什么意义？我只需安逸地在我的窝里活着!”说着说着，还不停地摇动着自己“单纯”的狗头。狼渐渐支撑起自己，狠狠地吐了口自己的瘀血，淡淡地回答："哦！安逸地生活？这么说你肯定没有享受过自由的快乐，你不会明白在草原上无忧无虑奔跑的感觉，你只能可怜地等待着主人的施舍，而我却用自己的力量证明自己生存的意义！"狗好似没有受到影响，呆呆地盯着，但却已经无言以对。

刹那间，几头豺冲了过来，狗惊吓地吠着，两脚软弱无力但竟像飞一般逃窜，没过多长时间，便不见了微小的身影。狼却哈哈一笑，奋力地一吼，再次伸出狼爪，用自己半残的身躯向敌人扑去……

草原又恢复了宁静，狗依旧活得安逸，苟延残喘，狼流尽了体内的最后一滴血。是的，它为自由而战，为尊严而战，安逸从没出现在它的脑海中。它虽自己面对敌人，但那顽强不屈高傲的心一直支撑着它。它是真正的草原之魂，一名真正的战士，它永不会倒在敌人脚下！

【点评指导】

文章开篇呈现出一幅电影广角镜头式的全景画面，营造了一种激烈的氛围，展现了故事发生的恶劣背景环境，奠定了紧张的基调，扣人心弦。接着，作者通过对狼的外形、动作与语言的精彩描写，使一只坚强、自信、勇敢的狼形象脱颖而出。更巧妙的是，作者将狼与狗进行了鲜明的对比，用豺来衬托恶劣的环境，突出了为尊严、为自由而勇敢、自信战斗的主题，令人回味深思。

题目 3

罗素说："世界上并不缺少美，而是缺少发现美的眼睛。"梁衡发现了壶口瀑布的凝重和猛烈，阿来发现了丽江古城四方街印玺一样的独特地形，朱自清在罗马的圣保罗教堂发现了一处秀美得像湘绣又像王羲之书法的廊子……在我们熟悉或者不熟悉的地方，有许多需要我们用心去体会的风景，经由每一个"我"所见的风景。请你利用周末或者假期时间，走出浮躁的生活，走出喧嚣的闹市，去感受自然的宁静与美好，创作一篇游记散文，题目是"我眼中的________"。

【同学分享】

我眼中的长白山

初 1614 班　张馨月

许多人不远万里，跋山涉水去旅行，都是为了游览名胜古迹，而不是漫无目的地闲逛。比如，登泰山是为了"会当凌绝顶，一览众山小"，爬长城是为了当上走完全程的

“好汉”，去云南览胜则是为了欣赏那里的别样景致。

前年暑假，我曾经和妈妈一起前往闻名遐迩的长白山，目的当然就是一睹神秘而美丽的天池。

我们坐了一夜火车，又换乘长途汽车，终于来到了长白山脚下。不过要是徒步登山，爬到山顶估计天都要黑了，我们只能去乘坐那里通用的登山交通工具——巴士。我和妈妈跳上一辆大巴，还没站稳，司机就猛踩油门，大巴以“光速”冲了出去，在崎岖不平的山路上上下颠簸，耳边风声呼呼作响——这才是真正意义上的“过山车”吧。窗外不断闪过五彩斑斓的模糊影子，那是草坪上盛开的一丛丛野花。可惜只能匆匆一瞥，无法下车来观赏这一抹亮丽的风景。

终于到达了长白山山顶。凹凸起伏的山岩被浓厚的白雾笼罩着。如果是在晚上，一定会呈现出“斜月沉沉藏海雾，碣石潇湘无限路”的朦胧意象。虽然是在夏天，由于海拔的原因，山顶上草木稀疏，空气中袭来一阵阵寒意，我不禁把外套又裹紧了些。辛辛苦苦来到山顶可不是为了看这光秃秃的荒凉景象，而是为了观赏有名的天池——长白山山顶上形成的一个秀美的湖泊。据说山上时时会起雾、下雨、下雪，要看到天池的真面目非常不易，天池水怪的传说也更增添了它的神秘感。我多么希望这次有幸把天池看得一览无余。

不费吹灰之力，我就找到了天池的所在——那里密密层层围着好多人，都在指指点点，根本不可能注意不到。我费力地挤过人群，眼前的景色却让我大失所望：哪里有什么云雾缭绕、湖水湛蓝的美景，取而代之的是一片灰蒙蒙的雾气，只能隐约分辨出几块嶙峋的怪石，水面根本无法看清。等了几十分钟后，天池的轮廓依稀可辨，但还是蒙着神秘的面纱，影影绰绰，看不分明。失望之余，我准备起身下山，而周围的游客都在兴高采烈地与“天池”合影留念。

这时，天上还下起了细雨，我百无聊赖地坐上巴士，望着窗外的蒙蒙细雨，一幕幕景色又一次飞快地在眼前闪过。突然，有什么东西在雾气中显得无比明亮。我情不自禁地站起身，却被车身的一阵猛烈摇晃抛回到座位上。

窗外那亮泽的一片分明是绝美的天池，只不过是从另一个角度呈现给我们。我顿时惊呆了：碧蓝的池水被大块大块的黄褐色岩石包绕着，被淡淡的雾气衬托着，仿佛人间仙境一般！我们苦苦寻找的清澈而神秘的天池就在眼前！真是得来全不费工夫啊。我静静地看着，将这美好的景象深深刻在心里。

其实，这样的经历在我们的生活里也时有发生，许多美好的风景就在我们身边，只是我们就像许许多多慕名而来的长白山游客一样，忽视了这些美的存在。从现在起，在追寻目标的路上，也留意一下你身边的风景吧。一朵小花，一只小甲虫，一颗形状奇特的石头，一只色彩明丽的蝴蝶，都有可能是你所向往的东西，都有可能成为你的惊喜。

美好的风景，不在于最终的目的地，而在于你行走在路上所看到的一点一滴。

【点评指导】

本篇游记思路清晰，首尾照应，结构完整，最突出的亮点是写出了波折，“文似看山不喜平”，波折的设计使文章的立意富有内涵。开头写去长白山为的是“一睹神秘而美丽的天池”，并且希望“把天池看得一览无余”，然而由于天公不作美，雾气笼罩，只能影影绰绰看到轮廓，不禁令人大失所望。有心看景不得，却不料回程中笔锋一转，目睹了天池一角的旖旎风光。由此作者在结尾表达了自己此行的感悟，升华出一个生活哲理，耐人寻味。

综 合 实 践

1. 任意选择专题中的文章，将其中的重点句段摘取出来，改写成一首歌词。

【同学分享】

致《济南的冬天》

初 1214 班　柯王雨沁

蓝蓝的天空低垂
皓皓的白云相随
暖风吹，暖风吹
谁在里面睡

莹莹的雪花飘飞
青青的小山憩睡
水墨绘，水墨绘
古城卧雪美
雪花飞，小山睡
澄清河水树影灰

不怕冬回，只盼春归
不管醉不醉
也不管东南西北

【点评指导】

歌词改写符合题目要求，借用《虫儿飞》的旋律，从《济南的冬天》这篇文章中抓取关键词，引领读者体验冬季济南景物之美。《虫儿飞》因歌曲悠扬的旋律又类似于童谣的风格，配上浪漫的歌词广受大众喜欢，后出现很多翻唱版本，小作者的重新填词也非常出彩，改编大家比较熟悉的歌曲，易产生共鸣。

2. 任意选择专题中的一篇文章，设计成电视散文，填写朗诵团分工表，进行配乐朗诵。

朗诵团分工表

总导演	
技术指导(文本朗读)	
技术指导(表情动作，台风仪态)	
朗诵者	
配乐者	
PPT 制作	
PPT 播放	

【同学分享】

《春》配乐朗诵

（初 1612 班　屈华晨　郑杨）

至爱亲情

卷首小语

一个生命，从最初柔软、脆弱的模样，长成亭亭的少年，渐渐有力量去开辟自己的世界，是爱的奇迹。

“父兮生我，母兮鞠我。”对父母养育之恩的感激，从古老的《诗经》一直唱到今天。在这里，你将读懂朱自清目送父亲背影的复杂心情；老舍先生回忆母亲的坚强与包容，必会令你感佩；汪曾祺先生的《多年父子成兄弟》，也许会让你有更多的共鸣。

童年里最纯粹的快乐，似乎总是离不开爷爷、奶奶或姥姥、姥爷。我们每个人的记忆中，都有一座“祖父的园子”，或是“外婆的澎湖湾”。老人用几乎毫无原则的慈爱，给了孩子最柔软的港湾。

如果你还有兄弟姐妹，流着同样的血液，分享着成长的岁月，你们之间将发生多少值得珍藏的故事！如果没有，也没关系。让我们读一读几对兄弟留在历史上的文字，去领略手足之间那血脉相通的温情。

希望这一专题的文字，能以融融亲情温暖你的心；更希望你用一颗敏感的心，去感知身边的融融亲情。

从今天起，学会做一个懂得爱的人，面朝大海，春暖花开。

请结合教材以下课文及综合性学习，学习阅读本专题。

《回忆我的母亲》（八年级上册第二单元）

《背影》（八年级上册第四单元）

综合性学习“孝亲敬老，从我做起”（七年级下册第四单元）

《月夜忆舍弟》（九年级上册第三单元）

有的放矢

1．通读文章，重点品读文章中精彩的描写片段，通过批注的方式，感悟人物形象，感受爱人者和被爱者的感情。

2．写出充满真情实感并富有画面感的情感类文章，能使用知人论世的方法写作精短文学评论。

3．反思自己在生活中的表现，尝试更好地理解亲人，感恩亲人。

磨砺以须

1. 仔细观察“父”和“母”的字形特点，谈谈你对父母的理解。

【同学分享】

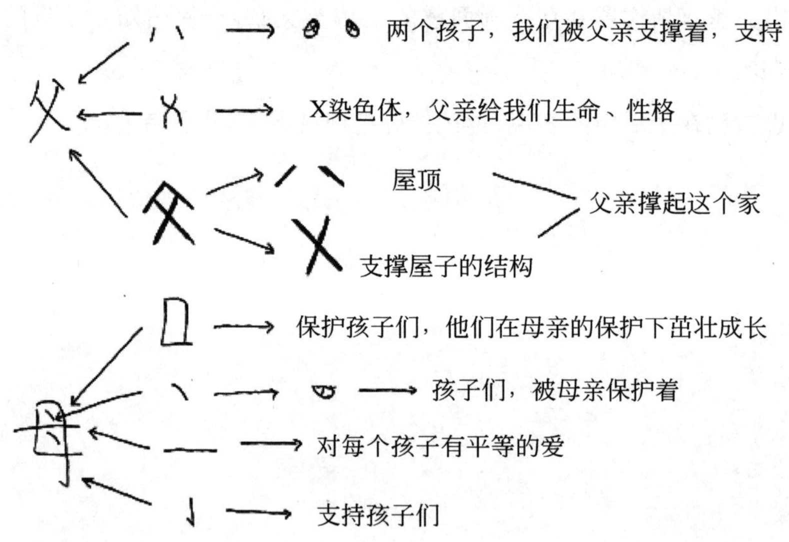

（初 1612 班　郑扬）

【点评指导】

郑扬同学对“父”“母”字形特点的理解，一改《说文解字》上的“官方”解释，显得非常独特有个性，尤其是对“父”字结构的观察和拆分，从生命和家庭两个方面，做出了两种合理的理解，不禁让人眼睛一亮。对“母”字的理解则更多的是从母亲养育照顾子女的角度来细细阐释。小细节如“两个孩子，我们被父亲支撑着”的表述不够通顺，对“母”字最后一项的理解还不够直观，诸如此类的细节部分如果能再完善一下，整个解答就更完美了。

2. 照一张或画一张家庭合影，并给合影取个名字。附100字以内的解说。

【同学分享】

合影：

解说：

我常常以为，记忆是最容易模糊的东西，在时间的流逝里，它会如云般淡去。只是总有一些明媚的时光被温柔珍藏。那时爸爸的肩膀宽厚结实，带给我满满的安全感，我骑在爸爸肩上，开心地手舞足蹈，爸爸用温暖的大掌抓住我不安分的腿。一旁的妈妈眼中含笑，画面定格——便是最好的珍藏。

（初1612班　武泽英）

【点评指导】

武泽英同学的这幅手绘的漫画风格的家庭合影，配上这段饱含深情的解说文字，充分诠释了“天伦之乐”四个字的内涵。父母对孩子的疼爱，孩子对父母的依赖，是世间最纯最美的一种情感。还有什么比做父母更快乐的呢？还有什么比孩子的笑脸更动人的呢？生命的密码就在这充满爱意的合影和文字里流淌。合影已成过去，亲情却永远定格，亲情的滋养让我们每个人更有底气和勇气去迎接或挑战生命中出现的一切变化。合影画得很生动，文字解说还可以根据画面再有个性一点——幽默诙谐一些，或多一些心理、语言等人物描写的手法。

含英咀华

寸草春晖

母亲的羽衣

张晓风[①]

讲完了“牛郎织女”的故事，细看儿子已经垂睫睡去，女儿却犹自瞪着坏坏的眼睛。

忽然，她一把抱紧我的脖子，把我坠得发疼：

“妈妈，你说，你是不是仙女变的？”

我一时愣住，只胡乱应道：

“你说呢？”

“你说，你说，你一定要说。”她固执地扳住我不放，“你到底是不是仙女变的？”

我是不是仙女变的？——哪一个母亲不是仙女变的？

像故事中的小织女，每一个女孩都曾住在星河之畔，她们织虹纺霓，藏云捉月，她们几曾烦心挂虑？她们是天神最偏怜的小女儿，她们终日临水自照，惊讶于自己美丽的羽衣和美丽的肌肤，她们久久凝注着自己的青春，被那份光华弄得痴然如醉。

而有一天，她的羽衣不见了，她换上了人间的粗布——她已经决定做一个母亲。有人说她的羽衣被锁在箱子里，她再也不能飞翔了。人们还说，是她丈夫锁上的，钥匙藏在极秘密的地方。

可是，所有的母亲都明白那仙女根本就知道箱子在哪里，她也知道藏钥匙的所在，

① 张晓风，生于1941年，中国台湾散文家，江苏铜山人。

在某个无人的时候，她甚至会惆怅地开启箱子，用忧伤的目光抚摸那些柔软的羽毛，她知道，只要羽衣一着身，她就会重新回到云端，可是她把柔软白亮的羽毛拍了又拍，仍然无声无息地关上箱子，藏好钥匙。

是她自己锁住那身昔日的羽衣的。

她不能飞了，因为她已不忍飞去。

而狡黠的小女儿总是偷窥到那藏在母亲眼中的秘密。

许多年前，那时我自己还是小女孩，我总是惊奇地窥视着母亲。

她在口琴背上刻了小小的两个字——“静鸥”，那里面有什么故事吗？那不是母亲的名字，却是母亲名字的谐音，她也曾梦想过自己是一只静栖的海鸥吗？她不怎么会吹口琴，我甚至想不起她吹过什么好听的歌，但那名字对我而言是母亲神秘的羽衣，她轻轻写那两个字的时候，她可以立刻变了一个人，她在那名字里是另外一个我所不认识的有翅的什么。

母亲晒箱子的时候是她另外一种异常的时刻，母亲似乎有些好东西，完全不是拿来用的，只为放在箱底，按时年年在三伏天取出来曝晒。

记忆中母亲晒箱子的时候就是我兴奋欲狂的时候。

母亲晒些什么，我已不记得，记得的是樟木箱又深又沉，像一个混沌黝黑初生的宇宙，另外还记得的是阳光下竹竿上富丽夺人的颜色，以及怪异却又严肃的樟脑味，以及我在母亲喝禁声中东摸摸、西探探的快乐。

我唯一真正记得的一件东西是幅漂亮的湘绣被面，雪白的缎子上，绣着兔子和翠绿的小白菜，以及红艳欲滴的小杨花萝卜。全幅上还绣了许多别的令人惊讶赞叹的东西，母亲一面整理，一面会忽然回过头来说：“别碰，别碰，等你结婚就送给你。”

我小的时候好想结婚，当然也有点害怕，不知为什么，仿佛所有的好东西都是等结婚就自然是我的了，我觉得一下子有那么多好东西也是怪可怕的事。

那幅湘绣后来好像不知怎么消失了，我也没有细问。对我而言，那么美丽得不近真实的东西，一旦消失，是一件合理得不能再合理的事。譬如初春的桃花，深秋的红枫，在我看来都是美丽得违了规的东西，是茫茫大化一时的错误，才胡乱把那么多的美推到一种东西上去，桃花理该一夜消失的，不然岂不叫世人都疯了？

湘绣的消失对我而言，简直就是复归大化了。

但不能忘记的是母亲打开箱子时那份欣悦自足的表情，她慢慢地看着那幅湘绣，那时我觉得她忽然不属于周遭的世界，那时候她会忘记晚饭，忘记我扎辫子的红绒绳。

她的姿势细想起来，实在是仙女依恋地轻抚着羽衣的姿势，那里有一个前世的记忆，她又快乐又悲哀地将之一一拾起，但是她也知道，她再也不会去拾起往昔了——唯其不会重拾，所以回顾的一刹那特别的深情凝重。

除了晒箱子，母亲最爱回顾的是早逝的外公对她的宠爱。有时她胃痛，卧在床上，要我把头枕在她的胃上，她慢慢地说起外公。外公似乎很舍得花钱（当然也因为有钱），总是带她上街去吃点心，她总是告诉我当年的肴肉和汤包怎么好吃，甚至煎得两面黄的炒面和女生宿舍里早晨订的“冰糖”豆浆（母亲总是强调“冰糖”豆浆，因为那是比“砂糖”豆浆更为高贵的），都是超乎我想象力之外的美味。我每听她说那些事的时候，都惊讶万分——我无论如何不能把那些事和母亲联想在一起。我从有记忆起，母亲就是一个吃剩菜的角色，红烧肉和新炒的蔬菜，简直就是理所当然地放在父亲面前的，她自己的面前永远是一盘杂拼的剩菜和一碗“擦锅饭”（擦锅饭就是把剩饭在炒完菜的剩锅中一炒，把锅中的菜汁擦干净了的那种饭），我简直想不出她不吃剩菜的时候是什么样子。

而母亲口里的外公、上海、南京、汤包、肴肉全是仙境里的东西，母亲每讲起那些事，总有无限的温柔。她既不感伤，也不怨叹，只是那样平静地说着。她并不要把那个世界拉回来，我一直都知道这一点，我很安心，我知道下一顿饭她仍然会坐在老地方，吃那盘我们大家都不爱吃的剩菜。而到夜晚，她会照例一个门、一个窗地去检点，去上闩。她一直都负责把自己牢锁在这个家里。

哪一个母亲不曾是穿着羽衣的仙女呢？只是她藏好了那件衣服，然后用最黯淡的一件粗布把自己掩藏了，我们有时以为她一直就是那样的。

而此刻，那刚听完故事的小女儿鬼鬼地在窥视着什么？

她那么小，她何由得知？她是看多了卡通，听多了故事吧？她也发现了什么吗？

是在我的集邮本偶然被儿子翻出来的那一刹那吗？是在我拣出石涛画册或汉碑并一页页细味的那一刻吗？是在我猛然回首听他们弹一阕熟悉的钢琴练习曲的时候吗？抑是在我带他们走过年年的春光，不自主地驻足在杜鹃花旁或流苏树下的一瞬间吗？

或是在我动容地托住父亲的勋章或童年珍藏的北平画片的时候，或是在我翻拣夹在大字典里的干叶之际，或是在我轻声的教他们背一首唐诗的时候……

是有什么语言自我眼中流出呢？是有什么音乐自我腕底泻过呢？为什么那小女孩会问道：

“妈妈，你是不是仙女变的呀？”

我不是一个和千万母亲一样安分的母亲吗？我不是把属于女孩的羽衣收折得极为秘密吗？我在什么时候泄露了自己呢？

在我的书桌底下放着一个被人弃置的木质砧板，我一直想把它挂起来当一幅画，那真该是一幅庄严的画，那样承受过万万千千生活的刀痕和凿印的，但不知为什么，我一直也没有把它挂出来……

天下的母亲不都是那样平凡不起眼的一块砧板吗？不都是那样柔顺地接纳了无数尖锐的割伤却默无一语的砧板吗？

而那小女孩，是凭什么神秘的直觉，竟然会问我：

“妈妈？你到底是不是仙女变的？”

我掰开她的小手，救出我被吊得酸麻的脖子，我想对她说：

“是的，妈妈曾经是一个仙女，在她做小女孩的时候，但现在，她不是了，你才是，你才是一个小小的仙女！”

但我凝视着她晶亮的眼睛，只简单地说了一句：

“不是，妈妈不是仙女，你快睡觉。”

“真的？”

“真的！”

她听话地闭上了眼睛，旋即又不放心地睁开：

“如果你是仙女，也要教我仙法哦！”

我笑而不答，替她把被子掖好，她兴奋地转动着眼珠，不知在想什么。

然后，她睡着了。

故事中的仙女既然找回了羽衣，大约也回到云间去睡了。

风睡了，鸟睡了，连夜也睡了。

我守在两张小床之间，久久凝视着他们的睡容。

蓼　莪[1]

《诗经·小雅》

蓼蓼者莪[2]，匪莪伊蒿[3]。
哀哀父母，生我劬劳[4]。
蓼蓼者莪，匪莪伊蔚[5]。

哀哀父母，生我劳瘁。

瓶之罄矣[6]，维罍[7]之耻。

鲜[8]民之生，不如死之久矣！

无父何怙[9]？无母何恃？

出则衔恤[10]，入则靡至。

父兮生我，母兮鞠[11]我。

拊我畜我[12]，长我育我。

顾我复我[13]，出入腹[14]我。

欲报之德，昊天罔极[15]！

南山烈烈[16]，飘风发发[17]。

民莫不穀[18]，我独何害！

南山律律[19]，飘风弗弗[20]。

民莫不穀，我独不卒[21]。

【注释】

[1] 选自《诗经·小雅》，先秦时代的诗歌。

[2] 蓼(lù)蓼：长又大的样子。莪(é)：一种草，即莪蒿。

[3] 匪：同“非”。伊：是。

[4] 劬(qú)劳：与“劳瘁”皆劳累之意。

[5] 蔚(wèi)：一种草，即牡蒿。

[6] 瓶：汲水器具。罄(qìng)：尽。

[7] 罍(léi)：盛水器具。

[8] 鲜(xiǎn)：指寡、孤。民：人。

[9] 怙(hù)：依靠。

[10] 衔恤：含忧。

[11] 鞠：养。

[12] 拊：通“抚”。畜：通“慉”，喜爱。

[13] 顾：顾念。复：返回，指不忍离去。

[14] 腹：指怀抱。

[15] 昊(hào)天：广大的天。罔：无。极：准则。

[16] 烈烈：山风大的样子。

[17] 飘风：同“飙风”。发发：读如“拨拨”，风声。

[18] 穀：善。

[19] 律律：同“烈烈”。

[20] 弗弗：同“发发”。

[21] 卒：终，指养老送终。

我的母亲

老 舍①

母亲的娘家是北平德胜门外，土城儿外边，通大钟寺的大路上的一个小村里。村里一共有四五家人家，都姓马。大家都种点不十分肥美的地，但是与我同辈的兄弟们，也有当兵的，做木匠的，做泥水匠的和当巡察的。他们虽然是农家，却养不起牛马，人手不够的时候，妇女便也须下地做活。

对于姥姥家，我只知道上述的一点。外公外婆是什么样子，我就不知道了，因为他们早已去世。至于更远的族系与家史，就更不晓得了；穷人只能顾眼前的衣食，没有功夫谈论什么过去的光荣；“家谱”这字眼，我在幼年就根本没有听说过。

母亲生在农家，所以勤俭诚实，身体也好。这一点事实却极重要，因为假若我没有这样的一位母亲，我以为我恐怕也就要大大的打个折扣了。

母亲出嫁大概是很早，因为我的大姐现在已是六十多岁的老太婆，而我的大外甥女还长我一岁啊。我有三个哥哥，四个姐姐，但能长大成人的，只有大姐，二姐，三姐，三哥与我。我是“老”儿子。生我的时候，母亲已有四十一岁，大姐二姐已都出了阁。

由大姐与二姐所嫁入的家庭来推断，在我生下之前，我的家里，大概还马马虎虎的过得去。那时候定婚讲究门当户对，而大姐丈是做小官的，二姐丈也开过一间酒馆，他们都是相当体面的人。

可是，我，我给家庭带来了不幸：我生下来，母亲晕过去半夜，才睁眼看见她的老儿子——感谢大姐，把我揣在怀中，致未冻死。

一岁半，我把父亲“克”死了。

兄不到十岁，三姐十二三岁，我才一岁半，全仗母亲独力抚养了。父亲的寡姐跟我们一块儿住，她吸鸦片，她喜摸纸牌，她的脾气极坏。为我们的衣食，母亲要给人家洗

① 老舍(1899—1966)，原名舒庆春，字舍予，北京人，现代著名作家。

衣服，缝补或裁缝衣裳。在我的记忆中，她的手终年是鲜红微肿的。白天，她洗衣服，洗一两大绿瓦盆。她做事永远丝毫也不敷衍，就是屠户们送来的黑如铁的布袜，她也给洗得雪白。晚间，她与三姐抱着一盏油灯，还要缝补衣服，一直到半夜。她终年没有休息，可是在忙碌中她还把院子屋中收拾得清清爽爽。桌椅都是旧的，柜门的铜活久已残缺不全，可是她的手老使破桌面上没有尘土，残破的铜活发着光。院中，父亲遗留下的几盆石榴与夹竹桃，永远会得到应有的浇灌与爱护，年年夏天开许多花。

哥哥似乎没有同我玩耍过。有时候，他去读书；有时候，他去学徒；有时候，他也去卖花生或樱桃之类的小东西。母亲含着泪把他送走，不到两天，又含着泪接他回来。我不明白这都是什么事，而只觉得与他很生疏。与母亲相依为命的是我与三姐。因此，她们做事，我老在后面跟着。她们浇花，我也张罗着取水；她们扫地，我就撮土……从这里，我学得了爱花，爱清洁，守秩序。这些习惯至今还被我保存着。

有客人来，无论手中怎么窘，母亲也要设法弄一点东西去款待。舅父与表哥们往往是自己掏钱买酒肉食，这使她脸上羞得飞红，可是殷勤的给他们温酒做面，又给她一些喜悦。遇上亲友家中有喜丧事，母亲必把大褂洗得干干净净，亲自去贺吊——份礼也许只是两吊小钱。到如今如我的好客的习性，还未全改，尽管生活是这么清苦，因为自幼儿看惯了的事情是不易改掉的。

姑母常闹脾气。她单在鸡蛋里找骨头。她是我家中的阎王。直到我入了中学，她才死去，我可是没有看见母亲反抗过。“没受过婆婆的气，还不受大姑子的吗？命当如此！”母亲在非解释一下不足以平服别人的时候，才这样说。是的，命当如此。母亲活到老，穷到老，辛苦到老，全是命当如此。她最会吃亏。给亲友邻居帮忙，她总跑在前面：她会给婴儿洗三——穷朋友们可以因此少花一笔“请姥姥”钱——她会刮痧，她会给孩子们剃头，她会给少妇们绞脸……凡是她能做的，都有求必应。但是吵嘴打架，永远没有她。她宁吃亏，不逗气。当姑母死去的时候，母亲似乎把一世的委屈都哭了出来，一直哭到坟地。不知道哪里来的一位侄子，声称有承继权，母亲便一声不响，叫他搬走那些破桌子烂板凳，而且把姑母养的一只肥母鸡也送给他。

可是，母亲并不软弱。父亲死在庚子闹“拳”的那一年。联军入城，挨家搜索财物鸡鸭，我们被搜两次。母亲拉着哥哥与三姐坐在墙根，等着“鬼子”进门，街门是开着的。“鬼子”进门，一刺刀先把老黄狗刺死，而后入室搜索。他们走后，母亲把破衣箱搬起，才发现了我。假若箱子不空，我早就被压死了。皇上跑了，丈夫死了，鬼子来了，满城是血光火焰，可是母亲不怕，她要在刺刀下，饥荒中，保护着儿女。北平有多少变乱啊，有时候兵变了，街市整条地烧起，火团落在我们院中。有时候内战了，城门紧闭，铺店关门，昼夜响着枪炮。这惊恐，这紧张，再加上一家饮食的筹划，儿女安全的顾虑，岂是一个软弱的老寡妇所能受得起的？可是，在这种时候，母亲的心横起来，她不慌不哭，要从无办法中想出办法来。她的泪会往心中落！这点软而硬的个性，也传给了我。我对一切人与事，都取和平的态度，把吃亏看作当然的。但是，在做人上，我有一定的宗旨与基本的法则，什么事都可将就，而不能超过自己划好的界限。我怕见生人，怕办杂事，怕出头露面；但是到了非我去不可的时候，我便不得不去，正像我的母亲。从私塾到小学，到中学，我经历过起码有廿位教师吧，其中有给我很大影响的，也有毫无影响的，但是我的真正的教师，把性格传给我的，是我的母亲。母亲并不识字，她给我的是生命的教育。

当我在小学毕了业的时候，亲友一致的愿意我去学手艺，好帮助母亲。我晓得我应当去找饭吃，以减轻母亲的勤劳困苦。可是，我也愿意升学。我偷偷地考入了师范学校——制服，饭食，书籍，宿处，都由学校供给。只有这样，我才敢对母亲提升学的话。入学，要交十元的保证金。这是一笔巨款！母亲作了半个月的难，把这巨款筹到，而后含泪把我送出门去。她不辞劳苦，只要儿子有出息。当我由师范毕业，而被派为小学校校长，母亲与我都一夜不曾合眼。我只说了句："以后，您可以歇一歇了！"她的回答只有一串串的眼泪。我入学之后，三姐结了婚。母亲对儿女是都一样疼爱的，但是假若她也有点偏爱的话，她应当偏爱三姐，因为自父亲死后，家中一切的事情都是母亲和三姐共同撑持的。三姐是母亲的右手。但是母亲知道这右手必须割去，她不能为自己的便利而耽误了女儿的青春。当花轿来到我们的破门外的时候，母亲的手就和冰一样的凉，脸上没有血色——那是阴历四月，天气很暖。大家都怕她晕过去。可是，她挣扎着，咬着嘴唇，手扶着门框，看花轿徐徐地走去。不久，姑母死了。三姐已出嫁，哥哥不在家，我又住学校，家中只剩母亲自己。她还须自晓至晚的操作，可是终日没人和她说一句话。新年到了，正赶上政府倡用阳历，不许过旧年。除夕，我请了两小时的假。由拥挤不堪的街市回到清炉冷灶的家中。母亲笑了。及至听说我还须回校，她愣住了。半天，她才叹出一口气来。到我该走的时候，她递给我一些花生，"去吧，小子！"街上是那么热闹，我却什么也没看见，泪遮迷了我的眼。今天，泪又遮住了我的眼，又想起当日孤独地过那凄惨的除夕的慈母。可是慈母不会再候盼着我了，她已入了土！

儿女的生命是不依顺着父母所设下的轨道一直前进的，所以老人总免不了伤心。我廿三岁，母亲要我结了婚，我不要。我请来三姐给我说情，老母含泪点了头。我爱母亲，但是我给了她最大的打击。时代使我成为逆子。廿七岁，我上了英国。为了自己，我给六十多岁的老母以第二次打击。在她七十大寿的那一天，我还远在异域。那天，据姐姐们后来告诉我，老太太只喝了两口酒，很早的便睡下。她想念她的幼子，而不便说出来。

七七抗战后，我由济南逃出来。北平又像庚子那年似的被鬼子占据了，可是母亲日夜惦念的幼子却跑西南来。母亲怎样想念我，我可以想象得到，可是我不能回去。每逢接到家信，我总不敢马上拆看，我怕，怕，怕，怕有那不祥的消息。人，即使活到八九十岁，有母亲便可以多少还有点孩子气。失了慈母便像花插在瓶子里，虽然还有色有香，却失去了根。有母亲的人，心里是安定的。我怕，怕，怕家信中带来不好的消息，告诉我已是失了根的花草。

去年一年，我在家信中找不到关于老母的起居情况。我疑虑，害怕。我想象得到，如有不幸，家中念我流亡孤苦，或不忍相告。母亲的生日是在九月，我在八月半写去祝寿的信，算计着会在寿日之前到达。信中嘱咐千万把寿日的详情写来，使我不再疑虑。十二月二十六日，由文化劳军的大会上回来，我接到家信。我不敢拆读。就寝前，我拆开信，母亲已去世一年了！

生命是母亲给我的。我之能长大成人，是母亲的血汗灌养的。我之能成为一个不十分坏的人，是母亲感化的。我的性格，习惯，是母亲传给的。她一世未曾享过一天福，临死还吃的是粗粮。唉！还说什么呢？心痛！心痛！

（载一九四三年四月《半月文萃》第一卷第九、十期合刊）

多年父子成兄弟

汪曾祺

这是我父亲的一句名言。

父亲是个绝顶聪明的人。他是画家，会刻图章，画写意花卉。图章初宗浙派，中年后治汉印。他会摆弄各种乐器，弹琵琶，拉胡琴，笙箫管笛，无一不通。他认为乐器中最难的其实是胡琴，看起来简单，只有两根弦，但是变化很多，两手都要有功夫。他拉的是老派胡琴，弓子硬，松香滴得很厚——现在拉胡琴的松香都只滴了薄薄的一层，他的胡琴音色刚亮。胡琴码子都是他自己刻的，他认为买来的不中使。他养蟋蟀，养金铃子，他养过花，他养的一盆素心兰在我母亲病故那年死了，从此他就不再养花。我母亲死后，他亲手给她做了几箱子冥衣——我们那里有烧冥衣的风俗。按照母亲生前的喜好，选购了各种花素色纸做衣料，单夹皮棉，四时不缺。他做的皮衣能分得出小麦穗、羊羔、灰鼠、狐肷。

父亲是个很随和的人，我很少见他发过脾气，对待子女，从无疾言厉色。他爱孩子，喜欢孩子，爱跟孩子玩，带着孩子玩。我的姑妈称他为"孩子头"。春天，不到清明，他领一群孩子到麦田里放风筝。放的是他自己糊的蜈蚣（我们那里叫"百脚"），是用染了色的绢糊的。放风筝的线是胡琴的老弦。老弦结实而轻，这样风筝可笔直地飞上去，没有"肚儿"。用胡琴弦放风筝，我还未见过第二人。清明节前，小麦还没有"起身"，是不怕践踏的，而且越踏越会长得旺。孩子们在屋里闷了一冬天，在春天的田野里奔跑跳跃，身心都极其畅快。他用钻石刀把玻璃裁成不同形状的小块，再一块一块斗拢，接缝处用胶水粘牢，做成小桥、小亭子、八角玲珑水晶球。桥、亭、球是中空的，里面养了金铃子。从外面可以看到金铃子在里面自在爬行，振翅鸣叫。他会做各种灯。用浅绿透明的"鱼鳞纸"扎了一只纺织娘，栩栩如生。用西洋红染了色，上深下浅，通草做花瓣，做了一个重瓣荷花灯，真是美极了。用小西瓜（这是拉秧的小瓜，因其小，不中吃，叫作"打瓜"或"笃瓜"）上开小口挖净瓜瓤，在瓜皮上雕镂出极细的花纹，做成西瓜灯。我们在这些灯里点了蜡烛，穿街过巷，邻居的孩子都跟过来看，非常羡慕。

父亲对我的学业是关心的，但不强求。我小时候，国文成绩一直是全班第一。我的作文，时得佳评，他就拿出去到处给人看。我的数学不好，他也不责怪，只要能及格，就行了。他画画，我小时也喜欢画画，但他从不指点我。他画画时，我在旁边看，其余时间由我自己乱翻画谱，瞎抹。我对写意花卉那时还不太会欣赏，只是画一些鲜艳的大桃子，或者我从来没有见过的瀑布。我小时字写得不错，他倒是给我出过一点主意。在我写过一阵"圭峰碑"和"多宝塔"以后，他建议我写写"张猛龙"。这建议是很好的，到现在我写的字还有"张猛龙"的影响。我初中时爱唱戏，唱青衣，我的嗓子很好，高亮甜润。在家里，他拉胡琴，我唱。我的同学有几个能唱戏的。学校开园乐会，他应我的邀请，到学校去伴奏。几个同学都只是清唱，有一个姓费的同学借到一顶纱帽，一件蓝官衣，扮起来唱"朱砂井"，但是没有配角，没有衙役，没有犯人，只是一个赵廉，摇着马鞭在台上走了两圈，唱了一段"郡坞县在马上心神不定"便完事下场。父亲那么大的人陪着几个孩子玩了一下午，还挺高兴。我十七岁初恋，暑假里，在家写情书，他在一旁瞎出主意。我十几岁就学会了抽烟喝酒。他喝酒,给我也倒一杯。抽烟,一次抽出两根,他一根我一根。他还总是先给我点上火。我们的这种关系,他人或以为怪。父亲说:“我们是多年父子成兄弟。”

我和儿子的关系也是不错的。我戴了“右派分子”的帽子下放张家口农村劳动,他那时还从幼儿园刚毕业,刚刚学会汉语拼音,用汉语拼音给我写了第一封信。我也只好赶紧学会汉语拼音,好给他写回信。

“文化大革命”期间,我被打成“黑帮”,送进“牛棚”。偶尔回家,孩子们对我还是很亲热。我的老伴告诫他们:“你们要和爸爸‘划清界限’”,儿子反问母亲:“那你怎么还给他打酒?”只有一件事,两代之间,曾有分歧。他下放山西忻县“插队落户”。按规定,春节可以回京探亲。我们等着他回来。不料他同时带回了一个同学。他这个同学的父亲是一位正受林彪迫害,搞得人囚家破的空军将领。这个同学在北京已经没有家。按照大队的规定是不能回北京的,但是孩子很想回北京,在一伙同学的秘密帮助下,我的儿子就偷偷地把他带回来了。他连“临时户口”也不能上,是个“黑人”,我们留他在家住,等于“窝藏”了他。公安局随时可以来查户口,街道办事处的大妈也可能举报。当时人人自危,自顾不暇,儿子惹了这么一个麻烦,使我们非常为难。我和老伴把他叫到我们的卧室,对他的冒失行为表示不满,我责备他:“怎么事前也不和我们商量一下!”我的儿子哭了,哭得很委屈,很伤心。我们当时立刻明白了:他是对的,我们是错的。我们这种怕担干系的思想是庸俗的。我们对儿子和同学之间的义气缺乏理解,对他的感情不够尊重。他的同学在我们家一直住了四十多天,才离去。

对儿子的几次恋爱,我采取的态度是“闻而不问”。了解,但不干涉。我们相信他自己的选择,他的决定。最后,他悄悄和一个小学时期的女同学好上了,结了婚。有了一个女儿,已近七岁。

我的孩子有时叫我“爸”,有时叫我“老头子”!连我的孙女也跟着叫。我的亲家母说这孩子“没大没小”。我觉得一个现代化的,充满人情味的家庭,首先必须做到“没大没小”。父母叫人敬畏,儿女“笔管条直”,最没有意思。

儿女是属于他们自己的。他们的现在,和他们的未来,都应由他们自己来设计。一个想用自己理想的模式塑造自己的孩子的父亲是愚蠢的,而且,可恶!另外作为一个父亲,应该尽量保持一点童心。

目　送

龙应台[①]

华安上小学第一天，我和他手牵着手，穿过好几条街，到维多利亚小学。九月初，家家户户院子里的苹果和梨树都缀满了拳头大小的果子，枝丫因为负重而沉沉下垂，越出了树篱，钩到过路行人的头发。

很多很多的孩子，在操场上等候上课的第一声铃响。小小的手，圈在爸爸的、妈妈的手心里，怯怯的眼神，打量着周遭。他们是幼儿园的毕业生，但是他们还不知道一个定律：一件事情的毕业，永远是另一件事情的开启。

铃声一响，顿时人影错杂，奔往不同方向，但是在那么多穿梭纷乱的人群里，我无比清楚地看着自己孩子的背影——就好像在一百个婴儿同时哭声大作时，你仍旧能够准确听出自己那一个的位置。华安背着一个五颜六色的书包往前走，但是他不断地回头；好像穿越一条无边无际的时空长河，他的视线和我凝望的眼光隔空交会。

我看着他瘦小的背影消失在门里。

十六岁，他到美国做交换生一年。我送他到机场。告别时，照例拥抱，我的头只能贴到他的胸口，好像抱住了长颈鹿的脚。他很明显地在勉强忍受母亲的深情。

他在长长的行列里，等候护照检验；我就站在外面，用眼睛跟着他的背影一寸一寸往前挪。终于轮到他，在海关窗口停留片刻，然后拿回护照，闪入一扇门，倏忽不见。

我一直在等候，等候他消失前的回头一瞥。但是他没有，一次都没有。

现在他二十一岁，上的大学，正好是我教课的大学。但即使是同路，他也不愿搭我的车。即使同车，他戴上耳机——只有一个人能听的音乐，是一扇紧闭的门。有时他在对街等候公交车，我从高楼的窗口往下看：一个高高瘦瘦的青年，眼睛望向灰色的海；我只能想象，他的内在世界和我的一样波涛深邃，但是，我进不去。一会儿公交车来了，挡住了他的身影。车子开走，一条空荡荡的街，只立着一只邮筒。

我慢慢地、慢慢地了解到，所谓父女母子一场，只不过意味着，你和他的缘分就是今生今世不断地在目送他的背影渐行渐远。你站立在小路的这一端，看着他逐渐消失在小路转弯的地方，而且，他用背影默默告诉你：不必追。

---

① 龙应台，1952年生于中国台湾，现代作家。

我慢慢地、慢慢地意识到，我的落寞，仿佛和另一个背影有关。

博士学位读完之后，我回台湾教书。到大学报到第一天，父亲用他那辆运送饲料的廉价小货车长途送我。到了我才发觉，他没开到大学正门口，而是停在侧门的窄巷边。卸下行李之后，他爬回车内，准备回去，明明启动了引擎，却又摇下车窗，头伸出来说：“女儿，爸爸觉得很对不起你，这种车子实在不是送大学教授的车子。”

我看着他的小货车小心地倒车，然后“噗噗”驶出巷口，留下一团黑烟。直到车子转弯看不见了，我还站在那里，一口皮箱旁。

每个礼拜到医院去看他，是十几年后的时光了。推着他的轮椅散步，他的头低垂到胸口。有一次，发现排泄物淋满了他的裤腿，我蹲下来用自己的手帕帮他擦拭，裙子也沾上了粪便，但是我必须就这样赶回台北上班。护士接过他的轮椅，我拎起皮包，看着轮椅的背影，在自动玻璃门前稍停，然后没入门后。

我总是在暮色沉沉中奔向机场。

火葬场的炉门前，棺木是一只巨大而沉重的抽屉，缓缓往前滑行。没有想到可以站得那么近，距离炉门也不过五米。雨丝被风吹斜，飘进长廊内。我掠开雨湿了前额的头发，深深、深深地凝望，希望记得这最后一次的目送。

我慢慢地、慢慢地了解到，所谓父女母子一场，只不过意味着，你和他的缘分就是今生今世不断地在目送他的背影渐行渐远。你站立在小路的这一端，看着他逐渐消失在小路转弯的地方，而且，他用背影默默告诉你：不必追。

⊙ 学习任务

一、词语积累。摘录喜欢的词语，工整地抄写在表格内。

1. 老师推荐

凝	注		黯	淡		砧	板		偷	窥		窥	伺
筹	划		灌	养		穿	梭		缀	满		沁	入
寸	草	春	晖		织	虹	纺	霓		藏	云	捉	月

（初 1701 班　邱美延 书写）

2. 我的选择

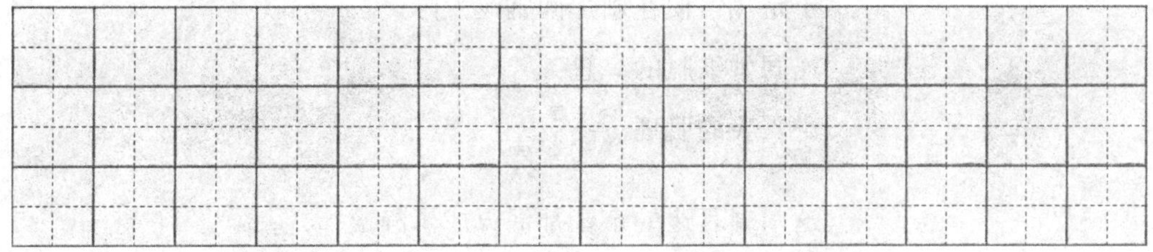

二、批注留念。边读书，边批注。挑选一则最满意的批注，写入下表。

摘　　录	批　　注

三、以读导写。任选一题完成。

1. 总有一些东西成为爱与回忆的寄托，比如“蓼莪”寄托着子女对父母的深深怀念。那么有没有什么东西可以寄托你与父母之间浓浓的亲子情呢？请你以此物为题，写一首小诗或一段文字。

【同学分享】

吹　风　机

初1612班　丁童心

空气中弥漫着湿润的气息
如纱一般的雾气贴上了浴室的玻璃
任由冰冷的水滴
钻进我的头皮
却疲于拿住又笨又重的
吹风机

纤细的手指总能抓牢沉沉的机器
于是热气便在刹那间铺满发际
连同她细腻的鼻息
沁入我的肌理

这一刻耳边的杂音都泯灭成了静谧
可能幸福便是如此轻易
就好像此时的触手可及
美好得让人想屏住呼吸

愿把这一份柔软的情意
永远停驻在心底
抓紧在手里
就像妈妈手中紧握着那微烫的
吹风机

【点评指导】

“总有一些东西成为爱与回忆的寄托”，无论山高水长，无论时光久远，总仿佛一杯温热的水，将那份温情从此端传至彼端。在丁童心的笔下，原本是寻常之物的吹风机便是这样成为爱与回忆寄托的东西。“冰冷的水滴钻进头皮”与“热气便在刹那间铺满发际”，“疲于拿住又笨又重的吹风机”与“抓牢沉沉的机器”的对比，让人感受到有人为你担当重负的情意，让你感受到有人呵护的安心。静静享受这一刻的宁谧，亦让它永驻心底。诗的最后才告知读者，那纤细手指的主人是妈妈，并不意外，却也有一份沉淀的幸福和感激。

2.《我的母亲》中“去吧，小子”这句话令人感动。在你成长的过程中，父母对你说过的话，最触动你的是哪一句？请你描述一下当时的情境。

【同学分享】

妈妈总是盼着我长大，殊不知她自己才是那个长不大的孩子，总是“说胡话”。每次我和母亲买菜回来，她总是争着抢着要拿最重的那个袋子。“哎哟，你可小心点儿，别把我的莴苣磕坏了！”母亲故作心痛地从我手中夺过了那三根沉甸甸的莴苣，顺手塞给我一小袋豆腐，“喏，这个不怕摔，你还是提豆腐吧！”她似是怕我拒绝，又使劲往我怀里塞了一下，装作十分轻松的样子将那袋莴苣高举起来，“别担心，这莴苣放在我这儿安全得很，这点分量我还是提得起来的！”说完，还朝我眨眨眼，仿佛在说：我力气可比你大多了！望着妈妈吃力的背影和我手中的一小块豆腐，想到妈妈的那句“豆腐不怕摔”的胡话，我无奈地笑笑，难道世界上只有我一个人知道莴苣是不会摔坏，而豆腐最容易摔坏的吗？

（初 1605 班　刘文馨）

【点评指导】

有时候一句话温暖而充满力量，让人如沐春风、如浴暖阳；有时候一句话让人啼笑皆非、无可奈何，却也同样使人莫名感动，会有热泪濡湿襟怀。因为无论这句话是什么样子，它背后的态度、情感以及说话人在说出这句话后的种种行动都在表达着关怀和爱意。妈妈的那句“豆腐不怕摔”，虽然纯属胡话，但那份爱女儿之心却如山泉，清澈甘甜，故而触动作者心怀。

四、以评促思。任选一题完成。

1．有人说，本专题文章之所以感人是因为文章里的父母心，也有人说是因为深蕴的儿女情。你怎么看这个问题，请写一则简短的评论。

【同学分享】

我认为这些文章之所以感人是因为深蕴的儿女情，尤以儿女心中的愧悔为最。

惭愧或懊悔是身为儿女的我们所能拥有的最深层的感情，因为在回顾往昔后，面对父母对我们做出的种种，我们先会感到感动、感激，而之后对此时的自己的反省以及深思，便是愧悔了。

这一点在朱自清的《背影》里是显而易见的了。文中提到了朱自清因父亲为他买橘子的两次潸然泪下，提到了他看到最后父亲寄来的“告别”信之后的追悔莫及以及悲痛欲绝。那是心疼，是悲哀，更是惭愧。最引起我注意的是，父亲在拜托别人照看好朱自清时，朱自清看到父亲一遍遍嘱咐，于是便说出了一句略带讽刺的话，而后又写道，“我现在想想，我那时真是太聪明了”。这是自嘲，是道歉，更是后悔。

身为儿女，在对父母有感恩之心的同时，也应当感到悔恨。也许有人会说这样并没有用，但这代表的是儿女们的反省，也是真情的体现，亦能深深打动读者。

（初 1611 班　曹宇瑄）

【点评指导】

读到一篇文章，各人感受不同、观点不同是十分正常的。因为读者都是带着自己的经历和情感去读别人的文章，同一篇文章，触发的是不同的回忆和感受，或许让人流下不同味道的泪水。只要在评述时能明确观点并将理由阐述清楚言之成理即可。本专题文章中，打动曹宇瑄同学的是“深蕴的儿女情”，他以《背影》为例，分析了文中作者的愧悔之情的内涵和产生缘由，说得清晰明白。

2. 在朱自清的《背影》中，作者借父亲的背影抒情，其他文章大多写的是儿女和父母面对面发生的故事，你觉得哪一种更加感人？为什么？

【同学分享】

父母对儿女的感情永远是最真挚、最无私的。天下父母都是这般，热切地希望自己的孩子健健康康、快快乐乐地长大，他们的一举一动都是非常感人的。但我觉得从背影来写父母，更加令我感动。

正面的父母我们见过的太多了，几乎每天都能看见。这导致我们发现不了他们的变化。时间在不知不觉中染白了他们的发鬓，折起了他们的眉角。离得太近，这些日复一日的细微变化，我们是发现不了的。突然看到他们的背影，才发现，原来他们已经老了，不再像年轻时那么健康挺拔。

父母更多的时候都是正面朝着我们，将我们牢牢保护，不受外界伤害。他们的背部，是保护我们的最坚硬的围墙。描写这道墙，能够更深刻地表现出父母对我们的爱和保护。

其实父母对我们的爱，就像背影那样，不轻易显露，不张扬，却润物细无声，渗透在我们生活的每一个角落，给予我们温暖。

正面的父母无疑是感人的，但换个角度看，却会发现很多以前不曾注意到的细节。

（初1612班　姜霁娜）

【点评指导】

姜霁娜同学先从父母的一举一动都很感人引出自己的观点——“我觉得从背影来写父母，更加令我感动”。然后从背影更容易让我们感知到父母的衰老，描写父母像墙一般的背影和背影如父母之爱不张扬三个方面来分析理由。最后总结出换个角度看会发现更多感人的细节。姜霁娜同学对于问题的分析观点明确，条理清晰。而且，虽然是分析问题，但从此文中亦能读出作者对父母的爱，因为唯有心中有爱意，才能对父母的背影有如此多的真切感受和理解。

天伦情深

呼兰河传(第三章)

萧　红[1]

呼兰河这小城里边住着我的祖父。

我生的时候,祖父已经六十多岁了,我长到四五岁,祖父就快七十了。

我家有一个大花园,这花园里蜂子、蝴蝶、蜻蜓、蚂蚱,样样都有。蝴蝶有白蝴蝶、黄蝴蝶。这种蝴蝶极小,不太好看,好看的是大红蝴蝶,满身带着金粉。

蜻蜓是金的,蚂蚱是绿的,蜂子则嗡嗡地飞着,满身绒毛,落到一朵花上,胖圆圆地就和一个小毛球似的不动了。

花园里边明晃晃的,红的红,绿的绿,新鲜漂亮。

据说这花园,从前是一个果园。祖母喜欢吃果子就种了果园。祖母又喜欢养羊,羊就把果树给啃了。果树于是都死了。到我有记忆的时候,园子里就只有一棵樱桃树,一棵李子树,因为樱桃和李子都不大结果子,所以觉得它们是并不存在的。小的时候,只觉得园子里边就有一棵大榆树。

这榆树在园子的西北角上,来了风,这榆树先啸;来了雨,大榆树先就冒烟了;太阳一出来,大榆树的叶子就发光了,它们闪烁得和沙滩上的蚌壳一样了。

祖父一天都在后园里边,我也跟着祖父在后园里边。祖父戴一个大草帽,我戴一个小草帽,祖父栽花,我就栽花;祖父拔草,我就拔草。当祖父下种,种小白菜的时候,我就跟在后边,把那下了种的土窝,用脚一个一个地溜平,哪里会溜得准,东一脚、西一脚地瞎闹。有的菜种不但没被土盖上,反而把菜子踢飞了。

小白菜长得非常之快,没有几天就冒了芽了。一转眼就可以拔下来吃了。

祖父铲地,我也铲地;因为我太小,拿不动那锄头杆,祖父就把锄头杆拔下来,让我单拿着那个锄头的“头”来铲。其实哪里是铲,也不过趴在地上,用锄头乱勾一阵就是了。也认不得哪个是苗,哪个是草。往往把韭菜当作野草一起地割掉,把狗尾草当作谷穗留着。

等祖父发现我铲的那块满留着狗尾草的一片,他就问我:

“这是什么?”

---

[1] 萧红(1911—1942),中国近现代女作家,黑龙江人。

我说：

“谷子。”

祖父大笑起来，笑得够了，把草摘下来问我：

“你每天吃的就是这个吗？”

我说：

“是的。”

我看着祖父还在笑，我就说：

“你不信，我到屋里拿来你看。”

我跑到屋里拿了鸟笼上的一头谷穗，远远地就抛给祖父了。说：

“这不是一样的吗？”

祖父慢慢地把我叫过去，讲给我听，说谷子是有芒针的。狗尾草则没有，只是毛嘟嘟的真像狗尾巴。

祖父虽然教我，我看了也并不细看，也不过马马虎虎承认下来就是了。一抬头看见了一个黄瓜长大了，跑过去摘下来，我又去吃黄瓜去了。

黄瓜也许没有吃完，又看见了一个大蜻蜓从旁飞过，于是丢了黄瓜又去追蜻蜓去了。蜻蜓飞得多么快，哪里会追得上。好在一开初也没有存心一定追上，所以站起来，跟了蜻蜓跑了几步就又去做别的去了。

采一个倭瓜花心，捉一个大绿豆青蚂蚱，把蚂蚱腿用线绑上，绑了一会儿，也许把蚂蚱腿就绑掉，线头上只拴了一只腿，而不见蚂蚱了。

玩腻了，又跑到祖父那里去乱闹一阵，祖父浇菜，我也抢过来浇，奇怪的就是并不往菜上浇，而是拿着水瓢，拼尽了力气，把水往天空里一扬，大喊着：

“下雨了，下雨了。”

太阳在园子里是特大的，天空是特别高的，太阳的光芒四射，亮得使人睁不开眼睛，亮得蚯蚓不敢钻出地面来，蝙蝠不敢从什么黑暗的地方飞出来。是凡在太阳下的，都是健康的、漂亮的，拍一拍连大树都会发响的，叫一叫就是站在对面的土墙都会回答似的。

花开了，就像花睡醒了似的。鸟飞了，就像鸟上天了似的。虫子叫了，就像虫子在说话似的。一切都活了。都有无限的本领，要做什么，就做什么。要怎么样，就怎么样，都是自由的。倭瓜愿意爬上架就爬上架，愿意爬上房就爬上房。黄瓜愿意开一个谎花，就开一个谎花，愿意结一个黄瓜，就结一个黄瓜。若都不愿意，就是一个黄瓜也不结，一朵花也不开，也没有人问它。玉米愿意长多高就长多高，它若愿意长上天去，也没有人管。蝴蝶随意的飞，一会儿从墙头上飞来一对黄蝴蝶，一会儿又从墙头上飞走了一个白蝴蝶。它们是从谁家来的，又飞到谁家去？太阳也不知道这个。

只是天空蓝悠悠的，又高又远。

可是白云一来了的时候，那大团的白云，好像洒了花的白银似的，从祖父的头上经过，好像要压到了祖父的草帽那么低。

我玩累了，就在房子底下找个阴凉的地方睡着了。不用枕头，不用席子，就把草帽遮在脸上就睡了。

外婆的澎湖湾

叶佳修

晚风轻拂澎湖湾
白浪逐沙滩
没有椰林缀斜阳
只是一片海蓝蓝
坐在门前的矮墙上
一遍遍怀想
也是黄昏的沙滩上
有着脚印两对半
那是外婆拄着杖
将我手轻轻挽
踩着薄暮走向余晖暖暖的澎湖湾
一个脚印是笑语一串
消磨许多时光
直到夜色吞没我俩
在回家的路上
澎湖湾澎湖湾
外婆的澎湖湾
有我许多的童年幻想
阳光、沙滩、海浪、仙人掌
还有一位老船长

人琴俱亡[1]

刘义庆[2]

王子猷[3]、子敬[4]俱病笃，而子敬先亡。子猷问左右："何以都[5]不闻消息？此已丧矣。"语时了[6]不悲。便索舆[7]来奔丧，都不哭。

子敬素好琴，便径入坐灵床上，取子敬琴弹，弦既不调[8]，掷地云："子敬子敬，人琴俱亡。"因恸绝良久，月余亦卒。

【注释】

[1] 本文选自苏教版初中语文教材，原文选自《世说新语·伤逝》，题目是编者加的。

[2] 刘义庆(403—444)，彭城(今江苏徐州)人，南朝文学家。

[3] 王子猷：即王徽之，字子猷，王羲之的儿子。

[4] 子敬：即王献之，字子敬，王羲之的儿子。

[5] 都：总，竟。

[6] 了：完全。

[7] 舆：轿子。

[8] 调：协调。

【译文】

王子猷、王子敬都病得很重，子敬先死了。王子猷问手下的人说："为什么总听不到(子敬的)消息？这(一定)是他已经死了。"说话时完全不悲伤。就要轿子来去看望丧事，一路上都没有哭。子敬一向喜欢弹琴，(子猷)一直走进去坐在灵床上，拿过子敬的琴来弹，几根弦的声音已经不协调了，(子猷)把琴扔在地上说："子敬啊，子敬啊，你人和琴都死了。"于是痛哭了很久，几乎要昏过去。过了一个多月，(子猷)也死了。

人琴俱亡形容看到遗物，怀念死者的悲伤心情。常用来比喻对知己、亲友去世的悼念之情。

康震评说苏东坡(节选)

康震①主讲

手足之情

苏轼与苏辙既为兄弟，亦是知己，两人一生相伴，诗文酬唱，患难与共。

---

① 康震，1970年出生，陕西绥德人，著名文化学者，文学博士。

苏辙,字子由,号颍滨遗老,出生于宋仁宗宝元二年(1039),比苏轼小三岁。苏轼、苏辙兄弟相知相勉的一生,堪称中国文化史的传世佳话。在中国文学乃至文化史上,如苏轼兄弟一般,一同为当世的大文学家,一同在政坛上大放光彩,一同经历宦海沉浮,彼此志趣相投,又都视对方为知己的兄弟,实是绝无仅有。这种可贵而难得的手足之情,为苏轼兄弟的人生增添了无限的精彩。

苏轼、苏辙之间的深情厚谊,是在从小一起读书、一同成长的过程中培养而来的。苏辙在《祭亡兄端明文》中写道:"手足之爱,平生一人。幼而无师,受业先君。兄敏我愚,赖以有闻。寒暑相从,逮壮而分。"他们俩从小就跟随父亲学习,春夏秋冬、寒来暑往,日日在一起刻苦攻读;学成之后又跟随父亲出川,一起考进士、应制举,双双得中同榜进士、同榜制举,一直到入仕之后才不得不分开,开始了聚少离多的生活。他们不仅是兄弟,也是同窗知己,在同一个文化层次上成长。在苏辙眼中,苏轼的身份是兄长更兼师长,"辙幼从子瞻读书,未尝一日相舍"(《逍遥堂会宿二首并引》),对兄长的依恋信任之情溢于言表。苏轼也把懂事持重的弟弟当作挚友看待:"我少知子由,天资和且清。岂独为吾弟,更是贤友生。"(《初别子由》)

苏轼兄弟在文坛上享有崇高的地位,黄庭坚对他们有"二苏上连璧,三孔立分鼎"(《和答子瞻和子由常父忆馆中故事》)的赞誉。苏轼的诗词汪洋恣肆,清新豪健,开创词之豪放一派。而苏辙沉稳执着,老成持重,文章虽"雄杰之气或不如兄,然而冲和淡泊,遒逸疏宕"(茅坤《苏文定公文钞引》),亦是自成一家。

苏洵曾撰写的《名二子说》就从取名的角度,比较了苏轼、苏辙二人在性格上的差异。他指出,苏轼的缺点是"不外饰",这样的性格必然使他一生遭遇波折磨难;而苏辙则"善处乎祸福之间",这样的性格常能让他免于灾祸。父亲的评价恰是苏轼兄弟一生命运的准确注脚。

苏轼和苏辙兄弟俩都非常欣赏对方的才华,他们互相的评价往往最为中肯。

苏辙非常敬重自己这位才华横溢、学识渊博的哥哥。苏辙在为兄长所作的墓志铭中说:"我初从公,赖以有知。抚我则兄,诲我则师。"(《亡兄子瞻端明墓志铭》)在祭祀嫂夫人的文章中也说:"辙幼学于兄,师友实兼。志气虽同,以不逮惭。"(《祭亡嫂王氏文》)他认为苏轼不仅是自己的兄长,更是自己的老师,自己的诗文成绩不如兄长。

苏轼则认为兄弟二人各有所长,弟弟苏辙也有胜出自己的地方。在给朋友的信中,苏轼写道:"子由之文实胜仆,而世俗不知,乃以为不如。其为人深不愿人知之,其文如其为人,故汪洋澹泊,有一唱三叹之声,而其秀杰之气,终不可没。"(苏轼《答张文潜县丞书》)苏轼认为苏辙的文章胜过自己,但世人并不了解这一点。这是因为苏辙为人低调,所以他的文章风格也很低调。其实他的文章一唱三叹,汪洋淡泊,很有秀杰之气。事实也的确如此,苏辙擅长各种文体,尤以策论最为出色,其文纵横捭阖,雄辩宏博,说理透辟,感染力极强。苏辙的记游之文清新明快,刻画入微,也有很高的成就。

苏轼和苏辙兄弟二人虽然彼此欣赏,但从不互相吹捧,反而常给对方提意见。

苏辙屡屡指出兄长口无遮拦,容易招致祸患。对苏辙的缺点,苏轼也会毫不客气地指出,他认为苏辙为人处世的大节毫无问题,但有时候不大注意细节,而这往往却会坏了大事。要注重小节,避免影响大局,这恐怕是苏轼遭逢文字之祸后忧惧心理的反映,是他从自身经历得来的经验教训,以此来劝诫弟弟,自然是十分恳切的。

苏轼和苏辙兄弟二人在诗、文上均达到了很高的造诣,诗文便成了他们交流思想和感情的工具。翻开《苏轼诗集》和苏辙的《栾城集》,其中属于兄弟二人寄赠唱和的诗歌均不下百首,诗中有他们对少年生活的珍贵回忆,有他们对彼此的思念和牵挂,也有他们关于政治思想和人生态度的沟通。苏轼几乎每到一个任所,都会寄书给苏辙,晚年遭贬时更是如此。从这些诗词书信当中,我们可以清楚地感受到,他们兄弟之间的情意是那样深厚。其中,苏轼兄弟关于“夜雨对床”的约定是最让人感动的一段佳话。

宋仁宗嘉祐六年(1061)冬,二十六岁的苏轼带着妻子王弗和二岁的儿子苏迈前往凤翔任官,子由送兄嫂出汴梁,走了百里多路,到郑州西门外才依依话别。这是二十多年来他们兄弟之间的第一次离别,苏轼登上高坡目送弟弟渐行渐远,他第一次感受到人生聚散的无常与感伤,写下了著名的诗篇《辛丑十一月十九日,既与子由别于郑州西门之外,马上赋诗一篇寄之》:

……

登高回首坡垅隔,但见乌帽出复没。

苦寒念尔衣裘薄,独骑瘦马踏残月。

路人行歌居人乐,童仆怪我苦凄恻。

亦知人生要有别,但恐岁月去飘忽。

寒灯相对记畴昔,夜雨何时听萧瑟?

君知此意不可忘,慎勿苦爱高官职!

诗的大意是:当你的身影渐渐远逝,我忍不住登上高坡张望,只见你头上的乌帽在山丘间时隐时现。想着你此刻衣衫单薄,骑一匹瘦马,在寒风残月中独自向前,怎不让人牵念!快乐的人们永远不能理解我的感伤与悲切。无奈的人生总有太多聚散离别，可是我总是担心岁月匆匆，美好时光难以再现。今天晚上我们寒灯独对，你可曾记得怀远驿中我们彼此相约的誓言？不知何时我们才能再次聚首？再次凭窗挑灯听夜雨？荣华富贵不过一时，不值得贪恋，子由啊，不要忘了彼此深厚的兄弟情缘！

诗中“寒灯相对记畴昔，夜雨何时听萧瑟”一句点明了兄弟二人曾有的“夜雨对床”的约定。苏轼因“乌台诗案”被投入狱，在最为困厄绝望的时候，他又想起了与苏辙的约定，写下了绝命诗《狱中示子由》：“是处青山可埋骨，他年夜雨独伤神。与君今世为兄弟，又结来生未了因。”在以为自己的生命即将走到尽头的时候，苏轼并未直接抒发自己的悲痛，而是想象自己死后，弟弟将会多么孤单，他也许会在多年后的某个雨夜，因兄弟之间的约定而黯然伤神。

然而人生在世，总是聚少离多。自从和弟弟苏辙一同走上仕途之后，他们经常是天各一方，难晤一面。在最初的时刻，“夜雨对床”这一约定唤起的是兄弟二人对往日美好岁月的回忆，在浮沉不定的宦海当中，这一约定又成为支撑他们走向人生彼岸的精神期待。当他们身处困境，难以挣脱羁绊与牢笼的时候，这一约定又多少带给他们一点精神的慰藉。然而，这个约定最终却没有实现，它成为了一个永远无法实现的美好愿望，永远存在于苏轼、苏辙兄弟二人的理想之中。苏轼死后，子由将他与王闰之共同葬于河南郏县小峨眉山，并命子孙在自己百年后，也将自己的遗骸葬于兄长墓旁，小峨眉山处遂有“二苏坟”之称。也许，只有在美好而永恒的天国里，他们的约定才能最终得以实现吧……

苏轼、苏辙兄弟虽然性格各异，但是他们的相同之处要远远多于他们的不同之处，他们情深意切的原因，正在于他们的志趣相投。每当遭遇政治困境时，苏轼和苏辙兄弟俩经常为对方开解心中的郁闷不平。

宋神宗熙宁四年(1071)，苏轼在杭州做通判，苏辙在陈州(今河南淮阳)做学官。苏轼在写给弟弟的诗中以谐谑的方式抒发愤懑不平之气，排解子由与自己仕途受挫的烦闷：“宛丘先生长如丘，宛丘学舍小如舟。常时低头诵经史，忽然欠伸屋打头。斜风吹帏雨注面，先生不愧旁人羞。”(《戏子由》)

陈州古称宛丘，所以苏轼戏称弟弟为宛丘先生。诗的大意是：宛丘先生高大的身材如耸立的山丘，宛丘低矮的学舍如破败的小舟。宛丘先生常常低头诵读经史，偶尔伸懒腰便会撞上屋梁碰破头。在这座漏风漏雨的学舍里，宛丘先生自得其乐，丝毫不在意旁人的讥讽。

本诗题为《戏子由》，通篇都是戏谑之语，但其旨不在“戏”而在“赞”，赞子由的秉性为人，并自嘲书愤，与子由共勉。可以说，此诗以戏谑为表，却内含悲愤。

苏轼任密州知州时，曾经将一座废旧的城台修葺成一处“高而安，深而明，夏凉而冬温”，可以登临远眺的休闲胜地。“雨雪之朝，风月之夕”，苏轼常常与朋友、宾客“相与登览，放意肆志，乐趣无穷”（苏轼《超然台记》）。苏辙永远是哥哥的知音，当他听说之后，特意为这座城台取名为“超然台”，并写了一篇《超然台赋》。苏轼因此名而作《超然台记》，以表明自己超然物外，无往而不乐的思想。

宋仁宗嘉祐六年(1061)冬，苏轼途经渑池赴凤翔府任职，得到苏辙的寄诗《怀渑池寄子瞻诗》，因而和韵：

人生到处知何似？应似飞鸿踏雪泥。
泥上偶然留指爪，鸿飞那复计东西。
老僧已死成新塔，坏壁无由见旧题。
往日崎岖还记否，路长人困蹇驴嘶。(《和子由渑池怀旧》)

人生是如此难以捉摸，生、老、病、死的命运又是这般无法把握。苏轼仿佛看到在茫茫的雪原上，一只鸿雁快速地掠过，偶然在雪地上停留片刻，留下一星半点痕迹，转眼间鸿雁早已不知去向。雪花依然在纷纷飘落，鸿雁留在雪地上的爪印也渐渐模糊，天地间，依旧是苍茫一片……其实，这种深刻的人生无常之感正是由于对兄弟难舍难分的骨肉亲情过分执着而引起的，如果这就是人生无常的话，那么我们倒宁可多多地拥有这种宝贵的无常感受，因为这种骨肉亲情是多么的珍贵、多么的感人至深啊！

显然，促使年轻的苏轼大发人生无常慨叹的是兄弟之间二十多年的深厚情谊，但是这著名的诗句又恰恰印证了苏轼此后的人生轨迹，他就像那只随处飘零的鸿雁，在大宋王朝的山水之间都留下了艰辛的足迹，也留下了智慧幽默的精彩人生，最后又回归到茫茫的自然中去。

林语堂先生曾说：“往往为了子由，苏轼会写出最好的诗来。”苏轼和苏辙兄弟之间的情谊，在诗文交往、政治磨难和生活的曲折中，上升为一种更高层次的人文情感、人文情怀。

苏轼与苏辙是同科进士，同一年考中制举，同为北宋时期重要的政治家，同列于“唐宋八大家”之列。他们的政治立场也基本相同，因此共同经历了仕途的辉煌时刻，也共同遭遇了政治的低谷阶段。

宋神宗熙宁二年(1069)，苏辙曾在制置三司条例司任职，因与王安石的助手、变法派的另一重要人物吕惠卿政见不合，很快被排挤出来，又因上书批评新法，几乎被治罪。熙宁三年，苏辙外放出任陈州学官。从此苏辙便不再议论新法短长。这种处世原则，是苏轼无法模仿的，因为这与他的个性太不符合。对苏辙的性格，“苏门四学士”之一的张耒在《明道杂志》中曾说：“某平生见人多矣，惟见苏循州（辙）不曾忙……虽事变纷纭至前，而举止安徐，若素有处置。”意思是说苏辙的性格趋于沉静内敛，遇事稳重，思维周密。正因为性格稳重，虑事周全，情绪不冲动和不张扬，苏辙比苏轼更适合做官，在复杂的政治斗争和人际关系中，他不会冒冒失失地闯祸。因此，在元祐时期党争激烈的政治环境中，苏辙虽然身处政府要冲，位高权重，但所受政敌的攻击，反比苏轼轻。

相反的，苏轼则性情外露，胸无城府，他考虑问题很少深思熟虑，一般都是想到什么就说出来，心中藏不住任何不满不同的意见，因为“话之在口，如蝇之在喉”，如果忍气吞声则是辛苦自己，但说了出来，则会得罪别人。苏轼两相权衡，还是决定“与其逆己，不如逆人”，所以还是有什么就说什么。正因为如此，苏轼才会在一轮轮的政治斗争中反复起伏，历经了太多的波折与苦难。

苏轼和苏辙虽然性格各有特点，但是两人都具有独立不惧、刚正不屈、不计较个人得失的品格，而且无论在多么艰难险恶的环境中，彼此始终相互关照、休戚与共。苏辙一生都在为苏轼过于情绪化的性格和一张无遮拦的嘴担心，他不止一次地奉劝哥哥要少用诗歌讥讽时事，与不了解的人打交道要注意提防。但当苏轼因文字得祸以后，他又是不遗余力，四处奔走，向皇帝说情，动员各种关系营救苏轼。在这方面苏轼就像一个永远长不大、总是让人操心的小弟弟，苏辙倒成了经验丰富、善于处理棘手之事的兄长。

“乌台诗案”爆发前，御史台派出干将皇甫僎去湖州逮捕苏轼。苏辙得知这一消息后立刻做了两件事情：第一，连夜赶写一份奏章，请求朝廷解除自己现任官职为兄长赎罪；第二，立刻派人飞马赶往湖州，希望赶在皇甫僎到达之前通报消息，让苏轼有个心理准备。因为此事，苏辙被朝廷以“漏泄禁中语”贬为筠州酒税，就是管理盐酒税务的小官。

苏轼被贬黄州后，苏辙也将到筠州贬所。苏辙心知这次兄弟二人同遭贬谪，也不知何时才得以再见，于是特意与女婿文务光奔驰二百余里前来陈州（今河南淮阳）为兄长送行，其实此时的苏辙本因俸少口多，已经穷困到“明日无晨炊”的窘境。自从苏轼入狱之后，他又奉养嫂侄长达一年，早已债台高筑，但他仍然亲自将兄长的家眷护送至黄州后才奔赴筠州。

宋哲宗元祐六年（1091），苏轼被调往朝中担任翰林学士承旨，此时苏辙已经位居尚书右丞。兄弟同居高位，必然遭人忌恨。因此，奉诏当天苏轼便写了一道辞免状，请求继续外任，并于四月、五月先后上了《辞免翰林承旨》第二状与第三状。而苏辙也接连四次上书请求外任，认为“只可使弟避兄，不可使兄避弟；只可使不肖避贤，不可使贤避不肖。区区愚恳，竭尽于此。伏乞圣慈察臣深，除臣一郡，上以全朝廷之公道，下以伸兄弟之私义……”（苏辙《兄除翰林承旨，乞外任札子四首》其一）兄弟二人为了保全对方，争着留高位给对方，而甘愿请求外任、屈居下僚。不可否认，苏轼兄弟彼此推让官职的根本目的在于政治利益的考虑，而他们之间深厚的手足之情恰恰就是在这一点上得到了充分的表现，这不能不令近千年之后的我们肃然起敬！

宋哲宗绍圣元年(1094)，哲宗亲政，苏辙从门下侍郎被贬为汝州知州，苏轼从定州知州被贬为英州知州。定州距离英州千山万水，年届六十岁的苏轼年老体弱，左臂肿痛复发，此时英州的来人尚未到，定州送行的人又不肯前去，自己又无钱雇人买马。万般无奈之下，苏轼不得不绕道汝州，向苏辙寻求经济上的援助。苏辙送给兄长七千缗（相当于七百万文钱），解除了苏轼的燃眉之急和后顾之忧。

宋哲宗绍圣四年(1097)五月，苏轼被贬儋州，苏辙被贬雷州。苏轼途经广西梧州的时候，听江边父老说苏辙刚刚经过，于是赶紧去追，并写了一首长诗给苏辙，相约在藤州相会并安慰弟弟：“莫嫌琼雷隔云海，圣恩尚许遥相望。”（《吾谪海南，子由雷州，被命即行，了不相知，至梧乃闻其尚在藤也，旦夕当追及，作此诗示之》）此时的苏轼穷困潦倒，疾病缠身，将赴遥远的海南，但他不改幽默的个性，拿自己与朝廷开玩笑，诗的大意是：琼州、雷州虽然被大海阻隔，但我们却可以隔海相望，以解除思念之苦，这不正是皇恩浩荡吗？这个洒脱的玩笑当然饱含着苦涩的滋味，此时的苏轼早已将生死置之度外，在这份洒脱的背后，自然有兄弟之间两心相通的慰藉做支撑。

苏轼兄弟俩在藤州会面后，在路旁找到一家小店坐了下来。两人的面色都是那么的疲倦劳顿，但这次宝贵而短暂的相聚让他们暂时忘掉了身心的困顿，甚至忘掉了自己正在贬谪的路途中。不一会儿，店家将汤饼端上桌来。苏辙勉强吃了几口，感到实在难以下咽，禁不住长叹一声放下了筷子。苏轼却满不在乎，一口气将那一大碗汤饼吃了个一干二净，还抬头对弟弟说：“吃这样的饭食，你难道还想慢慢地咀嚼品尝吗？”说罢便大笑着站起身来。

佛祖释迦牟尼曾训诫他的弟子说，饮食只为疗饥病，饭菜即是药物，人们不应该执着于饭菜的味道。苏轼所努力践行的便是这苦行僧式的饮食观念。自从南迁以来，苏轼便处处以修行人自居。处境越艰难，就越是要苦修苦行：“平生学道真实意，岂与穷达俱存亡。”（《吾谪海南，子由雷州，被命即行，了不相知，至梧乃闻其尚在藤也，旦夕当追及，作此诗示之》）只有这样方才能达到修行的目的。而我们从这个故事当中就可以看出，苏轼与苏辙两人生活态度的差异，实际来源于对待苦难的不同观念。

苏轼兄弟此次在赴贬所途中相聚，实属难得的机会，因此一路上走走停停，藤州至雷州不过五六百里，他们却走了二十五天，这似乎不合情理，但是只要细细想来，又非常合乎情理，因为按照朝廷的规定，苏轼一旦到达雷州，就必须尽快渡海奔赴儋州。兄弟二人之所以在路上拖延时间，无非是想尽可能远离在雷州迅速分离的那一刻。在将近一个月的时间里，他二人同床而眠，朝夕相处，形影不离。六月五日，一行人抵达雷州。三天后，苏轼离开雷州，苏辙送哥哥过徐闻至海边。当晚苏轼痔病发作，呻吟不止，苏辙也一夜没睡，陪伴着苏轼，并且为他诵读陶渊明《止酒》诗，劝苏轼戒酒，于是苏轼作《和陶止酒》一诗："萧然两别驾，各携一稚子。子室有孟光，我室惟法喜。"诗的大意是：我们又要远别，带着年幼的儿子；可喜的是你有贤惠的妻子相随，而我自从朝云故去后，只能与佛法相伴了。

在困境之中，苏轼依然将自己的苦难置之度外，转而诙谐轻松地安慰一同遭难的弟弟，这份兄长的胸怀与深情真是让人感叹。十一日清晨，兄弟俩在海边依依惜别。苏轼登上舟船，回头望去，只见瘦高的弟弟向自己招手，内心的滋味真是难以言表！他们俩又怎么知道，这次分别竟然成为永诀！

雷州一别之后，苏轼在海南度过了三年贬谪的生活，奉召北返内移之后，定居颍昌的苏辙曾多次给兄长写信，希望两个人在晚年的时候能同住一起。但是由于政治形势的急剧变化，苏轼最后还是决定住在距离京城较远的常州。没想到，数月之后，苏轼就在常州一病不起，撒手西去，终年六十六岁。苏辙隐退后，七十七岁时病逝于许昌（今属河南）。

回望苏轼、苏辙兄弟两人间的情深意长，令我们感动，令我们为之扼腕叹息，他们的这段难能可贵的手足之情也成为人们千古传颂的一段佳话。他们兄弟二人从小一起长大，一起走出了故乡眉山，一起在广阔世界里各自奋斗，两人都做出了令人瞩目的成绩。他们心中最大的愿望，就是晚年的时候能够重返故乡，兄弟俩相守终老。然而造化弄人，雷州分别之后，他们却终是没有能够再次聚首，这对于两个亦师、亦友、亦兄弟，同时也是最为亲密的知己来说，真是一个悲剧。

那样曲折磨难的人生经历，那样险象环生的政治环境，玉成了苏轼和苏辙兄弟的文学才华和人生境界，映照出他们二人患难与共的兄弟情谊，他们使得中国的文学史出现了深沉感人和光彩夺目的一段；也正是因为有了他们，我们才真切地体会到什么叫患难知己，什么叫休戚与共，什么叫最为真实、真诚的人心！苏轼和苏辙就像两盏明灯，能够永远照亮我们未来的路途，也能够照亮我们每个人的心。我想，这就是苏轼和苏辙手足之情给予我们最为宝贵的财富。

（选文有删减）

⊙学习任务

一、词语积累。摘录喜欢的词语，工整地抄写在表格内。

1. 老师推荐

余	晖		豁	达		仕	途		磨	砺		揣	摩
聚	少	离	多		浮	想	联	翩		孤	芳	自	赏
才	华	横	溢		蒙	在	鼓	里		全	神	贯	注

（初1701班　邱美延 书写）

2. 我的选择

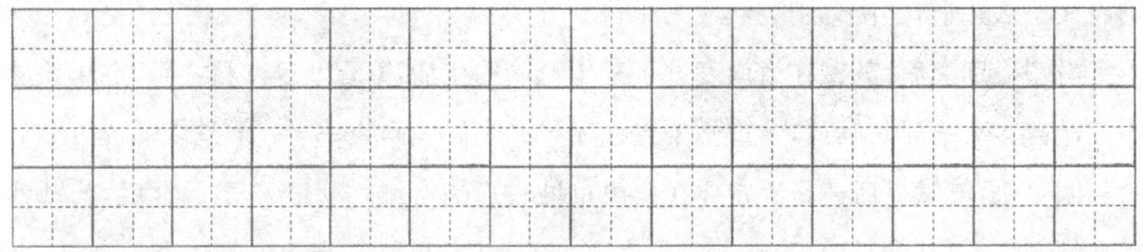

二、批注留念。边读书，边批注。挑选一则最满意的批注，写入下表。

摘　　录	批　　注

三、以读导写。任选一题完成。

1. 茅盾曾这样评价过《呼兰河传》：它是一篇叙事诗，一幅多彩的风土画，一串凄婉的歌谣。请你阅读《呼兰河传》第三章，把这篇选文改写成一首诗歌，题目自拟。

【同学分享】

园子里，阳光正好

初1612班　李佳钰

红色的蜻蜓悄悄地从指尖飞跑，
浓郁的瓜香缓缓地在心间缭绕。
祖父的锄头依然不知疲劳，
却任由我在他身后疯闹。
园子里，阳光正好。

缤纷的蝴蝶欢快地在丛中嬉戏，
浑圆的蜂子静静地在花间休憩。
祖父在我耳边轻诉着自然的奥秘，
他的笑声在园子里久不停息。
园子里，阳光正好。

大榆树的叶子骄傲地在阳光下闪烁，
倭瓜的瓜藤肆意地在阳光下生长。
我将瓢里的水猛然泼向天空，
看那晶莹的水珠如下雨般
滴落在我身旁。
园子里，阳光正好。

鸟儿在高空中展翅飞翔，
蝙蝠在黑暗中龟缩躲藏。
我没管那压在祖父头上的白云，
用草帽遮住脸
便在那阴凉处睡着。
园子里，阳光正好。

温暖的金色丝线静静地穿过天空，
将万物围绕，
光芒所照的一切，
明亮，自由，
没有忧伤和烦恼。
我蹦跳着长大，
但只想在这里停留。
园子里，阳光正好。

【点评指导】

特别喜欢小作者给改编的诗所取的题目——《园子里，阳光正好》，从口中吟出，仿佛身边一下子铺满了阳光，每一处都是明亮亮、暖洋洋。小作者所选择的景物和事情都是那般自由自在，是原文中最为典型的。把文中“我”的不受约束，天性展露的状态很好地抒写了出来。“天空蓝悠悠的，又高又远。”天空下的“我”和我们，心也悠悠，又高又远。

2．模仿《外婆的澎湖湾》用补全题目——“____的____”，创作一首亲情歌词。

【同学分享】

父亲的星空岸

初1612班　孔令怡

落日惜别蓝天幕
暮色洒绿茵
没有耀眼的霓虹
只留一片星空岸
躺在柔软的草坪上
徜徉着时光
初夏微风和蝉鸣
还有大小两身影
那时父亲抱着我
讲起那旧故事
他的笑容似和煦春风吹进我心底

思绪已飞向满天星辰
幻想着未来
直到父亲轻声呼唤
才想起天色已晚
星空岸星空岸
父亲的星空岸
藏着我无忧的童年
星辰，微风，蝉鸣，绿草场
还有一心暖月光

【点评指导】

读罢这首歌词，我仿佛能看到孔令怡同学追溯岁月的目光，那目光中有眷恋，有深情，有感激，有怀念。那个疼她爱她的人，那个曾经搀扶过她的生命，曾经给过她指引的人的身影，宛在时光河流的水中央。那片灿烂的星空，那绿色的草坪，那些古老的故事，投映在河底，柔柔地招摇，幻化成童年的梦，纯净蔚蓝。

四、以评促思。任选一题完成。

1.《人琴俱亡》写了子猷听说子敬去世“了不悲”“都不哭”。在《世说新语》中还有一个儿子去世了，父亲却不哭的故事。

郗超丧，左右白郗公：“郎丧。”既闻不悲，因语左右：“殡时可道。”公往临殡，一恸几绝。

他们为什么表现得与常人如此不同？手足情在子猷心里到底是不是非常重要？请你查阅相关资料，写一则短评。

【同学分享】

兄弟之情、父子之情，在生活中，在我们眼中已经成了常事，而这种情是血浓于水的，不可分割的。那么《世说新语》中“了不悲”“都不哭”是真的不悲伤，不想哭吗？还有儿子去世，父亲的沉默寡言是真的冷淡无情吗？由此看出郗愔与子猷是非常之人吗？

不是，悲痛这种情感不见得就会当场爆发。他们不是不悲伤，而是太悲伤了，甚至可以说是一种无言的绝望。这种寡言只是给自己的心与脑一个反应的时间，回过神来的“一恸几绝”“恸绝良久，月余亦卒”才是埋藏在心中悲痛的爆发。虽“不悲”，虽无言，但这反应的过程是多么悲，多么痛啊！设身处地地思考，人在毫无防备时得知至亲的噩耗，你刹那间会想到些什么呢？是他的神态，他的样貌，他的表情？还是你们曾经共同经历过的某些事情？其实比起说“都有”，“一片空白”会更加真实。而当缓过神来之后，那把琴、那殓礼，就像一把无情的利刃将那惨白的布狠狠地割开，同时也割开了痛者的心，这时悲痛才会如开了闸的洪水，山呼海啸地爆发出来。而这样的爆发恰是手足情、父子情极其重要的体现。

再者，子猷和郗公作为《世说新语》中的人物形象，是有着魏晋士人的风度的。在他们眼中，没有必要和“常人”即世俗中人一样，也就更没有可能和大多数人听闻噩耗即号啕大哭、涕泗滂沱的表现一样。魏晋风度深受庄子影响而成，庄子之妻亡故时他鼓盆而歌，歌曰：“生死本有命，气形变化中。天地如巨室，歌哭作大通。”庄子是假旷达、真悲哀。所谓性情中人即如此。上文的手足情、父子情，都是人间至亲之情，子猷和郗公的言行，不但不能说明他们内心冷漠，而且反过来恰恰证明了他们内心中这些感情的炽热！

综上所述，郗愔与子猷是相对于儒家“死事哀戚”的礼法而言是“非常之人”，但却是拥有着魏晋风度的性情中人！

（初 1610 班　丁美清）

【点评指导】

读过《世说新语》中这两篇文章的人应该都会认可文中的手足之情或父子之情，不会认为他们异于常人，寡淡无情。但要把原因分析清楚却不是那么简单的事情。丁美清同学首先分析了他们是因为悲伤过度而使悲恸之情久久不能倾泻；接下来又分析了他们身上的魏晋人士的风度——即使悲痛至极，也不会与世俗之人表现一样。这样对于他们的表现就能够理解了。

2. 很多人去过鲁迅笔下的百草园，觉得平淡无奇，根本没有鲁迅描写的那样让人心动；同样，如果现在给你机会去萧红笔下的后花园，也许你也会觉得那些事物根本没有她所描写的那样鲜活自由。请你认真思考读者感受和作者感受不同的原因，结合作者的生平经历，写一则短评。

【同学分享】

读者亲临故居或许可以看到砖石堆砌的墙壁和满园草木茂盛，却终难与萧红所写下的一景一物重合。

“予忆童稚时，能张目对日，明察秋毫……”透过孩子眼睛看到的世界本身就充满了自由和趣味：天是自由的，太阳是自由的，云是自由的，年幼的萧红也是自由的：摘一根黄瓜,逗几条虫就足够消磨一个下午。而后人之临故居,终难再有萧红幼时的心境。

相比萧红一生中余下时光的辗转,童年的快乐更显得短暂而珍贵。写一篇纯真的文字,满满的回忆……萧红的幼年对祖父的依赖是多于对父母的。因而那承载了大半与祖父回忆的园,在萧红眼里有着特殊的意义。园不仅是游乐的场所,还有祖父的宽仁宠溺,是一方自由的天地,也是家庭破碎的萧红唯一的慰藉。所以在经历种种沧桑后仍能提笔写下愉悦的文字,任它泼洒倾泻,饱满了回忆。

如果有幸拜访文人笔下的故地,不妨俯身细细感受那些故人留下的痕迹。时过境迁,我们依然能追溯先人的足迹,似乎那些花、树、景、笑语依然残留在这里。

(初 1610 班　尹萌　王雨萱)

【点评指导】

人们常说照相机所记录的影像是最为真实客观的,殊不知一张照片在构图和按下快门捕捉到的那一刹那,就带入了摄影师的心境。我们看到的影像是经由摄影师的眼睛和心灵所见。照片尚且如此,更何况文字呢?作者笔下的一切,莫不是他眼中所见,莫不是他脑中所忆。所以读者未见得能看见、听见和了解。两位同学很好地分析了读者见到的故居景象"终难与萧红所写下的一景一物重合"的原因:读者没有萧红的童稚,更没有萧红童年所有的经历。

更上层楼

阅读理解

是谁爱着你的背影

邓迎雷

这个周末回家，临走时，母亲将我送到门口。

我走了一段，即将拐进小巷时，发现母亲竟然在身后跟了过来。我催她回去："妈，快回吧，大门敞着呢。"她说："没事，我就站在这路口。"

我知道，母亲是要站在路口看我远去的背影。带着一种温暖的滋味，我走进小巷，再回头看母亲，只见她站在原地，正一动不动地看着我的方向。因为隔着一段距离，我看不清她的表情，但我能感觉到她殷殷期望的眼神里满是留恋不舍。

近些年，母亲越来越显老了。孩子们像小鸟一样，离开她温暖的羽翼，有了自己的家，也有了各自的事业，陪伴她的日子少了许多。母亲不止一次地感叹："还是你们小时最好，天天在一起，现在你们姊妹几个天南海北四下分散，团聚一回可真不容易。"

每听见她这样说，我总不以为然，没品味出她话里面的孤单和失落。直到有一天，我猝不及防地发现，在我远去的身后，母亲追随的目光是那样爱意深沉。

那是个夏天，母亲住在弟弟家。有次我去看她，告别时，她又送到门外。直到我从五楼下到四楼，看不见我的身影，我才听见她关门的声音。

我出了楼，绕过一片绿地，走过小区院子。快走到小区门口时，我偶然间向后望去，忽然被身后的一幕惊呆了——只见弟弟家那个小小的窗框里，母亲正趴在窗口，向我望着，就像一只守在巢里的老鸟，眼巴巴地看着小鸟的远去。看见我回头，她向我不停地挥手，依稀又在说着什么。

那一刻，我心里酸酸的，眼泪不由得落了下来。如果不是我偶然回头，我哪里知道，就在我一路走去的时候，身后会有母亲浓得化不开的目光。

也是从那时起，我才发现母亲是多么痴恋和孩子在一起的时光，哪怕只是渐渐远去的背影，她也想多看几眼，不愿错过。

去年秋天，母亲患病住院。我在医院陪她，午后下起了雨，天色阴暗，母亲催我回去。她说："我好好的，没有什么事，你妹妹也快来了，你快回去吧，别等雨下大了。"

我收拾东西回去，母亲送我上电梯。

很快，电梯从八楼下到一楼。我穿过病房楼大厅，走到院子里，看雨下得不大，我没有打伞。就在这时，电话忽然响了。只听母亲在电话里说："你怎么不打伞呢，快把伞打起来，别冻感冒了。"

原来，母亲又在隔窗望着我的背影。

病房楼的电梯间没有窗户，想望向我出门的这个方向，需要出了电梯间，穿过病房长长的走廊。我能想象到，当电梯门关上的那一刹那，母亲是怎样拖着行动迟缓的腿，努力加快脚步，快速占领那个窗口。然后，老眼昏花的她透过蒙蒙细雨，努力向外望着，只为了看女儿在院子里经过的那一分钟。

雨天里没有打伞，淋湿的是母亲的心。我连忙撑起了伞，在连绵不断的冷雨里一步步走得很稳。我知道身后有双爱我的眼睛，而母亲不知道的是，伞下的我，眼泪早已不知不觉地流了下来。

（选自《特别关注》，有改动）

1．本文叙述了母亲注视着"我"背影的三个事件，请你按照时间顺序，用概括的语言补充下面的表格。（4 分）

① 那个夏天，母亲趴在弟弟家的窗口里望着我离开小区
②
③

2．请你结合全文，分析母亲的形象。

3．文章两处画横线的句子都写到"我"掉泪，请你结合文中内容分析泪水中蕴含着"我"怎样的复杂情感。（4 分）

【参考答案】

1. ②去年秋天(1分),母亲在医院病房的窗口望着我在雨中离开(1分)。③这个周末(1分),母亲跟我来到路口,站着看我远去(1分)。

2. 概括人物形象得2分,具体分析内容得2分。示例一:这是一位关注儿女、爱意深沉的母亲(2分),她依恋与儿女在一起的时光,连儿女离去的背影也不想错过,还要多看一眼(2分)。示例二:这是一位通情达理含蓄深沉的母亲(2分),她虽然因儿女成家立业,缺少陪伴而孤单失落,但并不提出特别要求,只是在儿女离别时默默关注他们的背影,努力延长和孩子在一起的时光(2分)。

3. 能答出"我"对母亲的两种情感各1分,分别进行分析各1分。

示例:这些泪水中蕴含着"我"复杂多样的思想感情,既有知晓母亲的殷切凝视之后,为母亲的孤独失落而心酸难过的心情(2分),也有感受到爱的目光在身后追随,为母爱的细致深沉而感怀激动的心情。(2分)

(2017年广西柳州中考题)

日不落家[①](节选)

余光中[②]

母亲的恩情早在孩子会呼吸以前就开始,所以中国人计算年龄,是从成孕数起。那原始的十个月,虽然眼睛都还未睁开,已经样样向母亲索取,负欠太多。等到降世那天,同命必须分体,更要断然破胎,截然开骨,在剧烈加速的阵痛之中,挣扎着,夺门而出。生日蛋糕之甜,烛火之亮,是用母难之血来偿付的。但生产之大劫不过是母爱的开始,日后母亲的辛勤照顾,从抱到背,从扶到推,从拉拔到提掖,字典上凡是手字部的操劳,哪一样没有做过?《蓼莪》篇说:"哀哀父母,生我劬劳。"其实肌肤之亲、操劳之动,母亲远多于父亲。所以《蓼莪》又说:"母兮鞠我。拊我畜我,长我育我。顾我复我,出入腹我。欲报之德,昊天罔极!"其中所言,多为母恩。"出入腹我"一句形容母不离子,最为传神,动物之中恐怕只有袋鼠家庭胜过人伦了。

从前是四个女儿常在身边,顾之复之,出入腹之。我肌肤白皙,四女多得遗传,所以她们小时我戏呼之为"一窝小白鼠"。在丹佛时,长途旅行,一窝小白鼠全在我家车

① "日不落"原指照耀在部分领土上的太阳落下而另一部分领土上的太阳仍然高挂的帝国,18世纪英国曾以此自居。

② 余光中,现代诗人、散文家,代表作有《乡愁》《乡愁四韵》《春天,遂想起……》等。于2017年12月14日病逝,享年89岁。

上，坐满后排。那情景，又像是所有的鸡蛋都放在同一只篮里。我手握驾驶盘，不免倍加小心，但是全家同游，美景共享，却也心满意足。在香港的十年，晚餐桌上热汤蒸腾，灯氛温馨，四只小白鼠加一只大白鼠加我这只大老鼠围成一桌，一时六口张，美肴争入，妙语争出，叽叽喳喳喧成一片，鼠伦之乐莫过于此。

而现在，一窝小白鼠全散在四方，这样的盛宴久已不再。剩下二老，只能在清冷的晚餐后，向国外的气象报告去揣摩四地的冷暖。中国人把见面打招接呼叫作寒暄。我们每晚在电视上真的向四个女儿"寒暄"，非但不是客套，而且寓有真情，因为中国人不惯和家人紧抱热吻，恩情流露，每在淡淡地问暖嘘寒，叮嘱添衣。

往往在气象报告之后，做母亲的一通长途电话，越洋跨洲，就直接拨到暴风雪的那一端，去"寒暄"一番，并且报告高雄家里的现况，例如，父亲刚去墨西哥开会，或是下星期要去川大演讲，她也要同行。有时她一夜电话，打遍了西欧北美，耳听四国，把我们这"日不落家"的最新动态收集汇整。

看着做母亲的曳着电线，握着听筒，跟九千里外的女儿短话长说，那全神贯注的姿态，我顿然领悟，这还是母女连心、一线密语的习惯。不过以前是用脐带向体内腹语，而现在，是用电缆向海外传音。

而除了脐带情结之外，更不断写信，并附寄照片或剪稿，有时还寄包裹，把书籍、衣饰、药品、隐形眼镜等等，像后勤支援前线一般，源源不绝向海外供应。类似的补给从未中止，如同最初，母体用胎盘向新生命输送营养和氧气：绵绵的母爱，源源的母爱，唉，永不告竭。

所谓恩情，是爱加上辛苦再乘以时间，所以是有增无减，且因累积而变得深厚。所以《诗经》叹曰："欲报之德，昊天罔极？"

这一切的一切，从珊珊的第一声啼哭以前就开始了。若要彻底，就得追溯到四十五年前，当四个女婴的母亲初遇父亲，神话的封面刚刚揭开，罗曼史正当扉页。到女婴来时，便是美丽的插图了。第一图是父之囊；第二图是母之宫；第三图是育婴床，在内江街的妇产医院；第四图是摇婴篮，把四个女婴依次摇啊摇，没有摇到外婆桥，却摇成了少女，在厦门街深巷的一栋古屋。以后的插图就不用我多讲了。

这一幅插图，看哪，爸爸老了，还对着海峡之夜在灯下写诗。妈妈早入睡了，微闻鼾声。她也许正梦见从前，有一窝小白鼠跟她捉迷藏，躲到后来就走散了，而她太累，一时也追不回来。

（写于 1997 年）

1. 本文作者从一位父亲的视角，写一家人的融融亲情，重点表现的是____对____的牵挂。他把自己的家庭称作“日不落家”，是因为____。(4分)

2. 请根据第四段和第五段的内容，解释第六段中的“脐带情结”的含义。(3分)

3. 请根据全文内容，分析本文结尾写母亲的梦有何作用。(4分)

4. 假设你是一位漂流海外的游子，读到了余光中的这篇文章，这时恰恰收到了母亲从国内寄来的衣物，感慨良深。请你结合阅读此文的感受和收到衣物的情境(下图左为收到的衣物，右为自己试穿的照片)，发一条微信朋友圈的配文。(不超过100字)(5分)

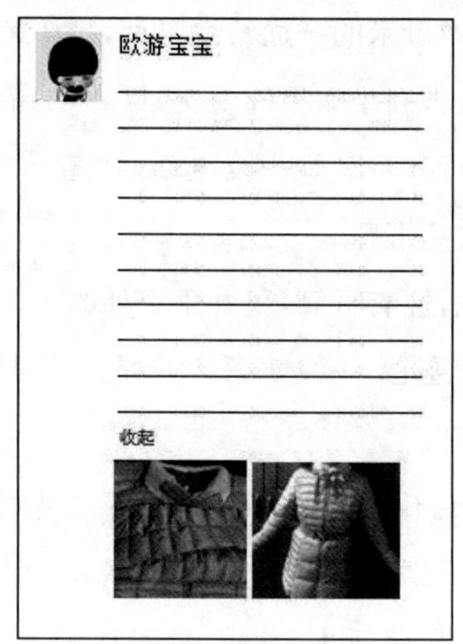

【参考答案】

1. 母亲 女儿(或“远在海外的女儿”) 四个女儿都在国外，一家人散落在不同的国家。(前两空每空1分，第三空2分，共4分)

2. 示例：女儿出生以前，母亲通过脐带向体内腹语与女儿交流；而今女儿长大成人，到了海外，母亲通过电话与女儿交流，电缆就像脐带一样，维系着母亲对女儿的牵挂。(3分，脐带1分，电缆1分，母亲的牵挂1分)

3. 本文结尾处写母亲的梦境，用到小白鼠的比喻，与前文写一家人在一起共享天伦的情境形成呼应，写出了母亲对远在异国的女儿们的牵挂，同时也写出了作者作为父亲对母亲的理解。(4分，与前文的关系1分，母亲的牵挂2分，父亲的理解1分)

4. 略。(5分)

(清华附中初中语文组原创试题)

文章写作

⊙写作指导

如何进行“充满真情实感而富有画面感”的人物描写

所谓人物描写，就是用具体而生动的语言将人物形象刻画出来，从而展现人物性格特征，表达文章主旨情感。

人物描写力求能“绘声绘色”地再现鲜活的人物形象，使读者有与之亲身交流的感觉。这就要求我们能够写出“充满真情实感而富有画面感”的文字。那么如何才能做到呢？

首先要取材真实而典型。真实，是艺术的生命，所有打动人心、能够引起读者共鸣的细节，都应该首先建立在现实生活的基础上。同学们的日常习作，更应该从真实而鲜活的生活中选取材料，而非为了突出人物故意夸大、捏造事件，要相信读者的感受力，只有真实，才能共情；只有共情，才能共鸣。

当然，同学们往往会说，真实的生活不免乏善可陈，这就需要我们拥有一双善于感知生活的眼睛，学会观察，把握人物一举一动的特点，并能从中捕捉到最为典型的细节，了解人物所具有的精神面貌和性格特质，然后再通过具体的方法呈现在文字中。这样，人物形象才能鲜活，表达情感才能有力。

如龙应台在她的《目送》一文中所展现的亲情的深切、成长的疏离、生与死的汇聚与分别，选取送华安上幼儿园、送华安异国求学离开、父亲送我上班、我送父亲离开人世等充满真情而典型的场景，并对人物展开真实而细腻的描写，字字句句，打动人心。

<table>
<tr>
<td>十六岁，他到美国做交换生一年。我送他到机场。告别时，照例拥抱，我的头只能贴到他的胸口，好像抱住了长颈鹿的脚。他很明显地在勉强忍受母亲的深情。
他在长长的行列里，等候护照检验；我就站在外面，用眼睛跟着他的背影一寸一寸往前挪。终于轮到他，在海关窗口停留片刻，然后拿回护照，闪入一扇门，倏忽不见。
——龙应台《目送》</td>
<td>“他很明显地在勉强忍受母亲的深情。”
“闪入一扇门，倏忽不见。”
“用眼睛跟着他的背影一寸一寸往前挪。”</td>
</tr>
</table>

儿子已经长大，不再是那个当初走进幼儿园，畏首畏尾，小手蜷在母亲掌心，对母亲充满依恋的幼童了；他像“长颈鹿”般高大魁梧，妈妈不再是他的避风港，他不再能习

惯母亲的亲昵，渴望进入更独立、丰富的世界。面对机场匆匆的告别，儿子的“忍受”“倏忽不见”，龙应台的心情该有多么复杂。正如文中深深打动读者的那句话所言：“我慢慢地、慢慢地了解到，所谓父女母子一场，只不过意味着，你和他的缘分就是今生今世不断地在目送他的背影渐行渐远。你站立在小路的这一端，看着他逐渐消失在小路转弯的地方，而且，他用背影默默告诉你：不必追。”

相信同学们大多都有过要暂别父母，独自出门远行的经历，或是旅行游学，或是探亲访友，读到这里，是否也会勾起你的回忆？那时那地，你与父母又有着一段怎样的送别呢？你是否曾留意过那时父母的举动与心情？不妨回想，不妨写下，因为真实，总是打动人心的。

当然，除了选取真切而典型的场景写出“真情实感”外，人物想要给读者留下深刻的印象，还需加入具有“画面感”的描写，这就需要通过具体的方法。

人物描写可以分为肖像描写、语言描写、动作描写与心理描写，通过不同侧面的刻画，使人物形象丰满，对于表现人物性格及其复杂的情感，从而推动故事情节的发展、展现作品的主题，都有着重要的意义。

那么如何才能较好地进行描写呢？

一、肖像描写选典型

认识一个人物形象，最为直观的便是外在特征。因而在写作时，我们首先可以通过其外在的肖像特点，如容貌、神态、形体、衣着、姿势、风度等方面来描写。需要注意的是，对人物肖像的描写不需要“面面俱到”，只选择最为典型的、能够反映其性格特征与精神风貌的一个或几个部分，用生动具体的语言描述出来，使其具有独特性。

老舍先生的《我的母亲》一文，是一篇朴质无华、情真意切的回忆散文，文中的母亲勤劳、热情、对子女疼爱有加，母亲用自己的言传身教给予儿女“生命的教育”。文中无处不传达着作者对母亲的感激与怀念。

母亲要给人家洗衣服，缝补或裁缝衣裳。在我的记忆中，她的手终年是鲜红微肿的。白天，她洗衣服，洗一两大绿瓦盆。她做事永远丝毫也不敷衍，就是屠户们送来的黑如铁的布袜，她也给洗得雪白。晚间，她与三姐抱着一盏油灯，还要缝补衣服，一直到半夜。她终年没有休息，可是在忙碌中她还把院子屋中收拾得清清爽爽。桌椅都是旧的，柜门的铜活久已残缺不全，可是她的手老使破桌面上没有尘土，残破的铜活发着光。 ——老舍《我的母亲》	“她的手终年是鲜红微肿的。” “她的手老使破桌面上没有尘土，残破的铜活发着光。”

老舍的父亲离开后，母亲独自一人支撑起了庞大的家庭，依靠自己的双手赚得全家人的生计。文章中，作者并没有对朝夕相处的母亲的肖像铺开描摹，而抓住了“母亲的手”，这一双“终年鲜红微肿”，却里里外外操持一切的手来重点描写，将这一外在典型特征突出强化。而这双勤快的手，正是母亲一生辛劳、做事勤恳、一丝不苟的直接体现。

二、动作描写要传神

动作描写就是对人物的行为、举止展开的刻画。能够准确地捕捉到人物一举手、一投足，并将它们用恰当而传神的动词表达出来，对于展现人物性格，塑造人物形象，有着重要的作用，是让作品中人物自己“活起来”的一个重要途径。

我看见他戴着黑布小帽，穿着黑布大马褂，深青布棉袍，蹒跚地走到铁道边，慢慢探身下去，尚不大难。可是他穿过铁道，要爬上那边月台，就不容易了。他用两手攀着上面，两脚再向上缩；他肥胖的身子向左微倾，显出努力的样子，这时我看见他的背影，我的泪很快地流下来了。我赶紧拭干了泪。怕他看见，也怕别人看见。 ——朱自清《背影》	“蹒跚地走” “慢慢探身” “穿过” “爬上” “攀着” “向上缩” “向左微倾”

在朱自清先生的名篇《背影》中，作者着力刻画了父亲翻月台、过铁道，为“我”买橘子的场景。这个场景深深地打动了当时的朱自清，又何尝不让我们难以忘怀呢？

颓败的家境、不佳的父子关系，而在送别的一刹那，通过“蹒跚地走”“慢慢探身”“穿过”“爬上”“攀着”“向上缩”“向左微倾”等一系列传神的动作描写，展现父亲买橘子的过程。也许只有短短几分钟，但父亲的上下、攀爬，费力而艰难的过程，却已全然、深深印刻于读者的心中，爱已无须赘述。

三、语言描写有个性

语言描写包括人物的独白和对话。独白是反映人物心理活动的重要手段，对话则通过人物之间的交流来展现。言为心声，人物的语言最能展现其细微的内心世界。不同个性的人物形象，应该具有与之相匹配的语言表达及内心独白，为文章增加真实感，刻画的人物形象才能真正深入人心。

《秋天的怀念》一文是史铁生对已故母亲的回忆，表达了作者对母亲深切的怀念、无尽的爱，以及“子欲养而亲不待”的悔恨。

> ①“不，我不去！”我狠命地捶打这两条可恨的腿，喊着，“我可活什么劲儿！”母亲扑过来抓住我的手，忍住哭声说：“咱娘儿俩在一块儿，好好儿活，好好儿活……”
>
> ② 她也笑了，坐在我身边，絮絮叨叨地说着：“看完菊花，咱们就去‘仿膳’，你小时候最爱吃那儿的豌豆黄儿。还记得那回我带你去北海吗？你偏说那杨树花是毛毛虫，跑着，一脚踩扁一个……”她忽然不说了。对于“跑”和“踩”一类的字眼，她比我还敏感。她又悄悄地出去了。
>
> ——史铁生《秋天的怀念》

这两处对于母亲的语言描写平实、真切，却又格外感人，令人唏嘘不已。前一处是母亲隐瞒自己的病情，只想让儿子能勇敢活下去，一个“一块儿”，两次“好好儿活”，饱含了深深的渴求和隐藏的悲伤无奈。后一处母亲几乎是自顾自地絮叨着一件又一件事情，接续不停的话语，体现了母亲对于“我”决定出门看花的巨大欢喜，而这话语戛然而止，又体现了母亲对“我”呵护的细腻、敏感。

⊙写作实践

题目1

泰戈尔曾说“天空中没有翅膀的痕迹，但是鸟已飞过”。什么是痕迹呢？痕迹就是指事物留下的印迹，它无所不有，无处不在，成长过程中我们每个人都会有自己的心灵痕迹。请你根据自己的生活经历和切身体验，以“痕迹”为题目写一篇亲情文章。

【同学分享】

痕　迹

初1614班　崔宇轩

我相信，每一种生物都有能力，将自身对亲人的爱，化为一串串的印记留在天地间。

——题记

鲸，海洋中最强大的生物，一定懂得这个道理。

湛蓝的太平洋，倒映远方的曙光。而就在这大洋之中，有一对蓝鲸母子在尽情玩耍，尽情游荡。小蓝鲸对母亲的依恋和爱，使它寸步不离，环绕在母亲身旁。像两颗星球，互相永久不会分开。碧蓝的身躯，倒映出天的远方。似在耳语，就算有多么凶狠的涟漪拍打，母亲永远是你的避难所。两条鲸鱼一同浮上海面，将亲情化作一串涟漪，留在海上。

鹰，天空中最强大的生物，一定也懂得这个道理。

一个悬崖上，一个温馨的鸟巢，凝注对雄鹰后代的全部关照。巢中几只嗷嗷待哺的幼鸟等待着鹰的归来。那只鹰正在忙于捕鼠。尽管它已经一整天没有吃过任何东西，但它不能休息。终于，一只蠢头蠢脑的田鼠现了身。于是鹰立即静观，瞄准，俯冲，撕咬，一气呵成。带着战利品喂给幼鸟。幼鸟吃完后满意地睡去了，夕阳西下，将亲情化作一个影子，留在悬崖上。

公牛，陆地上最强大的动物，一定也懂得这个道理。

非洲草原上，牛群正在迁徙中，孰料遭到狮子的攻击，换作其他动物多半会四散奔逃，被一网打尽，可牛群为了小牛，决定殊死一搏，公牛有锐利的角站在最外围，而小牛则在最里面。公牛一齐冲锋，狮子被冲乱，大败而归。牛获得了胜利，将亲情化作一串铁蹄，留在草原上。

人，万物灵长，也懂得这个道理吧。

人类的亲情，是无私的。古朴的小巷中，一个母亲在教孩子走路。繁华的集市中，一个奶奶在与孩子散步。教堂中，一个父亲在为孩子洗礼。

人类的亲情，是伟大的。地震来临，一个母亲为孩子挡下了落石。海啸到来，一个父亲拼全力将孩子向前扔到高处。小镇将被火山灰淹没，一个长辈把孩子紧紧抱住，想给他最后一点空气。

世界上，到处都有，人类亲情的痕迹。

亲情，总会留下痕迹。

【点评指导】

亲情是一个常见的话题，又抽象，一般很难展现得有声有色。小作者写鲸，写鹰，写公牛，再写到人，是的，“亲情，总会留下痕迹”——见物起兴，物同此理。本文很成功地将动物与人类的舐犊情深诠释出来，并用“最强大”的修饰语来反衬亲情“最温柔”的一面，构思独特。优美的文笔，细腻的情思，均是令本文名列上乘之作的撒手锏。

题目 2

读懂____________

要求：补全题目，写一篇亲情文章。

【同学分享】

读懂母爱

初1611班　曹思卓

有些事情经历多了便会慢慢理解，渐渐明白。母爱一直陪伴在我身边，母亲对我的爱很多，我也在通过一次又一次母亲爱我的举动读懂母爱。

母爱细致入微

每天早晨你是如何起床的？相信不少同学都使用闹钟，那滋味我体会过——寂静的卧室突然传来刺耳急促的“丁零”声，给人心脏骤停感。我向来不用闹钟，每天清晨，我会在迷糊中听见母亲的脚步声由远及近，紧接着是“嘭”的一声，门被推开了，我知道她定是来叫我起床了，但我不着急，我知道母亲仍有一系列的叫早工序。“13—1111—7”，母亲开始用口哨声学鸟叫，而后“咔”的一声，衣帽间的壁灯亮了，一小片柔和的黄光照进卧室，待我的眼睛适应些了，又听见“咔”的一声，卧室的大灯亮了，由于之前的适应，我并不感到刺眼或是困倦，母亲的鸟叫声也比闹钟柔和动听。窗外仍是漫漫黑夜，而屋内的我已经满怀期待地迎接朝阳。

母爱甘于奉献

我一直在为班级编写日记体“史书”——《十一演义》，迄今为止，已有六万余字，第一本是由我口述，母亲手写记录并打字的。晚上，我时而手舞足蹈，表演各类趣事；时而变换嗓音，模仿老师同学的“语录”；时而抒发已见，诌出有趣的文句。母亲便一手执笔，一手扶本，飞快地书写着，每当我说完一句话，她都会“嗯”一声，以示她已经实时记录完整。她是我最忠实的小抄写员，从不以她的视角修改我的创意。夜已深，我正酣畅讲演之际，许久没有听到“嗯”声，回头一看，母亲正靠在椅子上，两眼紧闭，而执笔的手仍在画着什么，凑前一看，才发现她“梦中所写”看起来如同道士画的符文。她猛然惊醒，我劝道：“妈，要不先写到这儿吧！”她却十分歉疚：“今晚再写点儿吧，不然以后你就忘了。”她重打精神，执笔写下我口中的春秋。

母亲用她独特的爱，在我生命的长卷上不断地书写着，她爱我爱得不厌倦，我读她读得不厌倦。

摽有梅，其实七兮，求我少年，报尔亲兮！

【点评指导】

“读懂”，题目顾名思义，需要小作者把真正心领神会的“懂”写出来。文章取材生活化，但非常清晰地阐释了“懂”——母爱的“细致入微”和“甘于奉献”。细致入微，细在起床的情节，微在母亲的口哨声和逐次打开房间的灯光；甘于奉献，为了帮助女儿写班级日志，以枯燥乏味的打字为“甘”，以全身心的爱为孩子去奉献。纵观全文，从小标题的拟定到取材的真诚、细节的描述，都很好地诠释出小作者真正地把母爱“读懂”了。

综合实践

1. 亲情朗读者。

要求：选择本专题中一个或一组画面，艺术编排，配乐朗诵，也可以录成视频。时长不超过 10 分钟。上交电子版。

【同学分享】

《背影》

（初 1611 班　孙英杰）

【点评指导】

对于朱自清的散文《背影》，孙英杰同学并没有直接朗诵全文或其中某一段，而是对文章全篇做了非常用心地“剪辑”，巧妙运用朱自清原文语言表述，直接组合成一篇“原汁原味”的缩写。配上筷子兄弟的歌曲《父亲》，在短短两分钟的朗诵中，听者能在很大程度上感受到经典的魅力。建议朗诵者声音再低沉一点，语速再缓慢一点，配乐音量再低一点，根据文字情感或配乐节奏在某些词句部分作适当延长或停留甚至重复，以提升朗诵效果；另外，朗诵配乐最好是纯音乐或歌曲伴奏，避免歌词演唱干扰文字朗诵清晰度。

2. 我之于父母。

以“我之于我的父母”为主题照一张或画一张家庭合影，并给合影取个名字。附 100 字以内的解说。

【同学分享】

解说：

在逐渐成长的过程中，我对父母也已经可以承担起一些简单的责任了。我认为我之于我的父母，应该是一个孝敬、踏实、善良的形象，努力学习之余，多帮助父母分担家庭事务。现在外出旅游的时候，我开始提最重的东西，把父母的包背在自己身上，通过自己的行动让家人轻松，这样的一家人真的很幸福快乐。

【点评指导】

这是一份质朴自然的作业。从生活小事入手，思考儿女之于父母应该怎么做。本专题的主要内容是亲情，不只是要理解父母对儿女眷眷的爱，还要学会向父母献出拳拳的心。在相依相伴的亲情之旅上，儿女慢慢地要学会担当，学会体贴，学会在具体的行动中表达自己对父母的爱。

青史丹心

卷首小语

周恩来在少年时就说出了“为中华之崛起而读书”，掷地有声。少年立志为家国，才有了后来的周总理。

诗人领袖毛泽东，用他的功业与激情，营造了一个充满魅力的诗词世界。在这个世界里，融合了血泪与欢呼、阴霾与阳光，更满溢着始终昂扬的革命豪情——他，是一位伟大的爱国者。

两万五千里长征，年轻的红军战士用穿着草鞋的脚丈量河山，翻越雪山，走过草地，为中国革命的黎明奏响了序曲——他们，为祖国甘愿放弃生命；他们，无愧于爱国者的称号。

当祖国遭遇危难，普通的国民也在行动：也许是懵懂的顽童爱上了祖国的语言，也许是普通的教师镇定地讲完最后一课，也许是流亡的诗人在想念故土的春花……特殊的时刻，无论古今中外，每一个人都重新确认了流淌在血脉里的祖国之爱。

祖国哺育我们长大，所以热爱自己的祖国，理当成为每一个人的本能。阅读这一个专题，你会看到众多爱国者高大的身影：他们饱蘸着感情的呼号与低语，回荡在历史的隧道里，经久不息……而在和平的、强大的祖国怀抱中成长起来的你们，可曾想过心中的家国情会以什么形式来表现？希望同学们学习了这个专题，能够更深刻地理解祖国的意义，更能够真诚地表达对祖国的爱。

请结合教材以下课文及综合性学习，学习阅读本专题。

《黄河颂》（七年级下册第二单元）

《最后一课》（七年级下册第二单元）

综合性学习（天下国家）（七年级下册第二单元）

有的放矢

1．揣摩关键语句的含义，分析其表达效果，体会作者的感情。初步学习诗歌的鉴赏方法，能借注释理解诗歌所表达的内容。

2．领会不同时代、不同国籍、不同身份人物的爱国情怀。品析人物形象，并运用知人论世的方法理解作者的情感。

3．品味含蓄蕴藉和直抒胸臆两种不同的抒情方式，能根据表达的需要选择不同的抒情方式，增强文章的感染力。

4．理解诗人领袖毛泽东、长征英雄以及各国各时代爱国者的家国情怀，能结合时代与文化背景比较与分析其异同，反思并践行自己的中国心，志存高远，砥砺品格。

磨砺以须

1．你认为什么是家国情怀？谈到家国情怀，你会想起谁？说说理由。

【同学分享】

我认为，“家国情怀”是一种对于自己归属地的清晰的认识，不论身在何方，做着什么样的工作，一定要牢牢记住自己的祖国。就像歌词里说的那样：“洋装虽然穿在身，我心依然是中国心。”我们不用搞形式主义或者以过激的行为来凸显自己的爱国，只要心中有国家，在个人利益和国家利益发生冲突时，能果断放弃前者以保全后者，就是一个有着家国情怀的人。同时，不拿爱国主义做挡箭牌或利用其来为自己的行为辩护，是对国家的基本尊重。

提到“家国情怀”，我最先想到的人就是邓稼先先生。在那个年代，如果他选择留在异国他乡，他将会获得更好的发展机会、更多的收入和名望，以及更加光明的未来。但是他选择了回国，回到了一个并不能给他带来更多利益但却是他的祖国、他的家乡的地方，为他的国家做出了巨大贡献。我一直认为，这是对家国情怀最好的阐释。

（初1609班　郄雨寒）

【点评指导】

这个问题旨在调查在课程之前同学们对“爱国”的理解。中央电视台也曾做过访问，随机向各种职业、籍贯的人提问：“什么是爱国？”答案虽然各不相同，但从中可以看出，人们普遍认为爱国是身为公民的基本修为。郄雨寒同学认为尊重以及必要时刻的牺牲是爱国的内涵，展示了新时代少年的中国心。

2. 你一定看过爱国题材的电影。请选一部你最喜欢的，将电影的海报缩印后贴在下面，并为这部电影写一句话，作为宣传语。

【同学分享】

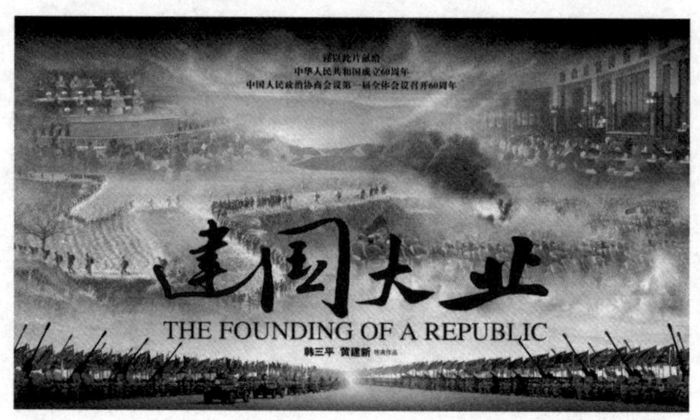

追忆红色岁月，致敬革命先烈。

（初1916班　薛子凡）

【点评指导】

优秀的电影可以带领我们体验不曾经历的生活，从而拓展我们的视野，丰富我们的情感。爱国题材的影视作品浩如烟海，是帮助我们了解爱国者事迹、理解家国情怀的有效材料。而一句话宣传语则可以训练学生提炼作品主题与语言运用的能力。薛子凡同学的一句话宣传语，既扣住了电影的主题，又表达了今人对于艰苦光辉的革命岁月和前赴后继以成就建国伟业的先烈们的崇敬，引人入胜。

含英咀华

长征之歌

老　山　界

陆定一①

我们决定要爬一座30里高的瑶山，地图上叫越城岭，土名叫老山界。

下午才动身，沿着山沟向上走。不知道前面为什么走不动，等了好久才走了几步，又要停下来等。队伍挤得紧紧的，站累了，就在路旁坐下来，等前头喊着“走，走，走”，就站起来再走。满望可以多走一段，可是走不了几步，又要停下来。天色晚了，肚子饿了，许多人烦得叫起来，骂起来。我们偷了个空儿，跑到前面去。地势渐渐更加陡起来。我们已经超过自己的纵队，跑到“红星”纵队的尾巴上。恰好在转弯地方发现路旁有一间房子，我们就进去歇一下。

这是一家瑶民，住着母女二人；男人大概是因为听到过队伍，照着习惯，到什么地方去躲起来了。

“大嫂，借你这里歇歇脚儿。”

“请到里边坐。”她带着些惊惶的神情说。

队伍还是极迟缓地向前行动。我们就跟瑶民攀谈起来。照我们一路上的经验，不论是谁，不论他们开始怎样怕我们，只要我们对他们说清楚了红军是什么，没有不变忧为喜，同我们十分亲热起来的。今天对瑶民，我们也要试一试。

---

① 陆定一(1906—1996)，江苏无锡人。长征时，在红军第一方面军“红章”纵队政治宣传部工作。

我们谈到红军，谈到苛捐杂税，谈到广西军阀禁止瑶民信仰自己的宗教，残杀瑶民，谈到她住在这里的生活情形。那女人哭起来了。

她说她原来也有过地，但是汉人把他们从自己的地上赶跑了。现在住到这荒山上来，种人家的地，每年要缴特别重的租。她说："广西的苛捐杂税对瑶民特别重，广西军阀特别欺侮瑶民。你们红军早些来就好了，我们就不会吃这样的苦了。"

她问我们饿了没有。这一问正问中了我们的心事。她拿出仅有的一点米，放在房中间木头架成的一个灶上煮粥。她对我们道歉，说没有多的米，也没有大锅，要不就多煮些给部队吃。我们给她钱，她不要。好容易来了一个认识的同志，带来一袋米，够吃三天的粮食，虽然明知道前面粮食缺乏，我们还是把这整袋子米送给她。她非常欢喜地接受了。

部队今天非夜里行军不可，她的房子和篱笆都是枯竹编成的，我们生怕有人拆下来当火把点，就写了几条标语，用米汤贴在外面显眼的地方，告知我们的部队不准拆篱笆当火把。我们问了瑶民，知道前面还有竹林，可以砍来做火把，就派人到前面竹林去准备。

粥吃起来十分香甜，因为确是饿了。我们也拿碗盛给瑶民母女吃。打听前面的路程，知道前面有一个地方叫雷公岩，很陡，上山 30 里，下山 15 里，再前面才是塘坊边。我们现在还没到山脚下呢。

自己的队伍来了，我们烧了些水给大家喝。一路前进，天黑了才到山脚，果然有许多竹林。

满天都是星光，火把也亮起来了。从山脚向上望，只见火把排成许多"之"字形，一直连到天上，跟星光接起来，分不出是火把还是星星。这真是我生平没见过的奇观。

大家都知道这座山是怎样的陡了，不由浑身紧张，前后呼喊起来，都想努一把力，好快些翻过山去。

"不要掉队呀!"

"不要落后做乌龟呀!"

"我们顶着天啦!"

大家听了，哈哈地笑起来。

在"之"字拐的路上一步一步地上去。向上看，火把在头顶上一点点排到天空；向下看，简直是绝壁，火把照着人的脸，就在脚底下。

走了半天，忽然前面又走不动了。传来的话说，前面又有一段路在峭壁上，马爬不上去。又等了一点多钟，传下命令来说，就在这里睡觉，明天一早登山。

就在这里睡觉？怎么行呢？下去到竹林里睡是不可能的。但就在路上睡么？路只有一尺来宽，半夜里一个翻身不就骨碌下去了么？而且路上的石头又非常不平，睡一晚准会疼死人。

但这是没有办法的，只得裹一条毯子，横着心躺下去。因为实在太疲倦，一会儿就酣然入梦了。

半夜里，忽然醒来，才觉得寒气逼人，刺入肌骨，浑身打着颤。把毯子卷得更紧些，把身子蜷起来，还是睡不着。天上闪烁的星星好像黑色幕上缀着的宝石，它跟我们这样地接近哪！黑的山峰像巨人一样矗立在面前。四围的山把这山谷包围得像一口井。上边和下边有几堆火没有熄；冻醒了的同志们围着火堆小声地谈着话。除此以外，就是寂静。耳朵里有不可捉摸的声响，极远的又是极近的，极洪大的又是极细切的，像春蚕在咀嚼桑叶，像野马在平原上奔驰，像山泉在呜咽，像波涛在澎湃。不知什么时候又睡着了。

黎明的时候被人推醒，说是准备出发。山下有人送饭上来，不管三七二十一，抢了一碗就吃。

又传下命令来，要队伍今天无论如何爬过这座山。因为山路很难走，一路上需要督促前进。我们几个人又停下来，立刻写标语，分配人到山下山上各段去喊口号，演说，帮助病员和运输员。忙了一会儿，再向前进。

走了不多远，看见昨晚所说的峭壁上的路，也就是所谓雷公岩的，果然陡极了，几乎是 90 度的垂直的石梯，只有一尺多宽；旁边就是悬崖，虽然不很深，但也够怕人的。崖下已经聚集了很多马匹，都是昨晚不能过去，要等今天全纵队过完了再过去的。有几匹曾经从崖上跌下来，脚骨都断了。

很小心地过了这个石梯。上面的路虽然还是陡，但并不陡得那么厉害了。一路走，一路检查标语。我渐渐地掉了队，顺便做些鼓动工作。

这很陡的山爬完了。我以为 30 里的山就是那么一点；恰巧来了一个瑶民，同他谈谈，知道还差得远，还有 20 多里很陡的山。

昨天的晚饭，今天的早饭，都没吃饱。肚子很饿，气力不够，但是必须鼓着勇气前进。一路上，看见以前送上去的标语用完了，就一路写着标语贴。累得走不动的时候，索性在地上躺一会儿。

快要到山顶,我已经落得很远了。许多运输员都走到前头去了,剩下来的是医务人员和掩护部队。医务人员真是辛苦,因为山陡,伤员病员都下了担架走,旁边需要有人搀扶着。医务人员中的女同志英勇得很,她们还是处处在慰问和帮助伤员病员,一点也不知道疲倦。回头向来路望去,那些小山都成了"矮子"。机关枪声很密,大概是在我们昨天出发的地方,五、八军团正跟敌人开火。远远地还听见敌人飞机的叹息,大概是在叹息自己的命运:为什么不到抗日的战线上去显显身手呢?

到了山顶,已经是下午两点多钟。我忽然想起:将来要在这里立个纪念碑,写上某年某月某日,红军北上抗日,路过此处。我长长地吐了一口气,坐在山顶上休息一会儿。回头看队伍,没有翻过山的只有不多的几个人了。我们完成了任务,把一个坚强的意志灌输到整个纵队每个人心中,饥饿、疲劳甚至受伤的痛苦都被这个意志克服了。难翻的老山界被我们这样笨重的队伍战胜了。

下山 15 里,也是很倾斜的。我们一口气儿跑下去,跑得真快。路上有几处景致很好,浓密的树林里,银子似的泉水流下山去,清得透底。在每条溪流的旁边,有很多战士用脸盆、饭盒子、茶缸煮粥吃。我们虽然也很饿,但仍旧一气儿跑下山去,一直到宿营地。

这回翻山使部队开始养成一种新的习惯,那就是用脸盆、饭盒子、茶缸煮饭吃,煮东西吃。这种习惯一直保持了很久。

老山界是我们长征中所过的第一座难走的山。但是我们走过了金沙江、大渡河、雪山、草地以后,才觉得老山界的困难,比起这些地方来,还是小得很。

大渡河英雄①

埃德加·斯诺②

强渡大渡河是长征中关系最重大的一个事件。如果当初红军渡河失败,就很可能遭到歼灭了。这种命运,历史上是有先例的。在遥远的大渡河两岸,三国的英豪和后来的许多战士都曾遭到失败,也就是在这个峡谷之中,太平天国的残部,翼王石达开领导的十万大军,在十九世纪遭到名将曾国藩统率的清朝军队的包围,全军覆没。蒋介石总司令现在向他在四川的盟友地方军阀刘湘和刘文辉,向进行追击的政府军将领发

① 节选自埃德加·斯诺《红星照耀中国》,又名《西行漫记》,董乐山译。

② 埃德加·斯诺(1905—1972),美国著名记者,1936 年 6 月访问陕甘宁边区,写了大量通讯报道,成为第一个采访苏区的西方记者。

出电报，要他们重演一次太平天国的历史。红军在这里必然覆灭无疑。

但是红军也是知道石达开的，知道他失败的主要原因是贻误军机。石达开到达大渡河岸以后，因为生了儿子——小王爷——休息了三天，这给了他的敌人一个机会，可以集中兵力来对付他，同时在他的后方进行迅速包抄，断绝他的退路。等到石达开发觉自己的错误已经晚了，他要想突破敌人的包围，但无法在狭隘的峡谷地带用兵，终于被彻底消灭。

红军决心不要重蹈他的覆辙。他们从金沙江（长江在这一段的名字）迅速北移到四川境内，很快就进入骁勇善战的土著居民、独立的彝族区的"白"彝和"黑"彝的境内。桀骜不驯的彝族从来没有被住在周围的汉人征服过、同化过，他们好几百年以来就一直占据着四川境内这片林深树密的荒山野岭，以长江在西藏东面南流的大弧线为界。蒋介石完全可以满怀信心地指望红军在这里长期滞留，遭到削弱，这样他就可以在大渡河北面集中兵力。彝族仇恨汉人历史已久，汉人军队经过他们境内很少有不遭到惨重损失或全部歼灭的。

但是红军有办法。他们已经安全地通过了贵州和云南的土著民族苗族和掸族的地区，赢得了他们的友谊，甚至还吸收了一些部族的人参军。现在他们派使者前去同彝族谈判。他们在一路上攻占了独立的彝族区边界上的一些市镇，发现有一些彝族首领被省里的军阀当作人质监禁着。这些首领获释回去后，自然大力称颂红军。

率领红军先锋部队的是指挥员刘伯承，他曾在四川一个军阀的军队里当过军官。刘伯承熟悉这个部落民族，熟悉他们的内争和不满。他特别熟悉他们仇恨汉人，而且他能够说几句彝族话。他奉命前去谈判友好联盟，进入了彝族的境内，同彝族的首领进行谈判。他说，彝族人反对军阀刘湘、刘文辉和国民党；红军也反对他们。彝族人要保持独立；红军的政策主张中国各少数民族都自治。彝族人仇恨汉人是因为他们受到汉人的压迫，但是汉人有"白"汉和"红"汉，正如彝族人有"白"彝和"黑"彝，老是杀彝族人，压迫彝族人的是白汉。红汉和黑彝应该团结起来反对他们的共同敌人白汉。彝族人很有兴趣地听着。他们狡黠地要武器和弹药好保卫独立，帮助红汉打白汉。结果红军都给了他们，使他们感到很意外。

于是红军不仅迅速地而且安然无事地高高兴兴过了境。好几百个彝族人参加了"红"汉，一起到大渡河去打共同的敌人。这些彝族人中有一些还一直走到了西北。刘伯承在彝族的总首领面前同他一起饮了新杀的一只鸡的血，他们两人按照部落传统方式，歃血为盟，结为兄弟。红军用这种立誓方式宣布凡是违反盟约的人都像那只鸡一样懦弱胆怯。

这样，一军团的一个先锋师在林彪率领下到达了大渡河。在行军的最后一天，他们出了彝族区的森林（在枝茂叶繁的森林中，南京方面的飞行员完全失去了他们的踪迹），出其不意地猛扑河边的安顺场小镇，就像他们奇袭皎平渡一样突然。先锋部队由彝族战士带路，通过狭隘的山间羊肠小道，悄悄地到了镇上，从高处往河岸望去，又惊又喜地发现三艘渡船中有一艘系在大渡河的南岸！命运再一次同他们交了朋友。

这怎么会发生的呢？在对岸，只有四川两个独裁者之一刘文辉将军的一团兵力。其他的四川军队和南京的增援部队一样还在不慌不忙前来大渡河的途上，当时一团兵力已经足够了。的确，由于全部渡船都停泊在北岸，一班兵力也就够了。该团团长是个本地人；他了解红军要经过什么地方，要到达河边需要多长时间。那得等好多天；他很可能这么告诉他的部下。他的老婆又是安顺场本地人，因此他得到南岸来访亲问友，同他们吃吃喝喝。因此红军奇袭安顺场时，俘获了那个团长，他的渡船，确保了北渡的通道。

先锋部队的五个连每连出了十六个战士自告奋勇搭那艘渡船过河把另外两艘带回来，一边红军就在南岸的山边建立机枪阵地，在河上布置掩护火力网，目标集中在敌人外露阵地。时当五月，山洪暴发，水流湍急，河面甚至比长江还宽。渡船从上游启碇，需要两个小时才能到镇对岸靠岸。南岸安顺场镇上的人们屏息凝神地看着，担心他们要被消灭掉。但是别忙。他们看到渡河的人几乎就在敌人的枪口下靠了岸。现在，没有问题，他们准是要完蛋了。可是……南岸红军的机枪继续开火。看热闹的人看着那一小批人爬上了岸，急忙找个隐蔽的地方，然后慢慢地爬上一个俯瞰敌人阵地的陡峭的悬崖。他们在那里架起了自己的轻机枪，掷了一批手榴弹到河边的敌人碉堡里。

突然白军停了火，从碉堡里窜出来，退到了第二道、第三道防线。南岸的人嗡嗡地说开了，叫“好”声传过了河，到那一小批占领了渡头的人那里。这时，第一艘渡船回来了，还带了另外两艘，第二次过河每条船就载过去八十个人。敌人已经全部逃窜。当天的白天和晚上，第二天，第三天，安顺场的三艘渡船不停地来回，最后约有一师人员运到了北岸。

但是河流越来越湍急。渡河越来越困难了。第三天渡一船人过河需要四个小时。照这样的速度，全部人马辎重过河需要好几个星期才行。还没有完成过河，他们就会受到包围。这时一军团已挤满了安顺场，后面还有侧翼纵队，辎重部队，后卫部队陆续开到。蒋介石的飞机已经发现了这个地方，大肆轰炸。敌军从东南方向急驰而来，还有其他部队从北方赶来。林彪召开了紧急军事会议。这时朱德、毛泽东、周恩来和彭德怀都已到达河边。他们做出了一个决定，立即执行。

安顺场以西四百里，峡谷高耸，河流又窄、又深、又急的地方，有条有名的铁索悬桥叫作泸定桥。这是大渡河上西藏以东的最后一个可以过河的地方。现在赤脚的红军战士就沿着峡谷间迂回曲折的小道，赤足向泸定桥出发，一路上有时要爬几千英尺高，有时又降到泛滥的河面，在齐胸的泥沼中前进。如果他们能够占领泸定桥，全军就可以进入川中，否则就得循原路折回，经过彝族区回到云南，向西杀出一条路来到西藏边境的丽江，迂回一千多里，很少人有生还希望。

南岸主力西移时，已经过河到了北岸的一师红军也开动了。峡谷两岸有时极窄，两队红军隔河相叫可以听到。有时又极辽阔，使他们担心会从此永远见不了面，于是他们就加快步伐。他们在夜间摆开一字长蛇阵沿着两岸悬崖前进时，一万多把火炬照映在夹在中间的河面上，仿佛万箭俱发。这两批先锋部队日夜兼程，休息、吃饭顶多不超过十分钟，这时还得听精疲力尽的政治工作者向他们讲话，反复解释这次急行军的重要意义，鼓励他们要拿出最后一口气，最后一点精力来夺取在前面等着的考验的胜利。不能放松步伐，不能灰心，不能疲倦。胜利就是生命，失败就必死无疑。

第二天，右岸的先锋部队落在后面了。四川军队沿路设了阵地，发生了接触。南岸的战士就更加咬紧牙关前进。不久，对岸出现了新的部队，红军从望远镜中看出他们是白军增援部队，赶到泸定桥去的！这两支部队隔河你追我赶，整整一天之久，红军先锋部队是全军精华，终于慢慢地把精疲力尽的敌军甩到后面去了，因为他们休息的时间久，次数多，精力消耗得快，因为他们毕竟并不太急于想为夺桥送命呀。

泸定桥建桥已有数百年的历史，同华西急流深河上的所有桥梁一样都是用铁索修成。一共有十六条长达一百多码的粗大铁索横跨在河上，铁索两端埋在石块砌成的桥头堡下面，用水泥封住。铁索上面铺了厚木板做桥面，但是当红军到达时，他们发现已有一半的木板被撬走了，在他们面前到河流中心之间只有空铁索。在北岸的桥头堡有个敌军的机枪阵地面对着他们，后面是一师白军据守的阵地。当然，这条桥本来是应该炸毁的，但是四川人对他们少数几条桥感情很深；修桥很困难，代价也大。据说光是修泸定桥“就花了十八省捐献的钱财”。反正谁会想到红军会在没有桥板的铁索上过桥呢，那不是发疯了吗？但是红军就是这样做的。

时不可失。必须在敌人援军到达之前把桥占领。于是再一次征求志愿人员。红军战士一个个站出来愿意冒生命危险，于是在报名的人中最后选了三十个人。他们身上背了毛瑟枪和手榴弹，马上就爬到沸腾的河流上去了，紧紧地抓住了铁索一步一抓地前进。红军机枪向敌军碉堡开火，子弹都飞迸在桥头堡上。敌军也以机枪回报，狙击手向着在河流上空摇晃地向他们慢慢爬行前进的红军射击。第一个战士中了弹，掉到了下面的急流中，接着又有第二个，第三个。但是别的人越来越爬近到桥中央，桥上的木板对这些敢死队起了一点保护作用，敌人的大部分子弹都迸了开去，或者落在对岸的悬崖上。

四川军队大概从来没有见过这样的战士——这些人当兵不只是为了有个饭碗，这些青年为了胜利而甘于送命。他们是人，是疯子，还是神？迷信的四川军队这样嘀咕。他们自己的斗志受到了影响；也许他们故意开乱枪不想打死他们；也许有些人暗中祈祷对方冒险成功！终于有一个红军战士爬上了桥板，拉开一个手榴弹，向敌人碉堡投去，一掷中的。军官这时急忙下令拆毁剩下的桥板，但是已经迟了。又有几个红军爬了过来。敌人把煤油倒在桥板上，开始烧了起来。但是这时已有二十个左右红军匍匐向前爬了过来，把手榴弹一个接着一个投到了敌军机枪阵地。

突然，他们在南岸的同志们开始兴高采烈地高呼："红军万岁！革命万岁！大渡河三十英雄万岁！"原来白军已经仓皇后撤！进攻的红军全速前进，冒着舔人的火焰冲过了余下的桥板。纵身跳进敌人碉堡，把敌人丢弃的机枪掉过头来对准岸上。

这时便有更多的红军蜂拥爬上了铁索，赶来扑灭了火焰，铺上了新板。不久，在安顺场过了河的一师红军也出现了，对残余的敌军阵地展开侧翼进攻，这样没有多久白军就全部窜逃——有的是窜逃，有的是同红军一起追击，因为有一百左右的四川军队缴械投诚，参加追击。一两个小时之内，全军就兴高采烈地一边放声高唱，一边渡过了大渡河，进入了四川境内。在他们头顶上空，蒋介石的飞机无可奈何地怒吼着，红军发疯一样向他们叫喊挑战。在共军蜂拥渡河的时候，这些飞机企图炸毁铁索桥，但炸弹都掉在河里，溅起一片水花。

安顺场和泸定桥的英雄由于英勇过人得到了金星奖章，这是中国红军的最高勋章。我后来在宁夏，还会碰到他们几个，对他们那样年轻感到惊讶，因为他们的年纪都不到二十五岁。

长征组歌(节选)

萧　华①

四渡赤水出奇兵

横断山,路难行。天如火,水似银。
亲人送水来解渴,军民鱼水一家人。
横断山,路难行。敌重兵,压黔境。
战士双脚走天下,四渡赤水出奇兵。
乌江天险重飞渡,兵临贵阳逼昆明。
敌人弃甲丢烟枪,我军乘胜赶路程。
调虎离山袭金沙,毛主席用兵真如神。

过雪山草地

雪皑皑,野茫茫,
高原寒,炊断粮。
红军都是钢铁汉,
千锤百炼不怕难。
雪山低头迎远客,
草毯泥毡扎营盘。
风雨侵衣骨更硬,
野菜充饥志越坚。
官兵一致同甘苦,
革命理想高于天。

毛泽东诗词六首

毛泽东[1]

清平乐·会昌[2]

东方欲晓,
莫道君行早[3]。

---

①　萧华(1916—1985),江西人。中国人民解放军高级将领,解放军的优秀政治工作者。

踏遍青山人未老[4]，
风景这边独好。

会昌城外高峰[5]，
颠连[6]直接东溟。
战士指看南粤[7]，
更加郁郁葱葱。

1934年夏

【注释】

[1] 毛泽东(1893—1976)，字润之。湖南湘潭人。中国人民的领袖，马克思主义者，伟大的无产阶级革命家、战略家和理论家，中国共产党、中国人民解放军和中华人民共和国的主要缔造者和领导人，诗人，书法家。

[2] 会昌：县名，江西省东南部，东连福建，南连广东。1929年，毛泽东为开辟赣南根据地，率领红军到过会昌，后又常途经和居住在这里。这首词是1934年夏天作者在中共粤赣省委所在地会昌进行调查研究和指导工作时所作。

[3] 莫道君行早：旧谚“莫道君行早，更有早行人”。

[4] 踏遍青山人未老：诗人自注“1934年，形势危急，准备长征，心情又是郁闷的。这一首《清平乐》，如前面那首《菩萨蛮》一样，表达了同一的心境。”本句的“人”和上句的“君”，都指作者自己。

[5] 会昌城外高峰：指会昌城西北的会昌山，又名岚山岭。新中国成立后，诗人曾回忆：“会昌有高山，天不亮我就去爬山。”

[6] 颠连：起伏不断。东溟(míng)：指东海。

[7] 南粤：古代地名，也叫南越(今广东、广西一带)。这里指广东。

忆秦娥·娄山关

西风烈，
长空雁叫霜晨月。
霜晨月，
马蹄声碎，
喇叭声咽[1]。
雄关漫道真如铁[2]，

而今迈步从头越[3]。
从头越，
苍山如海，
残阳如血。

1935 年 2 月

【注释】

[1] 咽：呜咽、幽咽，声音因阻塞而低沉。

[2] 雄关漫道真如铁：雄关，雄壮的关隘，即指娄山关。漫道，徒然说，枉然说。人们徒然传说娄山关坚硬如铁。

[3] 而今迈步从头越：迈步，跨步、大踏步。从头越，即为头越。张相《诗词曲语词汇释》："为头，犹云从头，或开始也。"有从头再开始的意思。说的是从头大踏步越过雄关，却隐约透露着当时战略任务受挫，要对长征计划从头再作部署，且有取得胜利的坚定不移的信心。

十六字令・三首

山，
快马加鞭未下鞍。
惊回首，离天三尺三[1]。

山，
倒海翻江卷巨澜。
奔腾急，万马战犹酣。

山，
刺破青天锷[2]未残。
天欲堕，赖以拄[3]其间。

1934—1935 年

【注释】

[1] 离天三尺三：作者原注"湖南民谣：'上有骷髅山，下有八宝山，离天三尺三。人过要低头，马过要下鞍。'"又注："这是湖南常德的民谣。"

[2] 锷：剑锋。

[3] 拄：支撑。

七律·长征

红军不怕远征难，
万水千山只等闲。
五岭[1]逶迤腾细浪[2]，
乌蒙[3]磅礴走泥丸[4]。
金沙[5]水拍云崖暖，
大渡桥[6]横铁索寒。
更喜岷山[7]千里雪，
三军[8]过后尽开颜。

1935 年 10 月

【注释】

[1] 五岭：大庾岭、骑田岭、萌渚岭、都庞岭、越城岭，横亘在江西、湖南、两广之间。

[2] 细浪：作者自释“把山比作‘细浪’‘泥丸’，是‘等闲’之意”。

[3] 乌蒙：乌蒙山，在贵州西部与云南东北部的交界处，北临金沙江，山势陡峭。1935 年 4 月，红军长征经过此地。

[4] 泥丸：小泥球，整句意思说险峻的乌蒙山在红军战士的脚下，就像是一个小泥球一样。

[5] 金沙：金沙江，指长江上游自青海省玉树县至四川省宜宾市的一段，云南等地也有支流。1935 年 5 月，红军曾强渡云南省禄劝县皎平渡渡口。

[6] 大渡桥：指四川省西部泸定县大渡河上的泸定桥，它是用十三根铁索组成的桥。

[7] 岷(mín)山：中国西部大山，位于甘肃省西南、四川省北部。

[8] 三军：作者自注：“红军一方面军，二方面军，四方面军。”

念奴娇·昆仑

横空出世，莽[1]昆仑，
阅尽人间春色。
飞起玉龙三百万，
搅得周天寒彻。
夏日消溶，江河横溢，
人或为鱼鳖。

千秋功罪[2]，谁人曾与[3]评说？

而今我谓昆仑：
不要这高，不要这多雪。
安得倚天抽宝剑，
把汝裁为三截？
一截遗[4]欧，一截赠美，
一截还东国[5]。
太平世界，环球同此凉热！

1935 年 10 月

【注释】

[1] 莽：高大的样子。

[2] 千秋：千年。功罪：昆仑山给长江黄河输送的水源，给人民带来了许多好处，孕育了中华民族的文化，这是功；造成洪水泛滥，因而给人民带来灾祸，这是罪。在这里，罪是实写，功是虚写。

[3] 曾与：曾给、曾为。

[4] 遗(wèi)：赠予。

[5] 还东国：首次发表时原作“留中国”，1963 年版《毛主席诗词》改为“还东国”。

清平乐·六盘山

天高云淡，
望断[1]南飞雁，
不到长城[2]非好汉，
屈指行程二万。

六盘山[3]上高峰，
红旗漫卷[4]西风。
今日长缨[5]在手，
何时缚住苍龙[6]？

1935 年 10 月

【注释】

[1] 望断：指极目远望，直到看不见。

［2］长城：借指长征的目的地。

［3］六盘山：宁夏南部固原西南，是六盘山山脉的主峰，险窄的山路要盘旋多重才能到达峰顶。毛泽东在 1935 年 9 月中旬率领中央红军进入甘肃省南部，10 月上旬，突破敌人的封锁线，打垮了敌人的骑兵部队，胜利地越过六盘山。

［4］漫卷：任意吹卷。

［5］长缨：指捕缚敌人的长绳。

［6］苍龙：《后汉书·张纯传》注："苍龙，太岁也。"古代方士以太岁所在为凶方，因称太岁为凶神恶煞。毛泽东自注："此处指蒋介石的国民党反动派，因为当前主要对付的是国民党反动派。"

【附录】

诗人 领袖[①]

任先青[②]

你用平平仄仄的枪声
写诗
二万五千里是最长一行

常于马背上构思
便具有了战略家的目光
战地黄花 如血残阳
成了最美的意象

有时潇洒地抽烟
抬头望断南飞雁
宽阔的脑际却有大江流淌
雪天更善畅想
神思飞扬起来
飘成梅花漫天的北国风光

相信你是最严肃的诗人
屈指数算

---

① 首发于《诗刊》1990 年第 6 期，原题为"诗人毛泽东"。

② 任先青，山东人，作家。

一首气势磅礴的诗
调动了半个世纪的酝酿

轻易不朗诵
天安门城楼上只那一句
便成了世界的诗眼
嘹亮了东方

⊙学习任务

一、词语积累。摘录喜欢的词语，工整地抄写在表格内。

1. 老师推荐

惊惶　呜咽　澎湃　滞留
酣然入梦　千锤百炼　重蹈覆辙
骁勇善战　桀骜不驯　雄关漫道

（初 1512 班　铁然 书写）

2. 我的选择

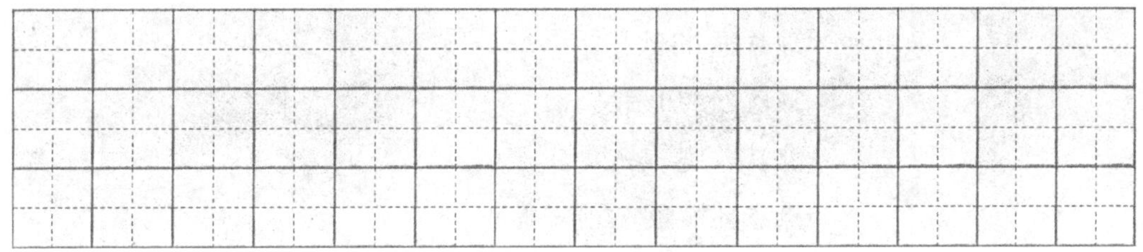

二、批注留念。边读书，边批注。挑选一则最满意的批注，写入下表。

摘　　录	批　　注

三、以读导写。任选一题完成。

写作要求：任选一题写作。做到情感真挚，主题突出。

1. 长征的艰难在世界军事史上堪称罕见，中国工农红军却凭借极差的装备取得了完全的胜利。《长征组歌》深情歌颂了红军将士们的意志品质与精神财富，比如，信念、坚持、勇敢、团结……其实，我们的生活中也有它们的身影。请结合你的生活体验，写一首《新长征之歌》；当然，你也可以写成《新长征组歌》。如果有兴趣，还可以谱曲把它们唱出来。

【同学分享】

雨中球赛

初1214班　黄子航

天地有正气 杂然赋流形
正气两相震 汇我十四班
天呜咽 地泥泞
左右出 赛足球
天刚烈 地狂妄
不料十四无庸豪 千脚百脚苦煞敌
驰我大宛马 抚我繁弱弓
长剑横九野 高冠拂玄穹
异变突起惊煞人 十四豪杰手无措
球欲进 将欲扑
球落网 断肠枯
悲其入 怨其入
豪杰怀愤激 安能守虚冲
慷慨成素霓 谈笑起清风
万众凝一心 敌军挡不住
雨下天地浊 人言一何苦
怎奈我十四 人人俱欢呼

【点评指导】

读肖华的《长征组歌》，我们不仅被长征将士不怕苦难的坚毅所打动，也直接感受到了歌词的朗朗上口、节奏铿锵，这些都可以迁移运用到我们的创作中。长征精神启迪了我们书写学校生活的灵感，黄子航同学这首《雨中球赛》，就仿照《过雪山草地》中以艰险环境烘托主人公坚强意志的写法。另外,《雨中球赛》也几乎完美地模仿了《长征组歌》中常见的长短句结合的句式,令歌词具有很强的节奏感。

2. 毛泽东是一位有着诗人气质的领袖,又是建立了领袖功业的诗人。任先青的《诗人 领袖》摘选了许多毛泽东诗词里的名句歌颂毛泽东,是一首别出心裁的赞美诗。你能找到这些句子的出处吗?你喜欢这样的写法吗?你是否有想赞颂的有家国情怀的人物呢?试着用类似的方法写一首诗,表达你的钦佩之情。

【同学分享】

词人 将军

初 1609 班　罗翊宸

你执金戈骑铁马
作词
率五千精兵擒叛将是最豪放的一阕

或在古迹前凝望
便望穿了山河 望见了金营
锦襜突骑 霹雳弦惊
无疑是最激烈的描写

慷慨地醉饮琼浆
疑松来扶 以手推去
南柯梦中行遍塞北江南
元夕灯火阑珊
中秋好月不圆
不死心如铁看试手补天裂

你是最悲壮的词人
满眼风光
一片江北 千年故土
引出你穷极一生的吟唱

无刻不伤怀
《十论》《九议》万字平戎策
只换得东家种树书
何人不叹息

【点评指导】

这项任务是模仿写作。学习《诗人 领袖》一诗的特殊写法，将读过的作品名句如盐入水一般融化在自己的诗作中，是一项非常有趣的任务。罗翊宸同学选择了将军词人辛弃疾为歌咏的对象。辛弃疾既是大词人，又是将军，这双重身份使得他非常适合作为本题的歌咏对象。小罗同学化用了“金戈铁马，气吞万里如虎”“弓如霹雳弦惊”等多句辛词名句，名句的警策与生动，为诗歌增添了光彩，而小罗的创作本身也完整勾勒了辛弃疾心系家国的高贵品质，表达了作者对这位将军词人一心报国、坚贞不渝的钦佩之情。整首诗引用恰切，情韵灵动，风采照人。

四、以评促思。任选一题完成。

写作要求：任选一题写作。做到有理有据，条理清晰。

1.《老山界》里的“我”和战友们、《大渡河英雄》中的三十位先锋战士，都是千千万万普通红军战士的一部分，这些文章为我们呈现了长征壮举中具体个人的足迹。请你仔细体味他们的故事，写下你对“英雄”这个词的理解。

【同学分享】

英　　雄

初1609班　贾宇承

人们沉浸在历史的长河中，听无数的英雄呐喊，看属于他们的传说，有些留在了心里，有些却只停留在皮毛。能将某些精神能量传达给我们的，便是所谓的英雄。想要理解他们，既需要闭上双眼聆听，又需要睁开双眼感悟。

精神上的英雄属于神话、历史以及当下。不同的他们有着不同的故事：普罗米修斯为人们送来了希望的火种，裴里庇第斯从马拉松传来了战争结束的消息——故事有很多，所谓的英雄也有很多。他们无一例外地传达了信仰、知识、品德，或许只有其中的一部分。英雄给予或创造了人们渴望的东西，以此将自己的生命，传达到他人的心中。因此，能够传达些什么的人，便是英雄。

张岱放荡不羁，传达了属于自己的人生观；施耐庵另辟蹊径，为古代小说创造了典范……但这些人，对于大众，又感觉不那么像伟大的英雄。那些容易被人们记住的英雄，无一例外地完成了我们看起来无法做到的事。或者说作为伟大的英雄，就必须舍弃什么。因为只有舍弃了，才能更好地得到，才能更好地传达。军需部部长自己不穿棉衣，而把衣服给其他红军战士，部长最后牺牲了；黄继光，用身体挡住子弹，马革裹尸……他们将生命绽放在了短短一个瞬间，但他们用生命传达了一种伟大的牺牲精神，于是他们便成了人们久久不能忘怀的英雄。

当下的英雄啊！正应是那些不断撰写着新中国历史的人。三十勇士谱写了泸定桥的史诗，成了英雄；老班长用金色的鱼钩传递了生命之火，成了英雄……这些属于不同历史时期的英雄数不胜数。

我们不只应当寻找过去的英雄，更需要擦亮眼睛，留意在我们身边上演的英雄故事。我们要从他们的事迹中找到自己必须去做的事情，找到我们心中想要实现的目标，明晰我们想要成为怎样的人。英雄的精神会指引着我们努力的方向，教会我们践行理想，并让我们把他们的伟大精神传递下去！

【点评指导】

“英雄”是生活中常见的概念，可是，它的内涵却很复杂，我们必须由具体的个人入手，才能悟透这个称号的真意。贾宇承同学心目中的“英雄”概念既有包容性，又有特殊性。他比较了神话中的英雄、古今的英雄和战场内外的英雄，提出“英雄给予或创造了人们渴望的东西，以此将自己的生命，传达到他人的心中。因此，能够传达些什么的人，便是英雄”。这个总结富有个性色彩，闪耀着独立思考的光辉，引用丰富而具体，分析言之有物，值得学习。

2. 山的形象在毛泽东的诗词中常常出现，有逶迤磅礴的五岭与乌蒙山，有横空出世的昆仑山，也有如涛如剑的无名山岭……毛泽东诗词中的山，有哪些形象特点？又表现了诗人怎样的情怀呢？请以“看山”为题，围绕毛泽东诗词中山的形象，写一篇文学评论。

【同学分享】

看　　山

——品人生之厚重

初 1209 班　刁子涵

看山是山，看水是水

人生之初，只所谓纯洁无瑕。在恰同学少年的峥嵘岁月里，诗人毛泽东曾“指点江山，激扬文字”，而此时的山是鲜活的，可以用生命去征服。而“中流击水，浪遏飞舟”，年少的无畏，奋进，使他立下壮志。看山，看水，实为找寻人生之梦的风标。

看山不是山，看水不是水

时至中年，人生的重重磨难，使周边的事与物迷惘、颠倒起来。也许，这正是“万物皆着我之色彩”。“苍山如海，残阳如血”，原来的气吞山河又在何处？如海的苍山使人不知去向，一切展现出一种应有的残酷。娄山关惨痛至极诗人何曾忘却？但从此就走向消沉吗？不是的。“山，刺破青天锷未残，天欲堕，赖以拄其间”，山又重新使他找回力量，在危难之时顶天立地，力挽狂澜。看山，看水，实为从困苦中重生。

看山还是山，看水还是水

“万水千山只等闲。”山本真一样，过来才发现之前经历的不算什么，前方的路开阔明朗。从“六盘山上高峰”看到了胜利的喜悦，那般如释重负的解脱。“只等闲”莫非太过轻狂？子曰：“不得中行而与之，必也狂狷乎？”伟人，从不掩饰伟大的志向韬略。看山，看水，实为跋山涉水后的明阔。

看山，吾亦成山，看水，吾亦成水

我总以为人生有第四境界，那就是“是非成败转头空”。也许只有一颗平和、豁达的心才能融进万物，融进自然。只有看清了，才看淡了。

【点评指导】

这个任务锻炼学生综合多篇作品分析诗歌意象的能力。学生首先需要分别读懂这几首诗，接着进行横向比对，发现相通或相异之处，作为进一步发掘作者风格与情怀的阶梯。刁子涵同学这三个步骤，都做到了。她结合写作背景，理解了毛泽东《沁园春·长沙》《忆秦娥·娄山关》《十六字令·三道》《七律·长征》《清平乐·六盘山》几首诗歌的内涵与情感，尤其是着重分析其中“山”的形象；接着，她按照人生阶段将这几首诗的内涵进行分类合并。条理清晰，内容充实，思路新颖，是一篇难得的文学评论佳作。

我的祖国

最后一课[①]

老　舍

铃声，对一个做惯了教员的，有时候很好听，有时候很不悦耳。瑞宣向来不讨厌铃

---

① 本文节选自老舍的长篇小说《四世同堂》。《四世同堂》以抗日战争时期沦陷的北平为背景，以祁家长孙祁瑞宣的心路历程为主线，表现北平人民在日寇铁蹄下的悲惨生活和艰难抗争，赞扬了他们崇高的民族气节与抗争精神。

声，因为他只要决定上课，他必定已经把应教的功课或该发还的卷子准备得好好的。他不怕学生质问，所以也不怕铃声。今天，他可是怕听到那个管辖着全校的人的行动的铃声，像一个受死刑的囚犯怕那绑赴刑场的号声或鼓声似的。他一向镇定，就是十年前他首次上课堂讲书的时节，他的手也没有发颤。现在，他的手在袖口里颤起来。

铃声响了。他迷迷糊糊地往外走，脚好像踩在棉花上。他似乎不晓得往哪里走呢。凭着几年的习惯，他的脚把他领到讲堂上去。低着头，他进了课堂。屋里极静，他只能听到自己的心跳。上了讲台，把颤动着的右手放在讲桌上，他慢慢地抬起头来。学生们坐得很齐，一致地竖直了背，扬着脸，在看他。他们的脸都是白的，没有任何表情，像是石头刻的。一点辣味儿堵塞住他的嗓子，他嗽了两声。泪开始在他的眼眶里转。

他应当安慰他们，但是怎样安慰呢？他应当鼓舞起他们的爱国心，告诉他们抵抗敌人，但是他自己怎么还在这里装聋卖傻的教书，而不到战场上去呢？他应当劝告他们忍耐，但是怎么忍耐呢？他可以教他们忍受亡国的耻辱吗？

把左手也放在桌上，支持着他的身体，他用极大的力量张开了口。他的声音，好像一根细鱼刺似的横在了喉中。张了几次嘴，他并没说出话来。他希望学生们问他点什么。可是，学生们没有任何动作；除了有几个年纪大的把泪在脸上流成很长很亮的道子，没有人出声。城亡了，民族的春花也都变成了木头。

糊里糊涂的，他从嗓子里挤出两句话来："明天上课。今天，今天，不上了！"

学生们的眼睛开始活动，似乎都希望他说点与国事有关的消息或意见。他也很想说，好使他们或者能够得着一点点安慰。可是，他说不出来。真正的苦痛是说不出来的！狠了狠心，他走下了讲台。大家的眼失望地追着他。极快地，他走到了屋门；他听到屋中有人叹气。他迈门槛，没迈利落，几乎绊了一跤。屋里开始有人活动，声音很微，像是偷手摸脚的那样往起立和往外走呢。他长吸了一口气，没再到休息室去，没等和别的班的学生会面，他一气跑回家中，像有个什么鬼追着似的。

最后一课①

郑振铎②

口头上慷慨激昂的人，未见得便是杀身成仁的志士。无数的勇士，前仆后继地倒

---

① 选自郑振铎《蛰居散记》，上海出版公司 1951 年出版。

② 郑振铎(1898—1958)，爱国主义者和社会活动家、作家、学者。

下去，默默无言。

好几个汉奸，都曾经做过抗日会的主席，首先变节的一个国文教师，却是好使酒骂座，惯出什么“富贵不能淫，威武不能屈”一类题目的东西；说是要在枪林弹雨里上课，绝对的宁为玉碎，不为瓦全的一个校长，却是第一个屈膝于敌伪的教育界之蟊贼。

然而默默无言的人们，却坚定的做着最后的打算，抛下了一切，千山万水的，千辛万苦的开始长征，绝不做什么为国家保存财产、文献一类的借口的话。

上海国军撤退后，头一批出来做汉奸的都是些无赖之徒，或愍不畏死的东西。其后，却有“我不入地狱谁入地狱”的维持地方的人物出来了。再其后，却有以“救民”为幌子，而喊着同文同种的合作者出来。到了珍珠港的袭击以后，自有一批最傻的傻子们相信着日本政策的改变，在做着“东亚人的东亚”的白日梦，吃尽了“独苦”，反以为“同甘”，被人家拖着“共死”，却糊涂到要挣扎着“同生”。其实，这一类的东西也不太多。自命为聪明的人物，是一贯的利用时机，做着升官发财的计划。其或早或迟的蜕变，乃是作恶的勇气够不够，或替自己打算得周到不周到的问题。

默默无言的坚定的人们，所想到的只是如何抗敌救国的问题，压根儿不曾梦想到“环境”的如何变更，或敌人对华政策的如何变动、改革。

所以他们也有一贯的计划，在最艰苦的情形之下奋斗着，绝对的不做“苟全”之梦；该牺牲的时机一到，便毫不踌躇地踏上应走的大道，义无反顾。

十二月八号是一块试金石。

这一天的清晨，天色还不曾大亮，我在睡梦里被电话的铃声惊醒。

“听到了炮声和机关枪声没有？”C在电话里说。

“没有听见。发生了什么事？”

“听说日本人占领租界，把英国兵缴了械，黄浦江上的一只英国炮舰被轰沉，一只美国炮舰投降了。”

接连的又来了几个电话，有的从报馆里的朋友打来的。事实渐渐地明白。

英国军舰被轰沉，官兵们凫水上岸，却遇到了岸上的机关枪的扫射，纷纷地死在水里。

日本兵依照着预定的计划，开始从虹口或郊外开进租界。

被认为孤岛的最后一块弹丸地，终于也沦陷于敌手。

我匆匆地跑到了康脑脱路的暨大。

校长和许多重要的负责者们都已经到了。立刻举行了一次会议，简短而悲壮的，立刻议决了：

“看到一个日本兵或一面日本旗经过校门时，立刻停课，将这大学关闭结束。”

太阳光很红亮地晒着，街上依然的熙来攘往，没有一点异样。

我们依旧的摇铃上课。

我授课的地方，在楼下临街的一个课室，站在讲台上，可以望得见街。

学生们不到的人很少。

“今天的事，”我说道，“你们都已经知道了吧，”学生们都点点头。“我们已经议决，一看到一个日本兵或一面日本旗经过校门，立刻便停课，并且立即的将学校关闭结束。”

学生们的脸上都显现着坚毅的神色，坐得挺直的，但没有一句话。

“但是我这一门功课还要照常的讲下去，一分一秒钟也不停顿，直到看见了一个日本兵或一面日本旗为止。”

我不荒废一秒钟的工夫，开始照常的讲下去。学生们照常的笔记着，默默无声的。

这一课似乎讲得格外的亲切，格外的清朗，语音里自己觉得有点异样；似带着坚毅的决心，最后的沉着；像殉难者的最后的晚餐，像冲锋前的士兵们上了刺刀，“引满待发”。

然而镇定，安详，没有一丝的紧张的神色。该来的事变，一定会来的。一切都已准备好。

谁都明白这“最后一课”的意义。我愿意讲得愈多愈好；学生们愿意笔记得愈多愈好。

讲下去，讲下去，讲下去。恨不得把所有的应该讲授的东西，统统在这一课里讲完了它；学生们也沙沙地不停地在抄记着。心无旁用，笔不停挥。

别的十几个课室里也都是这样的情形。

对于要“辞别”的，要“离开”的东西，觉得格外的恋恋。黑板显得格外的光亮，粉笔是分外的白而柔软适用，小小的课桌，觉得十分的可爱，学生们靠在课椅的扶手上，抚摸着，也觉得十分的难分难舍。那晨夕与共的椅子，曾经在扶手上面用钢笔、铅笔，或铅笔刀，有意识或无意识地涂写着、刻画着许多字或句的，如何舍得一旦离别了呢！

街上依然的平滑光鲜，小贩们不时地走过，太阳光很有精神地晒着。

我的表在衣袋里滴滴的答答的走着，那声音仿佛听得见。

没有伤感，没有悲哀，只有坚定的决心，沉毅异常的在等待着；等待着最后一刻的到来。

远远的有沉重的车轮辗地的声音可听到。

几分钟后，有几辆满载着日本兵的军用车，经过校门口，向东向西，徐徐地走过，当头一面旭日旗，血红的一个圆圈，在迎风飘荡着。

时间是上午十时三十分。

我一眼看见了这些车子走过去，立刻挺直了身体，作着立正的姿势，沉毅地阖上了书本，以坚决的口气宣布道：

"现在下课！"

学生们一致地立了起来，默默地不说一句话；有几个女生似在低低地啜泣着。

没有一个学生有什么要问的，没有迟疑，没有踌躇，没有彷徨，没有顾虑。个个人都已决定了应该怎么办，应该向哪一个方面走去。

赤热的心，像钢铁铸成似的坚固，像走着鹅步的仪仗队似的一致。

从来没有那么无纷纭的一致的坚决过，从校长到工役。

这样的，光荣的国立暨南大学在上海暂时结束了她的生命。默默地在忙着迁校的工作。

那些喧哗的慷慨激昂的东西们，却在忙碌的打算着怎样维持他们的学校，借口于学生们的学业，校产的保全与教职员们的生活问题。

爱国诗词选读[1]

诗经·王风·黍离

彼黍[2]离离[3]，彼稷[4]之苗。
行迈[5]靡靡[6]，中心摇摇[7]。
知我者，谓我心忧；
不知我者，谓我何求？
悠悠[8]苍天！此何人哉？

彼黍离离，彼稷之穗。
行迈靡靡，中心如醉。
知我者，谓我心忧；
不知我者，谓我何求？

悠悠苍天！此何人哉？

彼黍离离，彼稷之实。
行迈靡靡，中心如噎[9]。
知我者，谓我心忧；
不知我者，谓我何求？
悠悠苍天！此何人哉？

【注释】

[1] 本篇选自《诗经》"王风"，"王"指王都，周平王迁都洛邑后，王室衰微，天子位同列国诸侯，其地产生的诗歌便被称为"王风"。

[2] 黍：北方的一种农作物，形似小米。

[3] 离离：农作物一行行整齐的样子。

[4] 稷(jì)：古代一种粮食作物，指粟或黍属。

[5] 行迈：行走。

[6] 靡靡：行步迟缓貌。

[7] 中心：心中。摇摇：心神不定的样子。

[8] 悠悠：遥远的样子。

[9] 噎(yē)：堵塞。此处以食物卡在食管比喻忧深气逆，难以呼吸。

九歌・国殇[1]

屈　原[2]

操吴戈[3]兮被[4]犀甲，
车错毂[5]兮短兵接。
旌蔽日兮敌若云，
矢交坠兮士争先。
凌[6]余阵兮躐[7]余行，
左骖殪[8]兮右刃伤。
霾[9]两轮兮絷四马，
援玉枹[10]兮击鸣鼓。
天时[11]坠[12]兮威灵怒，
严杀[13]尽兮弃原野。
出不入兮往不反[14]，

平原忽[15]兮路超远。

带长剑兮挟秦弓[16]，

首身离兮心不惩[17]。

诚既勇兮又以武，

终刚强兮不可凌。

身既死兮神以灵[18]，

魂魄毅兮为鬼雄。

【注释】

[1] 国殇：指为国捐躯的人。

[2] 屈原(约公元前340年或公元前339年至公元前278年)，中国战国时期楚国诗人、政治家。

[3] 吴戈：吴国制造的戈，当时吴国的冶铁技术较先进，吴戈因锋利而闻名。

[4] 被，通“披”，穿着。

[5] 毂(gǔ)：车轮的中心部分，有圆孔，可以插轴，这里泛指战车的轮轴。

[6] 凌：侵犯。

[7] 躐(liè)：践踏。

[8] 殪(yì)：死。

[9] 霾(mái)：通“埋”。古代作战，在激战将败时，埋轮缚马，表示坚守不退。

[10] 桴(fú)：鼓槌。

[11] 天时：上天际会，这里指上天。

[12] 坠：通“怼(duì)”，怨恨。

[13] 严杀：严酷的厮杀。一说严壮，指士兵。

[14] 反：通“返”。

[15] 忽：渺茫，不分明。

[16] 秦弓：指良弓。战国时，秦地木材质地坚实，制造的弓射程远。

[17] 心不惩：壮心不改，勇气不减。惩：悔恨。

[18] 神以灵：指死而有知，英灵不泯。

过零丁洋[1]

文天祥[2]

辛苦遭逢[3]起一经[4]，

干戈[5]寥落[6]四周星。

山河破碎风飘絮，

身世浮沉雨打萍。

惶恐滩[7]头说惶恐，

零丁洋里叹零丁。

人生自古谁无死，

留取丹心照汗青[8]。

【注释】

[1] 零丁洋：零丁洋即“伶丁洋”。现在广东省珠江口外。公元1278年年底，文天祥率军在广东五坡岭与元军激战，兵败被俘，囚禁在船上，曾经过零丁洋。

[2] 文天祥(1236—1283)，字履善，又字宋瑞，号文山，吉州吉水(今属江西)人。南宋大臣、文学家。元军南侵，文天祥坚持抵抗，后兵败被俘，囚于大都(今北京市)，不屈而死。祥兴元年(1278)，文天祥在五坡岭(今广大海丰北)被俘，在押经零丁洋时作了这首诗。

[3] 遭逢：遭遇。

[4] 起一经：因为精通一种经书，通过科举考试而被朝廷起用做官。文天祥二十岁考中状元。

[5] 干戈：指抗元战争。

[6] 寥(liáo)落：荒凉冷落；一作“落落”。四周星：四周年。文天祥从1275年起兵抗元，到1278年被俘，一共四年。

[7] 惶恐滩：在今江西省万安县，是赣江中的险滩。1277年，文天祥在江西被元军打败，所率军队死伤惨重，妻子儿女也被元军俘虏。他经惶恐滩撤到福建。

[8] 汗青：同汗竹，史册。古代用竹简写字，先用火烤干其中的水分，干后易写而且不受虫蛀，也称汗青。

狱中题壁

谭嗣同[1]

望门投止思张俭[2]，

忍死须臾待杜根[3]。

我自横刀向天笑，

去留肝胆两昆仑[4]。

【注释】

[1] 谭嗣同(1865—1898),男,字复生,号壮飞,湖南浏阳人,中国近代著名政治家、思想家,维新派人士。

[2] 张俭:东汉末年高平人,因弹劾宦官侯览,被反诬“结党”,被迫逃亡,在逃亡中凡接纳其投宿的人家,均不畏牵连,乐于接待。

[3] 杜根:东汉末年定陵人,汉安帝时邓太后摄政、宦官专权,其上书要求太后还政,太后大怒,命人以袋装之而摔死,行刑者慕杜根为人,不用力,欲待其出宫而释之。太后疑,派人查之,见杜根眼中生蛆,乃信其死。杜根最终得以逃脱。

[4] 两昆仑:有两种说法,其一是指康有为和浏阳侠客大刀王五;其二为“去”指康有为(按:康有为在戊戌政变前潜逃出京,后逃往日本),“留”指自己。

对 酒

秋 瑾[1]

不惜千金买宝刀,

貂裘换酒也堪豪。

一腔热血勤珍重,

洒去犹能化碧涛[2]。

【注释】

[1] 秋瑾(1875—1907),女,中国女权和女学思想的倡导者,近代民主革命志士。

[2] 碧涛:血的波涛。《庄子·外物》:“苌弘死于蜀,藏其血,三年而化为碧。”苌弘是周朝的大夫,忠于祖国,遭奸臣陷害,自杀于蜀,当时的人把他的血用石匣藏起来,三年后化为碧玉。后世多以碧血指烈士流的鲜血。

自题小像[1]

鲁 迅

灵台[2]无计逃神矢,

风雨如磐暗故园。

寄意寒星[3]荃不察[4],

我以我血荐[5]轩辕[6]。

【注释】

[1] 本诗作于1903年,作者留学日本时。这首诗原无题目,诗题为作者好友许寿裳在其发表的《怀旧》一文中所加。

[2] 灵台：指心，古人认为心有灵台，能容纳各种智慧。

[3] 寄意寒星：语出宋玉《九辩》："愿寄言夫流星兮。"宋玉以流星比贤人。这里的寒星从"流星"转化而来。寄意寒星，是说作者当时远在国外，想把自己的一片爱国赤诚寄托天上的寒星，让它代为转达于祖国人民。

[4] 荃(quán)不察：语出屈原《离骚》："荃不察余之中情兮。"荃，香草名，古时比喻国君，这里借喻祖国人民。不察，不理解。

[5] 荐：奉献。

[6] 轩辕：即黄帝，是古代传说中的氏族部落酋长。《史记》记载中国历史，是从黄帝开始的。黄帝复姓轩辕，所以轩辕黄帝被称为汉族始祖。

我用残损的手掌[①]

戴望舒[②]

我用残损的手掌
摸索这广大的土地：
这一角已变成灰烬，
那一角只是血和泥；
这一片湖该是我的家乡，
(春天，堤上繁花如锦障，
嫩柳枝折断有奇异的芬芳，)
我触到荇藻和水的微凉；
这长白山的雪峰冷到彻骨，
这黄河的水夹泥沙在指间滑出，
江南的水田，你当年新生的禾草
是那么细，那么软……现在只有蓬蒿；
岭南的荔枝花寂寞地憔悴，
尽那边，我蘸着南海没有渔船的苦水……

---

① 1939年，在日寇侵略中国步步升级的时候，戴望舒携领全家奔赴香港，任《星岛日报》的副刊编务。1942年春，戴望舒因为在报纸上编发宣传抗战的诗歌被日寇逮捕入狱，受尽种种酷刑，但他并没有屈服。及至在1942年5月，经叶灵凤设法被保释出狱的时候，身体已被折磨得异常虚弱，而且哮喘病一直残留下来，最后导致他过早地离开了人间。《我用残损的手掌》即写于他出狱不久的日子里。

② 戴望舒(1905—1950)，名承，字朝安，浙江杭县(今杭州市余杭区)人。中国现代派象征主义诗人、翻译家等。

无形的手掌掠过无限的江山，
手指沾了血和灰，手掌粘了阴暗，
只有那辽远的一角依然完整，
温暖，明朗，坚固而蓬勃生春。
在那上面，我用残损的手掌轻抚，
像恋人的柔发，婴孩手中乳。
我把全部的力量运在手掌
贴在上面，寄予爱和一切希望，
因为只有那里是太阳，是春，
将驱逐阴暗，带来苏生，
因为只有那里我们不像牲口一样活，
蝼蚁一样死……那里，永恒的中国！

1942 年 7 月 3 日

致恰达耶夫[①]

普希金[②]

爱情、希望和平静的光荣
并不能长久地把我们欺诳，
就是青春的欢乐，
也已经像梦，像朝雾一样地消亡；
但我们的内心还燃烧着愿望，
在残酷的政权的重压之下，
我们正怀着焦急的心情
在倾听祖国的召唤。
我们忍受着期望的折磨
等候那神圣的自由时光，
正像一个年轻的恋人
在等待那真诚的约会一样。

---

① 这首诗贻赠的对象——恰达耶夫，从中学时代起就是普希金的好友。他是一位进步贵族知识分子，反对沙皇暴政，对普希金形成热爱自由的思想有很深的影响。普希金曾给他写过好几首寄语诗，这首诗是其中的一首。在这首赠诗中，他极鲜明地表达了俄国贵族革命家追求自由的热切希望、炽热的爱国激情和对神圣自由的必胜信念。

② 普希金(1799—1837)，俄国著名文学家、诗人、小说家。

现在我们的内心还燃烧着自由之火，
现在我们为了荣誉的心还没有死，
我的朋友，我们要把我们心灵的
美好的激情，都献给我们的祖邦！
同志，相信吧，迷人的幸福的星辰
就要上升，射出光芒，
俄罗斯要从睡梦中苏醒，
在专制暴政的废墟上。
将会写上我们姓名的字样！

（戈宝权 译）

祖　国

茨维塔耶娃[①]

啊，多么艰深的语言！
然而，为什么普通的庄稼汉
一再唱进了我的耳里：
“俄罗斯，我的祖国！”

而且，从卡卢加的丘陵
在我面前展开了，她——
无限的广袤，辽远的土地！
异域啊，我的祖国！

那辽远的地方，好像我生就的苦痛，
我的祖国毋宁说就是我的命运，
无论到哪里，通过千里万里，
我都整个地把她带在身边！

辽远的地方，使我骨肉分离，
辽远的地方，从各个角落——
直到高天的星星——把我召唤，

① 茨维塔耶娃(1892—1941)，俄国著名的诗人、散文家、剧作家。

对我说："游子，归来啊！"
真不枉我天天醍醐灌顶
用的是蓝湛于水的辽远的地方。

你啊！我就是断了一只手——
哪怕两只手！——我也要我的双唇
在断头台上签署：我的撕心裂肺的土地——
我的骄傲，我的祖国！

（陈耀球 译）

⊙学习任务

一、词语积累。摘录喜欢的词语，工整地抄写在表格内。

1. 老师推荐

蜕	变		踌	躇		彷	徨		啜	泣		须	臾
慷	慨	激	昂		前	仆	后	继		惘	不	畏	死
义	无	反	顾		熙	来	攘	往		晨	夕	与	共

（初1512班　铁然 书写）

2. 我的选择

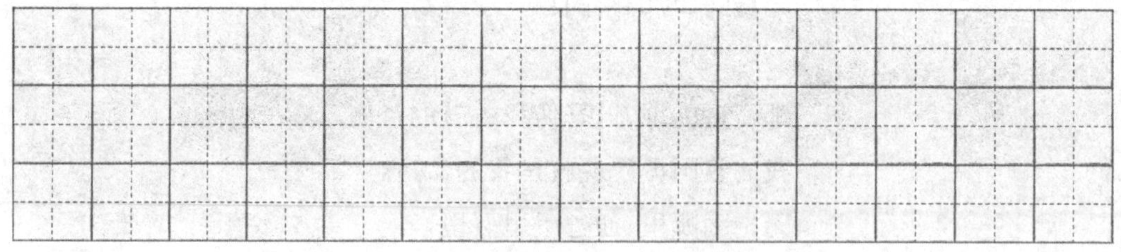

二、批注留念。边读书，边批注。挑选一则最满意的批注，写入下表。

摘　录	批　注

三、以读导写。任选一题完成。

写作要求：任选一题写作。

1. 在都德的《最后一课》中，主要写了小弗朗士的转变，但这篇小说还通过小弗朗士的视角，写了一群法国民众在国土被侵占前夕的表现，有韩麦尔先生、郝叟老头儿、一年级的小学生们……假如由韩麦尔先生来讲述，这个故事又会是什么样呢？换成郝叟老头儿呢？……结合都德的《最后一课》，请从除了小弗朗士以外的其他人物中任选一位，以他的视角来改写这个故事。可以改写小说中的一个片段，也可以改写整篇小说。完成以后，请想一想，为什么都德选择小弗朗士作为讲故事的人呢。

【同学分享】

最后一课

初1609班　刘昱彤

"嘟嘟嘟嘟——"

刺耳的号声又不遗余力地向我耳中灌去。早已习惯于普鲁士军队严苛作息的我在号角开始以前，已经站在这片空地上，站定了下来。

我，世代在普鲁士南方的郊野务农，战争打响了，我便丢下田地，成了一个下士。

我们司令官干哑的嗓音从队伍前面不断传来。不用想，他一定是在趾高气扬地念着上级对于进驻这地区的具体指令，好像他通过念指令，也享受到了战争所带来的荣耀一般。两年战争带来的疲惫与麻木使我不愿再去关注他拿腔捏调的声音。事实上，我很少再去关注什么。事情无非是战争，进驻或是撤退，反反复复，浑浑噩噩。我看过太多临死前惊恐或悲愤的面孔，法国的，或普鲁士的，也越发地无所谓了。我甚至越来越不明白为什么打仗，连司令官们大肆宣扬的"对普鲁士忠诚"也无法触动我，只是，只是要不断进行着这无法停止的战争。

然而今天，我们就要进驻卡尔萨斯（或许是阿尔萨斯吧，我已经记不清了），战争已经结束，而我们也要在这里驻扎下来了。

我按照司令下达的指示，在小镇上巡视着。镇子不大，居民区与工厂前都有面色不善的法国人来回转悠，我懒得去管他们，便一个人到这镇上的学校溜达。所谓学校，不过是个小院子，从窗户中看过去，一个中年人正站在讲台上，正用法语讲着什么，大约是老师。温和而透着忧愁的声音缓缓淌出窗子，穿过树叶，到了我的耳畔。我忽然感到了兴趣。征战的经验也让我对法语懂了皮毛，于是便躲在窗外的树枝间，仔细听。那个老师穿了件挺漂亮的绿礼服，打着皱边的领结，戴着那皱边的小黑帽，仿佛今天是什么特殊的节日似的。而他皱着的眉宇间透着哀思，严肃地向孩子们讲着法语语法。

法语语法！我莫名地感到好笑：法语？柏林早就下了命令，这里以后只许教德语了。他们现在教语法又有什么意义呢？不过是享受最后一点可以教法语的幻梦罢了。这恐怕是他们最后一堂法语课了，从明天起，他们也只能学德语了。到了他们成年的时候，也只会是一个地地道道的普鲁士人了，不说今天这么一堂法语课的内容，就即便是最简单的语法，大约也记不得了。

我继续听着，听他们为法语做的无用努力。那个老师开始叫同学们背书了。那些孩子们一个个站起来，摇摇晃晃，眼神急切地圆睁着，声音也激动得变了样，恨不得将全身的力量都使出来，背诵这一个分词用法。

不知道为什么，两年来我干涸的心又一次涌动起来。我这才注意到教室后面用古怪嗓音念课文的老人们。他们年轻的时候大约也忽视过法语，现在就要失去它们了！我头一次为这些法国人而感到如此深切的同情。他们这些孩子与老人毫无抵抗我们的力量，却依旧微弱地抗争着。他们是多么希望可以再次认真学习自己的文字，好像这样就能留在自己的祖国，但这却是不可能的了。

那个人还在讲着，讲着法语，讲着要孩子们永远记住它。可怜的人！我突然开始痛恨那些为自己利益而油嘴滑舌地发动战争的司令官与政客们了。他们将我们这些普鲁士人揪出家门，去征战，去远离自己的和平故土，而现在，他们又要这些无辜的可怜人们放弃自己的文化与语言了！而我，又能做什么呢？无论是我们还是这些可怜人，却都是无能为力了！

教堂的钟已经敲了十二下，我也该回操场了。那一边，收操的号角声又响了起来。那个人也从椅子上站起来，脸色惨白，他朝着黑板，用尽全身的力气，写下了两个大字：

“法兰西万岁！”

我看着那两个大字，深深地鞠了一躬，去集合了。

【点评指导】

这个任务是提醒我们，在阅读小说的过程中应当关注两项内容：一是叙述视角的选择；二是细节的书写。做这项作业，也是在模仿写作的过程。叙述视角不同，故事将呈现不同的面貌，传达的意蕴也会有微妙的差别。但，无论以谁之口来讲述故事，如果缺乏足够的细节，就不能成就一篇成功的小说。与选择韩麦尔先生、郝叟老头儿等更加显眼的人物不同的是，刘昱彤同学选了一名普通的普鲁士士兵，作为敌国的一员，见证沦陷地区的“最后一课”，更加凸显了母语情结与爱国情怀的普世性。人同此心，心同此理，使得改写后的作品具有了比原小说更多一层的意蕴，可谓是别出心裁了。同时，小刘同学沿用了原文中许多动人的细节，极大地增强了文章的可读性。

2．诗人周振中在瞻仰了人民英雄纪念碑后，写过一首“碑形诗”，诗歌文字排列成的图案与主题交相呼应，相得益彰。

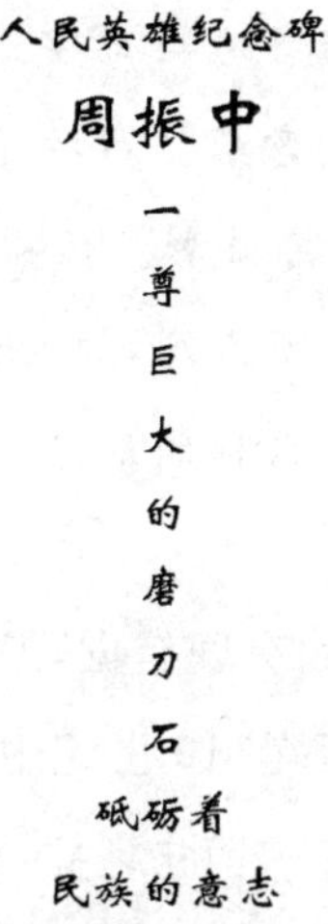

读了本专题的文章，你一定有很多感想。请你尝试写一首“象形诗”，表达你的情感或思考。

【同学分享】

杏花天·感念征途

初1602班　吕欣乐（文）袁业泓（图）

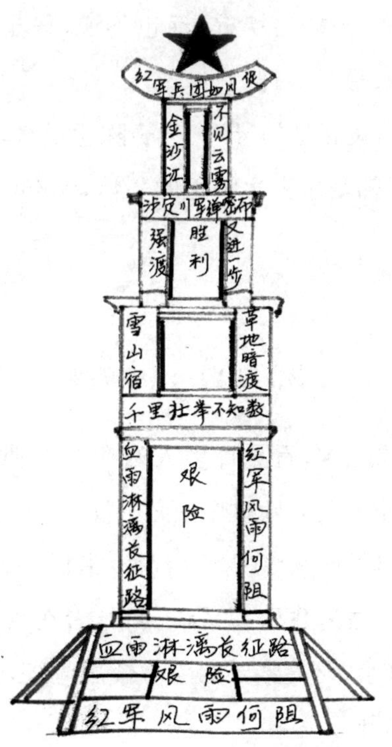

【点评指导】

有时候，形式的创意会激发我们的写作愿望，也会令作品增色不少。诗人周振中以人民英雄纪念碑为主题的诗歌，巧妙地把文字组织成纪念碑的形状，使人在领会诗歌精神的同时，也领略到形式的直观意蕴。吕欣乐和袁业泓同学的作品，也以碑形呈现，歌颂了长征精神，形式与内容相得益彰。值得一提的是，同学们在完成这项任务时，可不要被这两首“碑形诗”的创意所束缚，你的创意，只要与本专题内容相契合就可以。想一想，还可以把文字组织成什么样的形态呢？

四、以评促思。任选一题完成。

写作要求：任选一题写作。做到有理有据，条理清晰。

1. 都德、老舍、郑振铎，一位生活在19世纪中期的法国，两位生活在20世纪中期的中国，他们共同体验过国土被侵占的切肤之痛，写下了《最后一课》。请任选一篇《最后一课》，从文中分别找到一个标点、一个字、一个词语或短语、一句话进行细致分析，找到它与主题的联系，写一则文学评论。

【同学分享】

一个标点

初1212班　迟嘉瑞

原文：然后他待在那里，头靠着墙壁，话也不说，只是向我们做了一个手势：“散学了——你们走吧。”（都德《最后一课》）

分析：韩麦尔先生的话最后是句号，句号表陈述语气，看似语调平淡，与亡国之痛的激烈所不符，实则表现了韩麦尔先生沉重的心情，无奈中的哀伤。这种哀伤，又是其他标点所不能表现的。

一个字

初1212班　陆　潜

原文：我走过镇公所的时候，看见许多人站在布告牌前边。最近两年来，我们的一切坏消息都是从那里传出来的：败仗啦，征发啦，司令部的各种命令啦——我也不停步，只在心里思量：“又出了什么事啦？”（都德《最后一课》）

分析：这句话的三个短语为并列关系，说明作者在盘点一些事，但人们在日常生活中盘点、列举一些非常渺小、无关紧要的事才会用“啦”，表现了小孩子对国家耻辱的不理解，写出孩子的天真幼稚。

一个词语或短语

初1211班　刘雨欣

原文：想起这些，我忘了他给我的惩罚，忘了我挨的戒尺。可怜的人！他穿上那套漂亮的礼服，原来是为了纪念这最后一课！……

“现在那些家伙就有理由对我们说了：‘怎么？你们还自己说是法国人呢，你们连自己的语言都不会说，不会写！……’不过，可怜的小弗郎士，也并不是你一个人的过错，我们大家都有许多地方应该责备自己呢。”

可怜的人啊，现在要他跟这一切分手，叫他怎么不伤心呢？何况又听见他的妹妹在楼上走来走去收拾行李！——他们明天就要永远离开这个地方了。

（都德《最后一课》）

分析：文中有多个“可怜”，它的内涵很丰富。其中有互相认为对方很可怜的意思，传达出悔恨、悲哀与亡国之恨，也表达了语言被剥夺之凄，不自强被人欺之苦。人可怜，因为自责、悔愧，悔恨刚刚懂得祖国的可贵就失去了教与学自己国家语言的机会；国可怜，是因为已经沦陷。但既然人民意识到自己的可怜，那么国虽亡，民将崛起。

一　句　话

初1211班　王　悦

原文：屋顶上鸽子咕咕咕咕地低声叫着，我心里想：“他们该不会强迫这些鸽子也用德国话唱歌吧!”(都德《最后一课》)

分析：小弗郎士的这句话看似很天真可爱，实际上显现了他内心的不满与愤怒，还有对普鲁士人的强烈讽刺。自己的祖国被他人这样的凌辱践踏，纵使小弗郎士不懂事，也明白语言是一个国家的象征，是一种祖先传下来的文化。而现在，普鲁士人却要使他们的母语消失，等于在同化法国，这是对民族的侮辱。难道普鲁士人要生活在这片土地上的动物也用德语出声吗？这显然是对普鲁士人的野蛮、不讲理的极大讽刺。

【点评指导】

这项任务的设计旨在引导同学们细读文章。一篇优秀的作品，往往一句话、一个词语、一个字，甚至是一个标点背后都有作者的匠心，表达或强化着某种精微的意蕴。迟嘉瑞同学关注到了句号所表达的情绪，将对韩麦尔先生这个人物的理解引向深入；

陆潜同学抓住了语气词“啦”来细读，从中看出了顽童的懵懂，真是另辟蹊径；刘雨欣同学发现文中“可怜”一词出现了多次，便依据其出现的具体语境，分析了它们同中有异的内涵；王悦同学扣住小弗朗士听见鸽子叫的一句心理活动，看出了儿童天真语言之下对普鲁士侮辱别族的极大讽刺。四位同学均能从平凡处发现新思，其阅读用心之细令老师击节赞赏。

2. 请反复阅读古今中外的爱国诗词，从写作背景、形象运用、抒情方式等角度，比较它们的共同点，并思考为什么会有这样的共同点，写一篇文学评论。

【同学分享】

从古至今，爱国题材的诗歌有很多，其中不乏著名的诗句，而这些诗词中也有不少共同点。

从创作背景上来看，这些诗词大都是在民族或国家受到侵略和危机时，我们不难理解，诗人们在亲身经历了家破人亡后，往往会激发出比平日更浓烈的爱国情怀，从而写下一篇篇名垂青史的诗词。

然而世道却难以将爱国人士们的一腔热血转化为现实，只能眼看着国家遭受侵略，无奈地哀叹，但他们仍然表达了甘愿为国家奉献的精神。例如，谭嗣同的诗中有一句流传甚远：“我自横刀向天笑，去留肝胆两昆仑。”即表达了他反封建的思想遭到守旧派反对后，即将被处死时对生死不屑一顾的洒脱，以及希望为国不惜一死的牺牲精神。屈原的《九歌·国殇》中“首身离兮心不惩。诚既勇兮又以武，终刚强兮不可凌。身既死兮神以灵，魂魄毅兮为鬼雄”这几句赞扬了将士的英勇，同时也表达了忠贞报国的决心。现代的诗歌中也表达了类似的内容，像普希金的《致恰达耶夫》中写道：“现在我们的内心还燃烧着自由之火，现在我们为了荣誉的心还没有死，我的朋友，我们要把我们心灵的美好的激情，都献给我们的祖邦！”可见，不论古今中外，诗人们都是怀着一颗想要为国奉献的心，却迫于现实无法付诸行动，只能用诗来抒发自己的情感，因此感情激烈，喷薄而出。

在手法上，古诗的描写比较写实，例如，屈原的《九歌·国殇》“操吴戈兮被犀甲，车错毂兮短兵接。旌蔽日兮敌若云，矢交坠兮士争先”使用了大量笔墨描写战争场景，刻画了楚军将士们奋勇抗敌的场景，使整个画面很生动地呈现在我们眼前。现代诗歌则往往运用大量比喻，把一些感情抽象化，如艾青在《我爱这土地》中将自己比作飞鸟，通过描写一只渺小的鸟的心声，表达自己对于国家的挚爱。古今诗词都喜欢以环境描写来衬托自己的情感，关于这一点，我们可以在杜工部的《春望》中“国破山河在，城春草木深”与光未然在《黄河颂》中描写的“惊涛澎湃，掀起万丈狂澜；浊流宛转，结成九曲连环”中看到。不同的是《黄河颂》通篇在歌颂黄河，实际上是把它当作中国的象征来写的；而《春望》中的环境描写，是用像往常一样开放的春花来反衬国破家亡的愤慨和悲哀。

确实，这些爱国诗词有很多不同点，每一个作者的风格以及所处的时代背景都不一样，但他们的出发点是相同的，都是为了抒发对祖国的爱而创作！

（初1609班　刘蔚佳　柏希文　刘璟）

【点评指导】

这是一项稍有难度的任务，大家可以根据题干中提示的角度来思考。这项任务要求我们不但能读懂诗歌，而且能横向对比同题材诗歌，比较它们的写作背景、形象运用与抒情方式，也就是在个性中发现共性，同时在了解共性的基础上更进一步地比出个性来。刘蔚佳、柏希文、刘璟三位同学的作品，在创作背景方面，发现了爱国题材诗歌往往创作于民族或国家受到侵略之时；在形象运用上，发现了这类诗歌常常用形象，尤其是景物形象来寄寓爱国情，以独立思考发现了新的内涵。在评论写作中，他们能结合具体的诗句来论述观点，对所引用的诗句进行恰到好处的分析，这都是值得我们学习的。

更上层楼

阅读理解

丰　碑

李本深①

① 红军队伍在冰天雪地里艰难地前进。严寒把云中山冻成了一个大冰坨。狂风呼啸，大雪纷飞，似乎要吞掉这支装备很差的队伍。

② 将军早把他的马让给了重伤员。他率领战士们向前挺进，在冰雪中为后续部队开辟一条通道。等待着他们的是恶劣的环境和残酷的战斗，可能吃不上饭，可能睡雪窝，可能一天要走一百几十里路，可能遭到敌人的突然袭击。这支队伍能不能经受住这样严峻的考验呢？将军思索着。

③ 队伍忽然放慢了速度，前面有许多人围在一起，不知在干什么。

④ 将军边走边喊："不要停下来，快速前进！"

⑤ "前面有人冻死了。"警卫员跑回来告诉他。

⑥ 将军愣了一下，什么话也没说，快步朝前走去。

⑦ 一个冻僵的老战士，倚靠光秃秃的树干坐着。他一动不动，好似一尊塑像，身上落满了雪，无法辨认他的面目，但可以看出，他的神态十分镇定，十分安详：右手的中指和食指间还夹着半截纸卷的旱烟，火已被雪打灭；左手微微向前伸着，好像在向战友借火。单薄破旧的衣服紧紧地贴在他的身上。

---

① 李本深，1951 年生，山西人，作家。

⑧ 将军的脸色顿时严峻起来,嘴角边的肌肉抽动着。忽然他转过脸向身边的人吼道:“把军需处长给我叫来!为什么不给他发棉衣?”

⑨ 呼啸的狂风淹没了将军的话音。没有人回答他,也没有人走开。他红着眼睛,像一头发怒的豹子,样子十分可怕。

⑩ “听见没有,警卫员?叫军需处长跑步过来!”将军两腮的肌肉抖动着。

⑪ 这时候,有人小声告诉将军:“他就是军需处长……”

⑫ 将军愣住了,久久地站在雪地里。他的眼睛湿润了。他深深地吸了一口气,缓缓地举起右手,举到齐眉处,向那位跟云中山化为一体的军需处长敬了一个军礼。

⑬ 风更狂了,雪更大了。白雪很快地覆盖了军需处长的身体,他成了一座晶莹的丰碑。

⑭ 将军什么话也没有说,大步走进漫天的风雪中。他听见无数沉重而坚定的脚步声。那声音似乎在告诉人们:如果胜利不属于这样的队伍,还会属于谁呢?

1. 阅读全文,完成表格。

事件	将军行为	将军心理
踏雪行军	思索	(1)
队伍放慢	(2)	焦急
(3)	命令军需处长上前	(4)
确认死者身份	(5)	震惊
继续行军	大步走进风雪中	坚定

2. 阅读第⑦段中对军需处长的动作、神态、穿着的描写,请说说你从中体会到什么。

3. 结合文中具体内容,谈一谈你对“丰碑”的理解。

4. 文章首尾都有对于“风雪”的景物描写,作用是什么?

【参考答案】

1. (1)疑虑 (2)催促前进 (3)发现死者 (4)生气 (5)愣住,行军礼

2. 文中的“一动不动”“微微向前伸”等动作描写,写出了军需处长冻僵了的样子;“单薄破旧的衣服”等穿着的描写,写出了军需处长衣着的单薄;“神态十分镇定,十分安详”等神态描写,写出了军需处长牺牲前坚决安详的样子;这些描写能看出军需处长身为负责军需物资的部队干部,却没有为自己着想,而是甘心奉献、舍己为人的崇高

精神。

3. 原指高大的石碑，比喻不朽的杰作或伟大的功绩。课文中指军需处长的高尚品德与舍己为人的精神。“丰碑”象征了以军需处长为代表的红军指战员先人后己、勇于献身的英雄主义精神。

4. 交代了天气严寒，环境恶劣；为部队行军艰难做铺垫；为老军需处长的牺牲渲染了悲壮气氛；衬托军需处长舍己为人的精神。

铁血将军戴安澜

① 1942年的一天，陕北延安的一间窑洞里，中国共产党最高领导人毛泽东惊悉名将陨落的消息，奋笔疾书挽诗一首：“外侮需人御，将军赋采薇。……”诗里提到的将军，就是刚刚牺牲在抗日战场的国民革命军第5军第200师师长戴安澜。

② 将军是安徽无为人。少时勤奋好学，曾师从桐城名士周绍峰，后又追随教育家陶行知，深受陶先生爱护平民思想的影响。1924年，将军以一介文弱书生报考黄埔军校，因体能测试不过关未能成功。此时他已立志投笔从戎，救国救民，遂报名参军锤炼自己，经过两年严格的军事训练后再次报考黄埔军校，被顺利录取为第三期学员。

③ 毕业后，将军经历了包括台儿庄战役在内的多次战争，因战功卓著步步晋升。35岁时，升任国民革命军第200师师长，少将军衔。200师是中国第一支机械化部队，为了找到它最适合的战术，将军冲上前线观察日军如何作战，不幸暴露了目标，被日军火力封锁在掩体内长达两个多小时。其间，他一直静静地趴在那里，细数日军的枪声，最终弄清了日军的坦克与战车、机枪与步枪是如何协调作战的。将军不仅胆识过人，战场上身先士卒，还十分有谋略，治军有方。他发明了很多简短有效的战术，制定了严格的军事考核方案。很快，200师就成为让日军闻风丧胆的王牌师。

④ 1939年年末，将军奉命镇守广西昆仑关，昆仑关地势险要，历来为兵家必争之地。当时同盟国支援中国的物资85%都要经过昆仑关运输。因此在日军眼里，昆仑关就是中国的命脉，占领它就切断了中国的补给线。战斗一开始，日军就动用了最精锐的部队，不惜血本想赢，可他们遇到了戴安澜。两天时间里，昆仑关两次易主，战斗极为惨烈。最后，是将军率领将士用大刀劈开漫山遍野的铁丝网，一点点清除日军设下的障碍，以血肉之躯向日军步步逼近，才最终赢得了胜利。

⑤ 战后，人们到医院看望受伤的戴安澜，但他却没把自己的伤放在心上，表示“流血是军人之分，恨不能扬威国外”。而没过多久，机会就来了。1942年年初，为了支援

盟军在中印缅战场对日本法西斯的战争，中国十万远征军挥师入缅，准备御敌于国门之外。200 师作为先头部队进驻缅甸同古。同古是南缅平原上的一座小城，战略地位十分重要，可它既无天险可守，又缺乏防御工事。强敌当前，将军带领军队日夜抢修，积极布防。

⑥ 很快，200 师就与日军在同古城外交火了。战斗一开始就极为惨烈，日军动用数倍于 200 师的兵力，对同古城展开了疯狂的进攻。上有飞机轮番轰炸，下有重炮持续猛击，阵地被炸成一片火海。将军始终屹立在阵地上，从容自若地指挥部队利用抢修好的坑道式掩蔽所灵活地阻击敌人。鬼子炮轰，就钻入坑道；鬼子步兵进攻，便从坑道杀出，杀得鬼子人仰马翻。鬼子退入丛林，就发射燃烧弹，烧得他们哭爹喊娘；鬼子开动坦克攻击，就用手榴弹炸毁坦克。战斗进入白热化阶段，日军的进攻越来越猛烈。在军官会议上，将军缓缓站起，用凝重而略带沙哑的声音立下遗言："余奉命固守同古，余战死，以副师长代理；副师长战死，参谋长代理……"将有必死之心，士无贪生之念，全军士气大振。随后的战斗中，200 师英勇地与敌人进行过白刃战，机智地应对过敌人的毒气弹，顽强地与敌人展开了周旋。最终，日军血流成河，尸横遍野，同古城安如磐石。

⑦ 同古之战，200 师以罕见的勇气和智慧阻击了数倍于己的日军精锐部队，战果震惊世界。英、美各国均大幅报道了将军的英雄事迹和伟大壮举，中国军队赢得了国际声誉。然而，形势对于孤军作战的 200 师来说，正变得越来越严峻：援兵被阻，供应断绝，官兵精疲力竭……激战 12 天之后，将军不得不率部突出重围，留给日军一座空城。随后，将军奉命顺利收复了另一战略要冲棠吉，但日军也已追上来并迂回到 200 师后方，切断了将军的退路。

⑧ 此时，200 师要么以难民身份进入印度，要么冲破日军的五道封锁线回国。将军断然拒绝了前者，他说："我生为中华军人，死为中华雄鬼，宁愿与日寇战死，绝不苟且偷生。"将军率领仅存的 6000 余名官兵进入缅北野人山，他要带着将士们回家，回中国。不幸的是，在冲过最后一道封锁线时，将军身负重伤。此时，部队缺医少药，断粮断炊，缅甸又正在雨季，将军的伤势迅速恶化。1942 年 5 月 26 日凌晨，将军吩咐部下为他换装整容。此时，苍穹寂寥，月暗星稀，唯北斗星依稀可辨。将军遥望天际，久久不语，眼角涌出一颗大大的泪珠……下午，将军的心脏停止了跳动。临终前将军已不能言，只是用手指向北方——祖国的方向。一代名将就此陨落，风云为之变色，山河与之同悲！斯时，将军英年 38 岁。

⑨ 其实，在率部踏出国门之时，将军就已做好了牺牲的准备。他在给妻子王荷馨的遗书中写道："现在孤军奋斗，决以全部牺牲，以报国家养育！为国战死，事极光荣，所念者……你们母子今后生活，当更痛苦，但东靖澄篱四儿具极聪俊……"这里的"东靖澄篱"指的是将军的四个子女：覆东、靖东、澄东、藩篱，他们的名字寄寓了将军期望覆灭、平靖、澄清东洋鬼子，筑起抵抗鬼子入侵的藩篱的决心。将军对日本侵略者的仇恨，以及他的拳拳报国之心，由此可见一斑。将军夫人王荷馨，名字也是将军取的。当时，将军已从黄埔军校毕业，在北伐军司令部任连长，王荷馨是他在老家定下的还没过门的媳妇，是个旧式的农村妇女，连名字都没有，但将军照样把她接到部队上完婚，并且不离不弃，直到他为国捐躯。婚后，将军还一直鼓励妻子学习，她是他心上盛开的荷花，纯洁美丽。

⑩ 魂兮归来！将军灵柩经昆明、贵阳、桂林，运抵广西全州。沿途民众迎祭忠烈，沿街跪拜，挥泪如雨。国民政府颁布命令，表彰将军"视死如归，悲壮激烈，临阵不退，见危甘蹈"，并追赠陆军中将。同期，美国总统罗斯福为表彰将军的功绩，特签署褒奖令，高度评价将军"在 1942 年缅甸作战中，著有丰功伟绩，声誉卓著"。

⑪ "策马奔车走八荒，远征功业迈秦皇。澄清宇宙安黎庶，先挽长弓射夕阳。"这是将军在远征缅甸途中写下的诗句。如今读来，将军当年豪气万丈，策马扬鞭，率领 200 师雄赳赳气昂昂奔赴缅甸的情景仿佛就在眼前。抚今追昔，斯人已去，忠骨永存。愿将军安息！

（2015 年海淀区一模题，有删改）

1. 文章第②～⑧段以简短的篇幅写出了戴安澜将军波澜壮阔的一生。请你根据事件的发展，将下面的情节补充完整。

第②段：写将军早年的求学经历和他的投笔从戎。

第③段：________________________________

第④段：________________________________

第⑤段：写将军驻守同古，积极布防。

第⑥段：________________________________

第⑦段：写将军率部突出同古重围，收复棠吉。

第⑧段：________________________________

2. 请说说文章第⑨段对刻画戴安澜将军形象起到了怎样的作用。

3．2015年是抗日战争胜利70周年，同学们想写一副挽联献给戴安澜将军，表达对将军的缅怀和敬仰之情。请你结合文中将军的事迹和你的阅读感悟，试一试。

上联：________________________________

下联：________________________________

横批：________________________________

4．文中戴安澜将军的形象十分感人，文章是如何做到这一点的，请你结合第⑥段或第⑧段的内容作简要赏析。（不超过150字）

【参考答案】

1．第③段：将军战功卓著，步步晋升，升任200师师长，身先士卒，治军有方。（治军有方）

第④段：将军率200师奉命镇守昆仑关，与日军苦战，赢得胜利。（昆仑关大捷）

第⑥段：将军指挥军队在同古顽强阻击数倍于己的日军精锐部队，同古城安如磐石。（誓死守卫同古）

第⑧段：将军欲率余部突出日军封锁线回国，途中不幸受伤牺牲。（以身殉国）（答出要点，意思对即可。）

2．第⑨段通过记叙将军的遗书，将军给子女命名，将军善待妻子，不仅揭示出将军的拳拳报国之心，而且可以看出他对家人的牵挂和爱，使将军的形象更为丰满感人。

3．略。（要求：结合将军事迹，有对将军精神的赞美。）

4．示例一：

第⑥段用“轮番轰炸”“火海”等词语，写出战斗的惨烈，烘托将军的勇敢；用排比描写我军灵活机智地阻击敌人的炮轰、步兵等进攻，彰显将军指挥的从容、有谋略；用动作“缓缓站起”、语言“余战死，以副师长代理”，表明将军以死报国的决心。这一切写出了将军的智勇双全，从容有大将风度，不惜为国战死沙场，感人至深。

示例二：

第⑧段用语言“我生为中华军人，死为中华雄鬼”，揭示将军宁愿以死报国，绝不苟且偷生的铮铮铁骨；用“苍穹寂寥，月暗星稀”的环境描写，渲染了将军临终前苍凉悲怆的气氛；用“只是用手指向北方”的动作，凸显将军至死不忘祖国的赤诚；生动刻画出了一位为国驰骋疆场、披肝沥胆的爱国将军形象，十分感人。

文章写作

⊙写作指导

动情抒情

杨　玲

抒情，即表达情思，抒发情感；是和记叙、议论、描写、说明并列的一种表达方式。“恰当抒发自己的真情实感，能增强文章的感染力，并深化主题。”真挚的情感能增强文章的感染力，虚情假意是无法真正打动读者的。

所谓“恰当抒发”，一是指要把握好抒情的度；二是指要选择好抒情的方法。关于抒情的度，叶圣陶先生曾经说过：“抒写到某地步，自己觉得所有的情感倾吐出来了，这就是最适当的限度。”(《作文论》)当然，这是一种理想的状态，是很难做到的。对同学们的日常创作而言，只要做到不过分地矫饰情感，不使抒情流于泛滥和空洞即可。“情动于中而形于言。”抒情的方法，主要分为强烈直白和含蓄委婉两类。一般而言，强烈的、紧张的情感适合选择前一类方法，而轻淡的、弛缓的情感则适合选择后者。

第一种：直接抒情。

直接抒情即直抒胸臆，是指在记叙、描写的基础上，在感情达到炽热的程度时，作者或人物不借助别的事物，直接抒发自己的情感。它的好处是情感炽烈、直接坦露、有强烈的感染力。例如：光未然的《黄河颂》，全诗大量运用直接抒情的方式，鲜明而强烈地抒发了作者对黄河的景仰、对祖国英雄儿女的赞颂之情，直接表达了对黄河的赞美之情，有很强的艺术感染力，令人读来心潮澎湃、热血沸腾。

啊！黄河！
你是中华民族的摇篮！
五千年的古国文化，
从你这儿发源；
多少英雄的故事，
在你的身边扮演！
……
我们祖国的英雄儿女，
将要学习你的榜样，
像你一样的伟大坚强！
像你一样的伟大坚强！

——光未然《黄河颂》

不仅诗歌和抒情散文可以运用直接抒情的方式，在叙事性的文章中也可以运用这种抒情方式。比如，在《最后一课》中就有这样的例子。

<table>
<tr>
<td>
我听了这几句话，心里万分难过。啊，那些坏家伙，他们贴在镇公所布告牌上的，原来就是这么一回事！
我的最后一堂法语课！
我几乎还不会作文呢！我再也不能学法语了！难道这样就算了吗？我从前没好好学习，旷了课去找鸟窝，到萨尔河上去溜冰……想起这些，我多么懊悔！我这些课本，语法啦，历史啦，刚才我还觉得那么讨厌，带着又那么沉重，现在都好像是我的老朋友，舍不得跟它们分手了。还有韩麦尔先生也一样。他就要离开了，我再也不能看见他了！想起这些，我忘了他给我的惩罚，忘了我挨的戒尺。
——都德《最后一课》
</td>
<td>
“心里万分难过”
“那些坏家伙”
“难道这样就算了吗”
“我多么懊悔”
“讨厌”
“舍不得”
</td>
</tr>
</table>

这是转折关头小弗郎士的心理独白，直陈肺腑，话很平常，语言上没有多少花样，也没有多少修辞技巧，但却直白动人。全文中，第一人称叙事者小弗郎士就多次直接抒发自己内心的情感，这些抒情的文字不仅为文章增添了感人的力量，还起到了深化文章主旨的作用。

需要注意的是，应在真正需要和水到渠成时方可真情流露。比如《最后一课》中，文章充分讲述了小弗郎士在最后一课中的特殊经历，并运用大量细节描写展现了这节课的悲壮情调，“我”充分感受到了这堂课的与众不同之后，才让小弗郎士用一句话由衷地抒发出自己的内心情感：“啊！这最后一课，我真永远忘不了！”表达了内心对即将失去美好事物的留恋之情，对祖国的热爱。这就显得自然而然，真切动人。

再如，文天祥在《过零丁洋》中的“惶恐滩头说惶恐，零丁洋里叹零丁”，前面一个“惶恐”“零丁”是地名，后面一个“惶恐”“零丁”却是心情，文天祥将两个地名，转化为两种心情。这样语言的双关，且在上下句中形成如此工整的对仗，实为难得。“人生自古谁无死，留取丹心照汗青。”从表面上看，这两句几乎没有多少技巧可言，就是直接抒情，是文天祥人格的宣言。但它却是这首诗中最具震撼力的一联，也是这首诗流传千古的原因。但如果没有前面修辞的讲究，只是一味地心灵直白，人格宣言也可能变得很抽象。这两联有机地统一起来，文天祥的生命宣言就升华成为格言了。而很多修辞手法，例如，反复、呼告、排比、反问、比喻、反语、讽刺、夸张等，都是随作者情感的激化和升华而产生的；反过来，它也正适合表达作者强烈的情感，用来直接抒情。

第二种：间接抒情。

间接抒情，简单地说就是没有直白的抒情语句，而将作者的感情渗透在叙述、描写、议论中，感情同写人、叙事、写景、状物融合在一起，这种感情的抒发是渗透在文章的字里行间的。

例如，都德的《最后一课》中，不仅多处用了直接抒情的方式，也有很多地方运用了间接抒情。

天气那么暖和，那么晴朗！ 画眉在树林边婉转地唱歌；锯木厂后边草地上，普鲁士兵正在操练。 …… 个个都那么专心，教室里那么安静！只听见钢笔在纸上沙沙地响。有时候一些金甲虫飞进来，但是谁都不注意，连最小的孩子也不分心，他们正在专心画“杠子”，好像那也算是法国字。屋顶上鸽子咕咕咕咕地低声叫着，我心里想：“他们该不会强迫这些鸽子也用德国话唱歌吧！” ——都德《最后一课》	“天气那么暖和，那么晴朗！” “画眉在树林边婉转地唱歌” “屋顶上鸽子咕咕咕咕地低声叫着”

这种借助景物描写来抒发情感的方法，就是我们常说的“融情于景”。融情于景的特点是，它的抒情味不浓，显得朴实、含蓄，借助平实的描写来表达感情，很是自然，它把抽象的感情通过景物的具体描绘表现出来。王国维曾说过：“一切景语皆情语。”同学们在借景抒情时，要把真切的感受融入所写的景物之中，使景物蕴涵浓厚的思想和感情，做到情景交融。杜甫的“感时花溅泪，恨别鸟惊心”就是它的写照。

“以乐景写哀，以哀景写乐，一倍增其哀乐。”

除了比较常见的借景抒情以外，还可以记事抒情、托物言志或议论抒情。记事抒情(融情于事)：通过叙述某件事来抒发感情。托物言志(融情于物)：选择一些可以借用的事物，抓住事物的某些特征，用艺术表现手法表达某种感情、道理、风格、精神和品质，例如，陆游和毛泽东的《卜算子・咏梅》。议论抒情(融情于理)：把自己真实的思想情感寄托在几句点睛式的议论之中。

由此可见，想要表情达意，可以把抒情与描写、记叙、议论等表达方式结合起来，充分表达蕴藏在心底的情感。

最后，需要指出的是，直接抒情和间接抒情相互配合往往能令文章产生更为强大的感染力。在这方面，《最后一课》《黄河颂》等都是很好的例子。对同学们来说，一篇记叙文，在叙述描写中适当地穿插抒情，是一种极好的点染，会使细节得到点化，情感得到渲染，主旨得以明确，主题得到升华。

⊙写作实践

从下面两个作文题目中任选一题，写一篇文章。

题目1

青春总会有一段令人难忘的征途：经过一段艰辛的努力，学习能力才会有提高；经过一番不懈的训练，运动能力才会有突破；经过一年又一年的练功，艺术水准才会有跃升；经过一次又一次的实践，科学创新才会有进展……我们走上征途，也许为了体质，也许为了学业，也许为了培养爱好特长，也许为了锻炼领导能力，也许为了一个突发奇想的目标，也许为了集体或他人的托付……请以“征途”为题，写一篇记叙文。

【同学分享】

征　途

初1503班　毛欣芸

长风破浪会有时，直挂云帆济沧海。

——题记

一支笔，一片墨，能有多大能量？

时间告诉了我们答案。从白雾迷蒙的江畔传出的哀歌，到漫漫征途中身为领袖、诗人的他用一杆笔创造的大气磅礴的诗篇，文字用它独特的魅力吸引着人们在这条路上走下去。

从小，我不是一个善于表达的人，文字便是我的声音。我在纸上歪歪地写下我的名字、我的想法，并展示给更多的人看。出乎意料地，我取得了他们的赞美。“你适合在这条路上走下去。”他们总是点着头，用闪烁的目光看着我。

的确，这也是我的想法。我着迷于白纸上看似渺小但却可以创造一个世界的文字，我找来各种各样的书并沉浸其中，挑选我认为优美的文段写在本上，在写作时偶尔可以“据为己有”。这一路的鲜花与掌声使我更加热爱我的笔与文字。

但是当几年前遇见了她，我的世界开始转变。她活泼开朗，她的笔下有着神奇的魔法，我惊叹于一个11岁少女竟可以写出如此完美的诗篇。相比与此，沉默的我便不值一提。于是我读更多的书，选取更多我可以利用的文段，化尽一切华丽辞藻，只求可以骄傲地站在她面前。

但这反而没有使我的分数高起来。“你只是一味地模仿，没有新意。”老师摇摇头。我迷茫地拿起文稿，也许，我并不适合走这条路吧。

回到家我颓废地坐在沙发上，打开微信漫无目的地看着。突然，我看到了她的朋友圈。照片中的她甜美地笑着，身旁是几大沓稿纸，一直堆到了她的床上。“感谢所有人在七年里的陪伴与支持，我会一直在这条路上走下去，努力下去!”旁边是一个坚毅的表情。我突然明白了些什么。她的努力与付出堆砌成了她的胜利，那是属于她的奖杯，同时也凝聚着她的时间与汗水。我付出的还远远不够。

如果说写作这条路是一次长征，那么时间便是成功者所必须付出的代价。这需要哪怕在这条路上有着无数天堑、无数阻挠，也要走下去的毅力。我突然想起李白的《行路难》：“行路难，行路难。多歧路，今安在!”多少次我曾与他产生共鸣，我继续读下去：“长风破浪会有时，直挂云帆济沧海。”此时，我回首一路走来，有跌倒，有失败，有无数想置我于死地的凶猛“野兽”。在战胜它们时心底由衷的喜悦，是无论如何也无法忘记的。面前的路，一望无际，这要我用时间来沉淀，来证明。

写作，不是一时之功。我会带着那份热忱与欢乐，在这条属于我的征途上，勇往直前!

【点评指导】

同学们联系本专题中对长征的理解，应该不难想到，“征途”这个题目是有一定指向性的，它要求我们写一个奋斗的过程，因此，写作中应强调自己主观的努力，努力的缘由、结果都是次要的，写作中篇幅应向努力的过程倾斜。毛欣芸同学选择的话题是为写作的爱好而努力，她写了自己对写作的热爱、遇到的困难，更重要的是写出了克服困难的过程。希望大家注意学习她文章篇幅的侧重之处，注意文章结构合理。

题目 2

请以“我的中国心”为题，写一篇作文。文体不限。

要求：

(1) 请将作文题目抄写在作文纸上。

(2) 字数在 600～800 字。

(3) 不要出现所在学校的校名或师生姓名。

【同学分享】

我的中国心

初1614班　孙晓森

时间像一台随机播放的放映机，不经意间会让过去的点滴闯入现在，拨动记忆的弦，让人看清自己的心。

小学时，我曾修过京剧这门课。

六七岁的我，一周数次穿过曲曲折折的游廊，在五六年的岁月里光顾同一个地方，去修一门我不怎么喜欢的课。京剧老师很凶，经常用竹棍敲着黑板，胖胖的脸上从未展颜一笑，并不文雅，并不亲切，却有着连六七岁孩子也能感受到的对艺术的真诚与尊重。每一个转音、变音、真声假声、西皮流水和西皮二六，一点点地抠，使我几年间倒也出了不少活，我这样一个五音不全的人也能把经典段落信手拈来。毕了业，以为可以放下了，却只是放下了学习京剧这门课，却从没放下过心中的"存货"。

2016年春晚，当恹恹欲睡的我被锣鼓喧天的声音吵醒，无意识地开始跟着过去烂熟于心的词曲哼唱时，我才惊觉，我从未放下过那些谱子，它们只是一直存在那里，等待着邂逅时那一瞬的共鸣将它们唤醒。是的，共鸣。那一刻的我仿佛又回到了小学里曲曲折折的游廊，透过窗上的雕花窥到了那时的我，欣喜，感慨……种种情感杂糅在一起。我知道我并不热爱京剧，甚至恐惧京剧老师，可是我对它仍怀有最淳朴的初心，因为它，藏着我一吟一唱的积淀，载着我的童年、我的文化。

又过了一年，我与曾经的同学相聚，微微生疏了的名字从口中直接脱出，我们霎时间又有了共鸣。卡拉OK，要点一首我们都会唱的曲子时，我们异口同声喊出："《报灯名》!"随后，我们都诧异地望着彼此，彼此间询问："你还记得?"微笑里，欣喜中，原来，我们都还记得；只是以为自己忘记了，以为别人也会忘记。

何止是一曲京剧？何止是浅浅涉足？五六年间，我们分明是把一颗心都融进去了。

何况是朝夕相对的同胞？何况是为我们撑起天地的家？成长蜕变间，分明是把一切都融入心里了。

有些事，有些情结，又何须常常挂在嘴边提醒？文化的事，国家的情，我们其实从未忘记过，其实它们深深扎根于我们的内心，只等着一些瞬间的触动，掀起万丈波澜。

中国心，是我与我们的共鸣。你知，我知。

【点评指导】

“中国心”可大、可小，可是往往切入点越小，越容易写得具体，写得深刻。孙晓森同学作文最大的亮点是借对京剧的感受，书写“我的中国心”，以小见大，把抽象的爱国心具体化，这是非常巧妙的构思。也许有的同学更容易想到的是祖国发展多么迅速，列举一系列中国在各个领域的成就，最后赞叹祖国的强大，当然关心国事、为祖国的发展而欢呼也是爱国心的一种表现，但总觉得缺少了一些个性气息。大家在构思这个题目时，不妨多想一想自己生活中贴近的小事，真正写出“我”的中国心。

综合实践

1．书写一幅毛泽东诗词长卷。

要求：长卷，是中国画装裱体式之一；它属于横幅的一种，也称“手卷”“横卷”。长卷画面连续不断，多是横看的。请你选择自己喜欢的毛泽东诗词（最好是多首），抄写成书法长卷，可配画，可以有新颖的创意。

【同学分享】

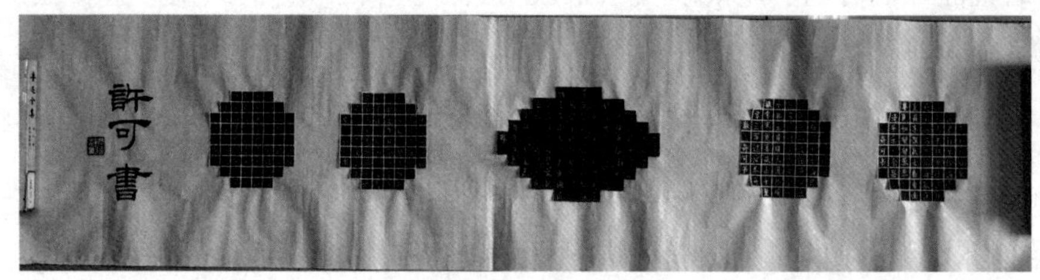

（初1507班　许可）

【点评指导】

在印刷术发明之前，书籍都是依靠手抄来传播，面对着凝聚了古今智慧的文字，也许用恭敬的手书是我们对它们表达尊重的一种方式。许可同学按照任务的要求，设计了一幅长卷，书写了毛泽东的三首诗词。长卷以硬笔楷书书写，底色选用黑色，整体风格沉稳厚重，字迹端庄。在完成这项任务时，老师希望大家涌现出更富有创意的设计，以表达你对毛泽东诗词的理解。

2．举办一次长征主题的歌·诵会。

要求：与同学合作，从专题中所有与长征有关的诗或歌词中选取材料，结合你的学习感悟，设计成表演的脚本，并排演出来。建议你综合朗诵、歌唱、舞蹈、雕塑剧等多种艺术形式，再现长征精神，歌颂长征精神。小组准备好以后，以班级或年级为单位，举办一次主题歌·诵会。

【同学分享】

长征

（初1211班　黑泷　王萱　石宇昂　孙九鼎　何敏　何诗怡　祝颐琳　包佳暄）

【点评指导】

这个作品的创意十分新颖有趣，他们用手绘道具再现红军长征中的重大事件，结合历史、美术与文学，相信小组的成员也在创作的过程中感受到了团队合作的力量。表演之前，大家需要一起绘制图片；表演中，旁白要和手持活动图片的同学密切配合。当然，表演的形式远远不止一两种。希望大家发挥自己的特长，小组精诚合作，贡献出精彩的表演。

3. 请尝试在中国地图上画出长征路线图，并将毛泽东在长征期间所创作的诗歌标注在相应的地理位置上。

【同学分享】

略

【点评指导】

画出长征路线图，可以让我们更直观地看到红军足迹所丈量过的土地有多么宽广；那一个个地名与战役名，记录着多少牺牲的血泪与胜利的狂喜！毛泽东的诗词，也反映着长征路上的起起伏伏，寄托着始终高昂的革命激情。让我们怀着敬意，用线条在神州地图上重走一遍长征路吧！

格物致知

卷首小语

如果说感性思维是我们感受世界的法宝，那么，理性思维就是我们思考世界的不二法门。学好说明文，就是提升理性思维的一种重要方法。

认识世界，从认识事物的特点开始，这就是本专题第一个方面的内容。在这里，你可以看到中国传统建筑的艺术特色，你可以看到大自然中动植物的不同特点，你还可以看到文化器物的独特韵味……不同事物的不同特点，为我们呈现出多姿多彩的美感。

认识了事物的特点，还要深入一步，去认识事物本身的道理或内在的规律，这就是本专题第二个方面的内容。在这里，沧海桑田变化的规律、物候现象背后的道理、花儿为什么这样红的原因……都一一在我们眼前闪现。

认识了世界，一定还要学会认识自己的生活，这就是本专题第三个方面的内容。在现实的社会生活中，说明文运用范围极为广泛，与我们的工作和生活越来越密切，越来越显示出它的实用价值。无论是清晰明了的说明书，还是五花八门的广告，抑或是种类繁多的解说词……各种各样的应用类说明文，已经完全融入我们的生活。

明明白白说明文，清清楚楚看世界！

请结合教材以下课文及综合性学习，学习阅读本专题。

《中国石拱桥》（八年级上册第五单元）

《苏州园林》（八年级上册第五单元）

《大自然的语言》（八年级下册第二单元）

有的放矢

1．品味说明文语言的准确、简明和严密，感受或平实或生动的语言风格，正确运用说明方法。

2．明确说明文对象的特点与内在的事理逻辑，能做准确的介绍与分析。

3．领会作品中所体现的科学思想方法，提升自己的批判思维能力，能对事物（事理）做准确的说明。

4．领会作品中所体现的科学精神和人文情怀。

磨砺以须

1. 请你用一段文字介绍一件你非常熟悉的物品，并在课上读给同桌。同桌将依据你的描述把它画下来。如果画错了，请你修改你的描述，并做修改记录。

【同学分享】

它通常只有一根中指那么长，中间宽两头窄，表面是趋近扁平的，就像大海中的一叶扁舟，扁舟的一端有一根细细的卷曲的尾巴。扁舟表面上还有一些不起眼的、细细的、浅浅的毛。扁舟里坐着很多个头相似的好兄弟，这些兄弟都是圆圆的、胖胖的、绿色的颗粒。

（初 1602 班　张家铭）

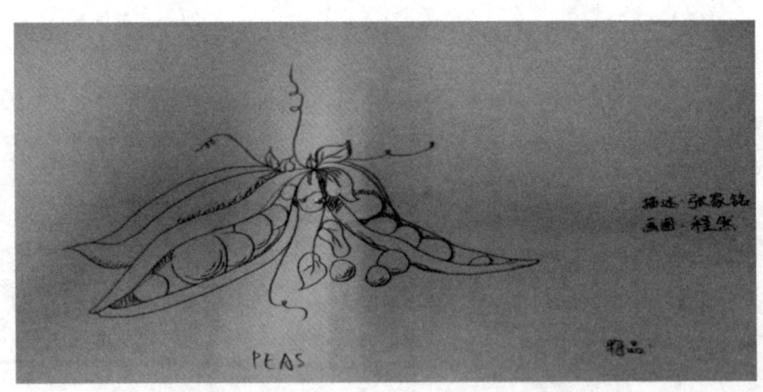

（初 1602 班　程然）

【点评指导】

上面的绘画与文字介绍部分非常符合。文字部分的语言简洁明了，又不乏生动形象，准确地介绍了扁豆的外形特征。如“用一根中指那么长”“像大海中的一叶扁舟”“一根细细的卷曲的尾巴”“很多个头相似的好兄弟”。图画部分直观可感，弥补了单用文字介绍扁豆的欠缺，便于读者更清晰直观地把握文字描述的事物，记忆深刻。

2. 生活中有很多令人好奇的现象，例如，菜刀背薄而斧头背厚，紧靠墙壁的人难以单腿站立，在火车上看窗外的地面是旋转的，等等。请你也举出一个生活中令你感到好奇的现象，并尝试解释其原理。

【同学分享】

为什么近视度数越深眼镜片越厚

初1601班　王一芮

我们都知道，近视就是像没有成在视网膜上而成在视网膜前，导致看见的像是模糊的。在我们的眼睛里，晶状体像一面凸透镜，受平滑肌的影响可以根据物体与眼睛的距离长短来调节晶状体的弯曲程度。

而近视的眼睛中晶状体过于弯曲，折光能力太强，所以光线会聚在视网膜前，近视程度越高，像与视网膜就越远。

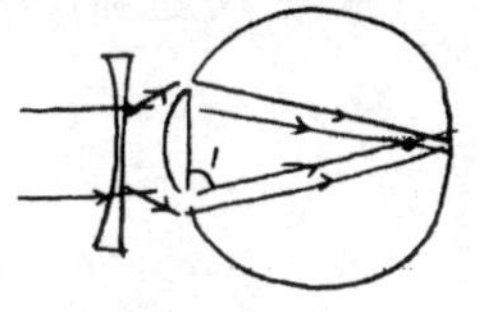

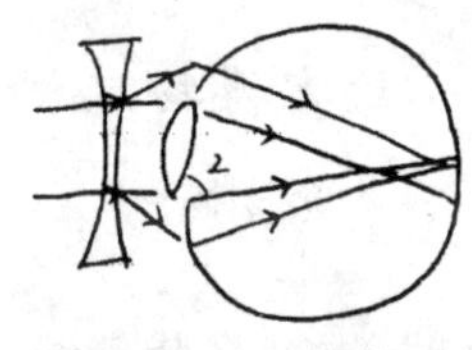

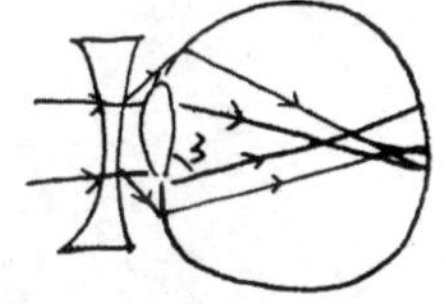

$(\angle 1>\angle 2>\angle 3)$

此时，可以使用焦距合适（发散光能力合适）的凹透镜，人为地使像成在视网膜上。晶状体的聚光能力越强，就要选发散光能力越强的凹透镜来进行调整。而凹透镜越厚，它的聚焦就越短，发散光的能力就越强。

所以近视度数越深，眼镜片就越厚。

【点评指导】

文章说理的逻辑性很强，语言平实严谨，又不乏形象生动。小作者将眼睛的晶状体比作凸透镜，运用物理学中光学的知识一步一步有趣地说明了“凹透镜越厚，它的聚焦就越短，发散光的能力就越强”的知识，进而合理地解释了为什么近视度数越深眼镜片越厚的原理。另外，作者很巧妙地运用了列图表的说明方法，辅助于文字的说明，使整篇文章更加鲜活生动，富有趣味性。

含英咀华

辨 识 事 物

故宫博物院

黄传惕[1]

在北京的中心,有一座城中之城,这就是紫禁城。现在人们叫它故宫,也叫故宫博物院。这是明清两代的皇宫,是我国现存的最大最完整的古代宫殿建筑群,有五百多年历史了。

紫禁城的城墙十米多高,有四座城门:南面午门,北面神武门,东西面东华门、西华门。宫城呈长方形,占地72万平方米,有大小宫殿七十多座、房屋九千多间。城墙外是五十多米宽的护城河。城墙的四角上,各有一座玲珑奇巧的角楼。故宫建筑群规模宏大壮丽,建筑精美,布局统一,集中体现了我国古代建筑艺术的独特风格。

从天安门往里走,沿着一条笔直的大道穿过端门,就到午门的前面。午门俗称五凤楼,是紫禁城的正门。走进午门,是一个宽广的庭院,弯弯的金水河像一条玉带横贯东西,河上是五座精美的汉白玉石桥。桥的北面是太和门,一对威武的铜狮守卫在门的两侧。

进了太和门,就到紫禁城的中心——三大殿:太和殿、中和殿、保和殿。三座大殿矗立在七米多高的白石台基上。台基有三层,每层的边缘都用汉白玉栏杆围绕着,上面刻着龙凤流云,四角和望柱下面伸出一千多个圆雕鳌头,嘴里都有一个小圆洞,是台

① 黄传惕(1934—),现代学者。

基的排水管道。

太和殿俗称金銮殿，高 28 米，面积 2380 多平方米，是故宫最大的殿堂。在湛蓝的天空下，那金黄色的琉璃瓦重檐屋顶，显得格外辉煌。殿檐斗拱、额枋、梁柱，装饰着青蓝点金和贴金彩画。正面是 12 根红色大圆柱，金琐窗，朱漆门，同台基相互衬映，色彩鲜明，雄伟壮丽。

大殿正中是一个约两米高的朱漆方台，上面安放着金漆雕龙宝座，背后是雕龙屏。方台两旁有六根高大的蟠龙金柱，每根大柱上盘绕着矫健的金龙。仰望殿顶，中央藻井有一条巨大的雕金蟠龙。从龙口里垂下一颗银白色大圆珠，周围环绕着六颗小珠，龙头、宝珠正对着下面的宝座。梁枋间彩画绚丽，有双龙戏珠、单龙翔舞，有行龙、升龙、降龙，多态多姿，龙身周围还衬托着流云火焰。

三大殿建筑在紫禁城的中轴线上，这条线也是北京城的中轴线，向南从午门到天安门延伸到正阳门、永定门，往北从神武门到地安门、鼓楼，全长约八公里。

太和殿是举行重大典礼的地方。皇帝即位、生日、婚礼和元旦等都在这里受朝贺。每逢大典，殿外的白石台基上下跪满文武百官，中间御道两边排列着仪仗，皇帝端坐在宝座上。大殿廊下，鸣钟击磬，乐声悠扬。台基上的香炉和铜龟、铜鹤里点起檀香或松柏枝，烟雾缭绕。

太和殿后面是中和殿。这是一个亭子形方殿，殿顶把四道垂脊攒在一起，正中安放着一个大圆镏金宝顶，轮廓非常优美。举行大典，皇帝先在这里休息。

中和殿后面是保和殿。雍正后，这里是举行最高一级考试——殿试的地方。

从保和殿出来，下了石级，是一片长方形小广场，西起隆宗门，东到景运门。它把紫禁城分为前后两大部分。广场以南，主要建筑是三大殿和东西两侧的文华殿、武英殿，叫“前朝”。广场北面乾清门以内叫“内廷”，是皇帝和后妃们起居生活的地方，主要建筑有乾清宫、交泰殿、坤宁宫和东六宫西六宫。

乾清宫是皇帝处理日常政务，批阅各种奏章的地方，后来还在这里接见外国使节。

乾清宫后面是交泰殿，交泰殿后面是坤宁宫。坤宁宫是皇后宫，也就是皇帝结婚的地方。

乾清宫、交泰殿、坤宁宫称“后三宫”。布局和前三殿基本一样，但庄严肃穆的气氛减少了，彩画图案也有明显的变化。前三殿的图案以龙为主，后三宫凤凰逐渐增加，出现了双凤朝阳、龙凤呈祥的彩画，还有飞凤、舞凤、凤凰牡丹等图案。

后三宫往北就是御花园。御花园面积不很大，有大小建筑二十多座，但毫无拥挤和重复的感觉。这里的建筑布局、环境气氛，和前几部分迥然不同。亭台楼阁、池馆水榭，掩映在青松翠柏之中；假山怪石、花坛盆景、藤萝翠竹，点缀其间。来到这里，仿佛进入苏州园林。

从御花园出顺贞门，就到紫禁城的北门——神武门，对面就是景山。景山是明代修建紫禁城的时候，用护城河中挖出的泥土堆起来的，现在成了风景优美的景山公园。站在景山的高处望故宫，重重殿宇，层层楼阁，道道宫墙，错综相连，而井然有序。这样宏伟的建筑群，这样和谐统一的布局，不能不令人惊叹。

松　鼠

布　丰[①]

松鼠是一种漂亮的小动物，驯良，乖巧，很讨人喜欢。

它们面容清秀，眼睛闪闪有光，身体矫健，四肢轻快，非常敏捷，非常机警。玲珑的小面孔，衬上一条帽缨形的美丽的尾巴，显得格外漂亮；尾巴老是翘起来，一直翘到头上，身子就躲在尾巴底下歇凉。它们常常直竖着身子坐着，像人们用手一样，用前爪往嘴里送东西吃，可以说，松鼠最不像四足兽了。

松鼠不躲藏在地底下，经常在高处活动，像鸟类似的住在树上，满树林里跑，从这棵树跳到那棵树。它们在树上做窝，摘果实，喝露水，只有树被风刮得太厉害了，才到地上来。在田野里，在平原地区，是找不到松鼠的。它们从来不接近人的住宅，也不待在小树丛里，只喜欢大的树林，住在高大的树上。在晴明的夏夜，可以听到松鼠在树上跳着、叫着、互相追逐的声音。它们好像很怕强烈的日光，白天躲在窝里歇凉，晚上出来练跑，玩耍，吃东西。它们虽然也捕捉鸟雀，却不是肉食兽类，常吃的是杏仁、榛子、榉实和橡栗。

松鼠不敢下水。有人说，松鼠过水的时候，用一块树皮当作船，用自己的尾巴当作帆和舵。松鼠不像山鼠那样一到冬天就蛰伏不动。它们是十分警觉的，只要有人稍微在树根上触动一下，它们就从窝里跑出来，躲在树枝底下，或者逃到别的树上去。松鼠跑跳轻快极了，总是小跳着前进，有时也连蹦带跳。它们的爪子是那样锐利，动作是那样敏捷，一棵很光滑的高树，一忽儿就爬上去了。松鼠的叫声很响亮，比黄鼠狼的叫声还要尖些。要是被人家惹恼了，还会发出一种不高兴的恨恨声。

松鼠的窝通常搭在树枝分杈的地方，又干净又暖和。它们搭窝的时候，先搬些小

---

① 布丰(1707—1788)，法国博物学家、作家。

木片，错杂着放在一起，再用一些干苔藓编扎起来；然后把苔藓挤紧，踏平，使那建筑物既宽广又坚实，可以带着儿女住在里面，既舒适又安全。窝口朝上，端端正正，很狭窄，勉强可以进出；窝口上有一个圆锥形的盖，把整个窝遮蔽起来，可以使雨水向四周流去，不落在窝里。

松鼠通常一胎能生三四个。它们的毛是灰褐色的，过了冬就换毛，新换的毛比脱落的毛颜色深些。它们用爪子和牙齿梳理自己的毛，弄得身上光溜溜的，干干净净的，没有什么坏气味。松鼠也是一种有用的小动物。它们的肉可以吃，尾毛可以制成画笔，皮可以制成皮衣。

说　　屏

陈从周[①]

"屏"，我们一般都称"屏风"，这是很富有诗意的名词。记得童年与家人在庭院纳凉，母亲总要背诵唐人"银烛秋光冷画屏，轻罗小扇扑流萤"的诗句，其情境真够令人销魂的了。后来每次读到诗词中咏屏的佳句，见到古画中的屏，便不禁心生向往之情。因为研究古代建筑，接触到这种似隔非隔、在空间中起着神秘作用的东西，更觉得它实在微妙。我们的先人，擅长在屏上做这种功能与美感相结合的文章，关键是在一个"巧"字上。怪不得直至今日，外国人还都齐声称道。

屏可以分隔室内室外。过去的院子或天井中，为避免从门外直接望见厅室，必置一屏，上面有书有画，既起分隔作用，又是艺术点缀，而且可以挡风。而空间上还是流通的，如今称为"流动空间"。小时候厅上来了客人，就躲在屏后望一下。旧社会男女有别，双方不能见面，只得借助屏风了。古代的画中常见室内置屏，它与帷幕起着同一作用。在古时皇家的宫廷中，屏就用得更普遍了。

从前女子的房中，一般都要有屏，屏者，障也，可以缓冲一下视线。《牡丹亭》"游园"一出中有"锦屏人忒看得这韶光贱"一句，用锦屏人来代指闺中女郎。按屏的建造材料及其装饰的华丽程度，分为金屏、银屏、锦屏、画屏、石屏、木屏、竹屏等，因而在艺术上有雅俗之别，同时也显露了使用人不同的经济与文化水平。

屏也有大小之分。从宫殿、厅堂、院子、天井，直到书斋、闺房，皆可置之，因为场合不同，自然因地制宜，大小由人了。近来我也注意到，屏在许多餐厅、宾馆中用得很普遍，可是总勾不起我的诗意，原因似乎是造型不够轻巧，色彩又觉伧俗，绘画尚少诗意。

---

① 陈从周(1918—2000)，浙江杭州人，古建筑园林专家。

这是制作者和使用者没有认识到屏在建筑美中应起的作用，仅仅把它当作活动门板来用的缘故。其实，屏的设置，在与整体的相称、安放的位置与作用、曲屏的折度、视线的远近诸方面，均要做到得体才是。

屏是真够吸引人的，“闲倚画屏”，“抱膝看屏山”，也够得一些闲滋味，未始不能起一点文化休憩的作用。聪明的建筑师、家具师们，以你们的智慧，必能有超越前人的创作，诚如是，则我写这篇小文章，也就不为徒劳了。

中国民族乐器

材料一

中国民族乐器历史悠久，源远流长。新石器时代文化遗址浙江河姆渡出土的骨哨，仰韶文化遗址西安半坡村出土的埙，河南安阳殷墟中出土的石磬、木腔蟒皮鼓，湖北随县曾侯乙墓出土的编钟、编磬等，都向人们展示了中华民族的智慧和创造力。

古乐器往往具有多种功能，它既能用来演奏音乐，也是人们劳动生产的工具或生活器具。《吕氏春秋·古乐篇》记载，人们把生活器皿“缶”蒙上麋鹿之皮，制成鼓。又如在长期劳动过程中，人们发现某种石制片状工具能够发声，可以作为乐器进行演奏，于是发明了石磬。先民们还用狩猎的石器敲击成声，为化装成百兽的人们表演舞蹈伴奏，乐器演奏同舞蹈表演相辅相成。乐器的功能不仅表现在人们用生产工具或生活器具进行演奏，还体现在传递特定的信息，如鸣金收阵、击鼓升堂等。

乐器的发展与社会生产力有着密切关系。石磬演变成金属的磬或出现金属的钟，在石器时代绝无可能；只有养蚕业和缫丝业进步了，才有可能产生“丝附木上”的琴、瑟、筝。至周代，我国制作乐器的材料有金、石、土、革、丝、木、匏、竹八类，“八音”分类法即由此得名。在曾侯乙墓的地下音乐殿堂中，保存了124件古乐器。无论是重达五千多斤的乐器巨人编钟，还是造型、制作和彩绘都很精致的鼓、排箫、笙、瑟等，均向我们展示了春秋战国时中国音乐文化高度发展的状况，显示了我国高度发达的冶炼、丝织等技术。

中华民族是一个善于学习借鉴的民族。许多外来乐器经过不断改进，成为中国民族乐器大家庭中的一员，比如汉代时传入的横笛、竖箜篌，东晋时传入的曲项琵琶，明代传入的扬琴、唢呐等。经历了漫长的历史阶段，中国的“吹、打、弹、拉”四大类乐器逐渐形成，乐器的音质、音律、音量、转调、固定音高乐器之间的音高标准等不断进步提高，并取得了举世瞩目的成就。

（取材于刘承华《我国民间乐器的产生与发展》）

材料二

吹管乐器有着十分悠久的历史。原始社会，先民们用飞禽的肢骨制成骨笛（也称骨哨），在狩猎时用于模仿动物的声音，以诱捕猎物或发出信号。浙江河姆渡遗址发现了160余件骨哨，河南省舞阳县贾湖新石器时代遗址墓葬中出土了20多支骨笛，经过碳14测定，它们已有7000～8000年的历史，是后世竹笛等一系列管笛乐器的鼻祖。

战国曾侯乙墓中出土的两支“篪”，是我们今天所能见到的最早的竹质笛子实物。它们有一个吹孔、五个按音孔和一个后出音孔，能演奏出六声音阶。篪的吹孔平面与指孔平面相交形成约为90°的夹角。东晋郭璞注《尔雅》：“篪，以竹为之，长尺四寸，围三寸，一孔上出，寸三分，名翘，横吹之，小者尺二寸。”因此，关于中国竹笛的起源，并不像有些资料所说，是汉代张骞出使西域后，从中亚细亚一带传入的。

据史料记载，到唐代竹笛才加开了膜孔，这也成为中国竹笛区别于西洋乐器长笛及其他国家笛子的显著特征。西洋长笛没有膜，所以音色圆润、温暖、细腻，音量较小。因为有了笛膜，中国竹笛的音色清脆亮丽，穿透性强。竹笛发展到唐代，在形制上已经和现代竹笛基本相似。唐朝作为我国封建社会最为鼎盛的一个朝代，诗歌得到了繁荣，竹笛艺术也得到了充分的发展。

很多唐诗中都有对竹笛的精彩描写：“横笛怨江月，扁舟何处寻？”（王昌龄《江上闻笛》）“黄鹤楼中吹玉笛，江城五月落梅花。”（李白《与史郎中钦听黄鹤楼上吹笛》）“皎洁西楼月未斜，笛声寥亮入东家。”（施肩吾《夜笛词》）……不管是在清冷的江水边，还是在名楼览胜处，或是在夜晚清月朗照的人家，都可听见清丽悠扬的笛声。这些也是竹笛与诗歌文化相结合的生动体现。中国笛子具有强烈的民族特色，发音动人婉转。古人谓“荡涤之声”，故笛子原名为“涤”，日本至今还保留有“涤笛”的称谓。

宋元两代，竹笛得以广泛普及。到了明清，竹笛成为民间音乐中不可替代的重要乐器，演奏技巧也在不断地提高。

（取材于徐凯《中国竹笛发展的主要特征》）

材料三

中国是一个有着“礼乐”传统的民族。“乐者，天地之和也；礼者，天地之序也。”“乐”的精神是“和”，礼的精神是“序”，两者相辅相成，共同维护和巩固群体中既定秩序的和谐稳定。而作为“礼乐”制度的产物——乐器，映射出来的“和”文化最为显著。

先秦时期，不同等级、不同身份的人在乐器的种类和配置上有着严格的规制。乐器首先作为礼器而存在，音乐的第一用途也是为祭祀等重大礼仪活动制造庄重宏大的气氛。因此，朝聘、宴飨、婚丧、祭祀等场合出现的乐器与音乐被赋予了高贵的品格，成为权力的象征，它的使用与数量都有严格的规定，以示尊卑。钟、鼓、磬作为礼乐的代表，用在比较隆重的场合，多为国君诸侯欣赏；卿大夫和士以弹奏欣赏丝竹之声为乐；普通百姓在春耕、夏耘、秋收、冬藏之余借陶制乐器如埙、缶之类自娱。为达到“和”的目的，各阶层都必须严格遵循这些规制，如果逾越了就是违背了礼，就会产生不和谐的因素，最后“礼崩乐坏”，社会动荡。这些都是与“和”的精神相违背的。

在乐器的个体设计和陈设上，也体现了“尊礼”“求和”的追求。曾侯乙墓中室的乐器摆设就十分注重和谐，乐器多而不乱，各部分井然有序地排列在一起，即使是小的乐器也都按秩序排列。编钟分长短两架，每架分上、中、下三层，最上层悬挂的是小编钟，中层比上层的略大，下层的钟最大，每一层都从左到右、由小到大依次排列。中室的东面放置建鼓，中室的北部与南架编钟相对的是编磬、琴、笙、排箫、篪、小鼓。

美学家李泽厚认为，承载着先秦“乐”理念的乐器设计本身就离不开“和”文化，从凝固的器形设计到灵动乐音的功能设计，再到设计思想，“和”文化始终贯穿其中。在先秦的乐器设计中，人们不仅能看到“器”的造型美，听到“音”的境界美，更重要的是能体悟到“天人合一”的和谐美。

（取材于张文文《从先秦乐器设计看“和”文化》）

⊙学习任务

一、词语积累。摘录喜欢的词语，工整地抄写在表格内。

1. 老师推荐

鳌头	湛蓝	缭绕	驯良	矫健
蛰伏	遮蔽	纳凉	帷幕	造型
休憩	清脆	婉转	荡涤	逾越

（初1614班　张元之 书写）

2．我的选择

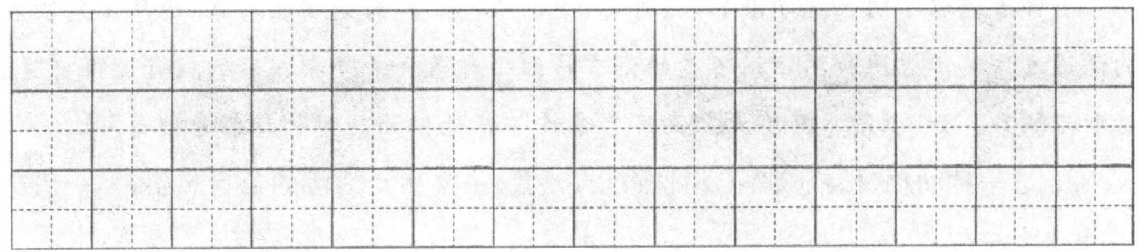

二、批注留念。边读书，边批注。挑选一则最满意的批注，写入下表。

摘　　录	批　　注

三、以读导写。任选一题完成。

1．选择某一篇文章的说明对象，画出其示意图，然后用图注的方式，说明其特点。

【同学分享】

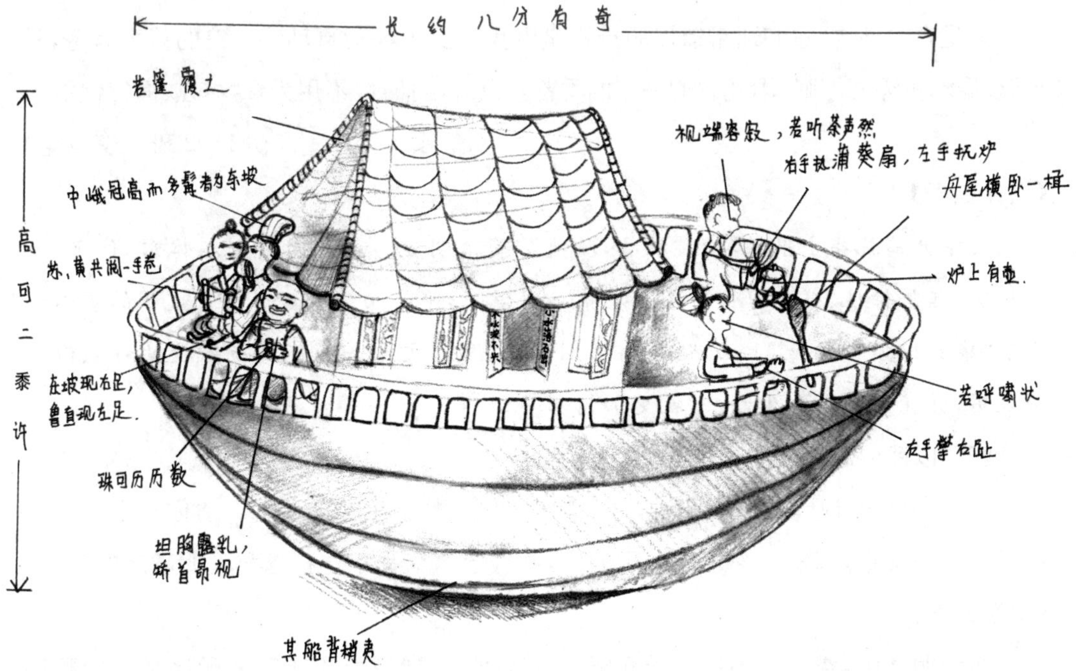

（初 1602 班　吴姊彬）

【点评指导】

小作者选取了明代魏学洢的《核舟记》中的“核舟”作为说明的对象，运用了列图表的说明方法。示意图和图注用不多的语言将细小却蕴含着复杂内容的核舟变得直观、清晰与醒目。如“长约八分有奇”“高可二黍许”“舟尾横卧一楫”“其船背稍夷”等。

2. 选一种动物(松鼠除外)，模仿布丰《松鼠》一文生动活泼的语言风格，写一段文字，400 字左右。

【同学分享】

狼是一种凶猛的动物，机智，敏捷。

狼的体形很大，成年的狼几乎能与成年人差不多高。体重也很重，较重的能有人的 3～4 倍。狼的前后爪都非常锐利，这有助于它准确地捕捉猎物。它们的四肢更是强壮无比，这使落入它们手中的猎物再无逃生之机。

狼是一种群居动物。尽管它们每个都十分健壮，并不比老虎、狮子等独居猛兽弱多少，但它们永远在一起行动，同吃同住，有难同当，有乐同享。

狼喜欢在夜晚行动，出去捕食猎物。它们总是秘密地行动，静悄悄地行走，用它们机敏的眼睛寻找猎物。锁定好猎物后，它们会摆开阵型，围成一个圈，将猎物围在核心。狼各自在不远的地方暗暗埋伏好，观察良久后，等待时机成熟，便一齐突然跃出草丛，将猎物收入囊中。

狼是食肉动物，它们通常捕捉的猎物是野兔、鹿、羊等食草动物。狼的体表有毛，是恒温动物，不需要冬眠，因此它们一年四季都可以外出捕食，不用为食物短缺而担忧。

(初 1602 班　李牧尘)

【点评指导】

文章开篇就指出狼的特性“机智，敏捷”，简洁明了。小作者分别从体形、体重、身体构造、起居特性、捕食习惯等方面对狼加以说明，平实而有条理。全文说明的重心放在了“狼如何捕食猎物”上面，语言生动形象。当然，文章如果能够就敏捷的特点做充分说明，并在语言上再生动些，就更加精彩了。

四、以评促思。任选一题完成。

1. 说明文的说明顺序有三种，时间顺序、空间顺序和逻辑顺序。请你在本子专题中任选一篇文章，判断该文章的说明顺序，并谈谈这篇文章选择这种说明顺序的优劣。

【同学分享】

在说明文中，空间顺序适合于介绍一些大型的建筑物，相比时间顺序和逻辑顺序显得简洁统一，也能写出更多的细节。《故宫博物院》正是采取了这一说明方法，引导读者在脑海中形成清晰的画面。但是，空间顺序的劣势也十分明显，即读者在阅读文章时，倘若不作图，就难以在脑海里构思出整个故宫建筑物的全貌。就这个劣势，文章可以采用列图表的说明方法来弥补。具体做法是，在文章的行文过程中或文章的末尾加上一个故宫的全景图，并适当标一些图注，这样就可以使读者更好地掌握建筑物彼此间的空间关系。

（初 1608 班　倪清泉）

【点评指导】

作者行文的思路非常清晰，从《故宫博物院》选取空间顺序的优点、劣势和修改办法三个方面逐层展开。用空间顺序介绍故宫博物院，读者很容易把握住故宫的全景图。但是纯文字的空间顺序有欠逻辑的清晰，倪清泉同学就建议采用列图表的说明方法加以弥补，并辅之以图注，非常有见地。这样，将空间顺序与列图表的说明方法结合起来，就可以非常生动地介绍说明对象了。

2. 说明文的说明方法有下定义、列数字、举例子、打比方、作比较、分类别、列图表、引资料这八种。请你以本专题中的文章为例，选择一种说明方法，说明其优劣之处，并尝试提出你的修改意见。

【同学分享】

《松鼠》第四段里写道："松鼠的叫声很响亮，比黄鼠狼的叫声还要尖些。"这里运用了作比较的说明手法，比较了松鼠与黄鼠狼的叫声，说明了松鼠叫声尖的特点。

但我认为，作者布丰是博物学家，平时经常接触大自然，经常观察动物，所以他很了解松鼠的叫声怎么样，黄鼠狼的叫声怎么样，两者有什么细微差别。但如果想让更多的普通读者更生动深刻地理解说明对象——松鼠的叫声，用黄鼠狼的叫声作比较则算不上明智了。毕竟大多数人活这么大可能从来都没有见过黄鼠狼，对黄鼠狼的叫声更没概念。所以把作比较的对象换成更常见、更普遍的动物或者直接运用打比方的说明方法，用更贴切也更容易使人理解的动物来说明松鼠的特点，应该更能达到说明文的目的。

（初 1608 班　辛元）

【点评指导】

语言的逻辑性非常强。首先，作者点出《松鼠》具体运用了作比较说明方法的句子，并点明作比较的作用；接着，重点分析了为什么用黄鼠狼的声音来作比较不能更好地突出松鼠叫声的原因；最后，非常明确地提出修改的办法，即"换成更常见、更普遍的动物或者直接运用打比方的说明方法"。重点明确，逻辑清晰，恰到好处。

探明事理

统筹方法

华罗庚①

统筹方法,是一种安排工作进程的数学方法。它的实用范围极为广泛,在企业管理和基本建设中,在关系复杂的科研项目的组织与管理中,都可以应用。

如何应用呢？主要是把工序安排好。

比如,想泡壶茶喝,当时的情况是：开水没有;水壶要洗,茶壶、茶杯要洗;火已生了,茶叶也有了。怎么办？

办法甲：洗好水壶,灌上凉水,放在火上;在等待水开的时间里,洗茶壶、洗茶杯、拿茶叶;等水开了,泡茶喝。

办法乙：先做好一些准备工作,洗水壶,洗茶壶、茶杯,拿茶叶;一切就绪,灌水烧水;坐待水开了泡茶喝。

办法丙：洗净水壶,灌上凉水,放在火上;坐待水开;水开了之后急急忙忙找茶叶,洗茶壶、茶杯,泡茶喝。

哪一种办法省时间？我们能一眼看出第一种办法好,后两种办法都“窝了工”。

这是小事,但这是引子,可以引出生产管理等方面有用的方法来。

水壶不洗,不能烧开水,因而洗水壶是烧开水的前提。没开水、没茶叶、不洗茶壶茶杯,就不能泡茶,因而这些又是泡茶的前提。它们的相互关系,可以用图 1 的箭头来表示,箭杆上的数字表示这一行动所需要的时间,例如 15 表示从把水放在炉上到水开的时间是 15 分钟。

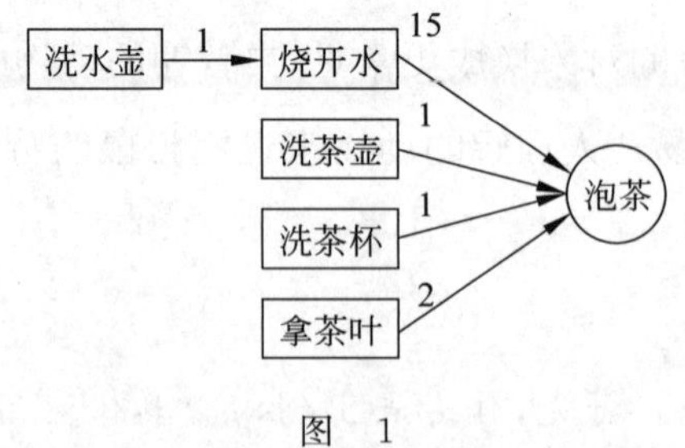

图 1

① 华罗庚(1910—1985),数学家。

从这个图上可以一眼看出，办法甲总共要16分钟（而办法乙、丙需要20分钟）。如果要缩短工时、提高工作效率，应当主要抓烧开水这个环节，而不是拿茶叶等环节。同时，洗茶壶茶杯、拿茶叶总共不过4分钟，大可利用“等水开”的时间来做。

是的，这好像是废话，卑之无甚高论。有如走路要用两条腿走，吃饭要一口一口吃，这些道理谁都懂得。但稍有变化，临事而迷的情况，常常是存在的。在近代工业的错综复杂的工艺过程中，往往就不是像泡茶喝这么简单了。任务多了，几百几千，甚至有好几万个任务；关系多了，错综复杂，千头万绪，往往出现“万事俱备，只欠东风”的情况，由于一两个零件没完成，耽误了一台复杂机器的出厂时间。或往往因为抓的不是关键，连夜三班，急急忙忙，完成这一环节之后，还得等待别的部件才能装配。

洗茶壶，洗茶杯，拿茶叶，或先或后，关系不大，而且同是一个人的活儿，因而可以合并成为图2。

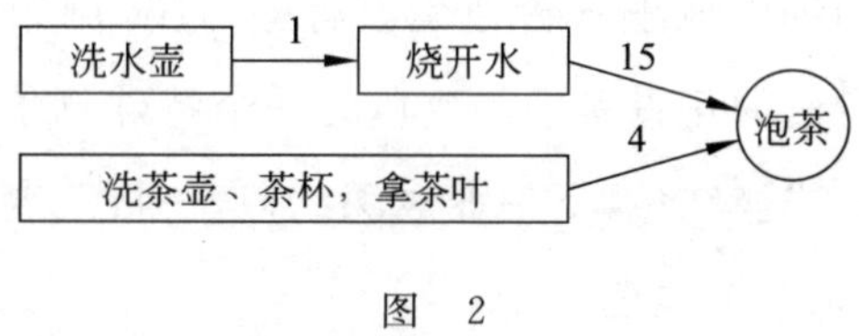

图 2

用数字表示任务，上面的图形可以表示成图3。

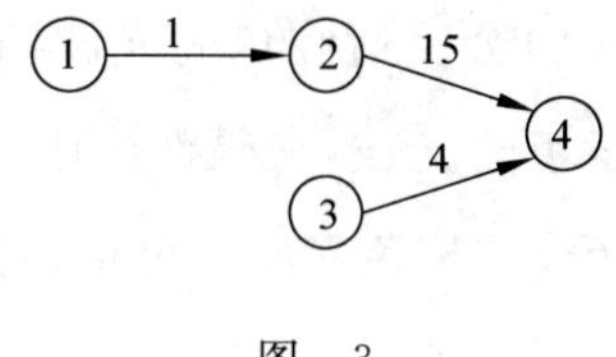

图 3

1—洗水壶；2—烧开水；3—洗茶壶、茶杯，拿茶叶；4—泡茶

看来这是“小题大做”，但在工作环节太多的时候，这样做就非常有必要了。

这里讲的主要是有关时间方面的问题，但在具体生产实践中，还有其他方面的许多问题。而我们利用这种方法来考虑问题，是不无裨益的。

当然，这种方法，需要通力合作，才能更有效地发挥作用。

花儿为什么这样红

贾祖璋[①]

花朵的红色是热情的色彩，它强烈，奔放，令人精神振奋。红紫烂漫的春天，活力充沛，生气蓬勃。花儿为什么这样红？人们一边赞叹，一边不免提出疑问，寻求科学的解释。

花儿为什么这样红？首先有它的物质基础。不论是红花还是红叶，它们的细胞液里都含有由葡萄糖变成的花青素。当细胞液是酸性时，花青素呈红色，酸性愈强，颜色愈红。细胞液是碱性时，花青素呈蓝色，碱性较强，就成为蓝黑色，如墨菊、黑牡丹等便是。而当细胞液是中性时，则呈紫色。万紫千红，红蓝交辉，都是花青素在不同的酸碱反应中所显示出来的。

除了红花以外，还有黄色、橙色的花。橙色与柑橘、南瓜等果实的色彩相似，而最典型的是胡萝卜，所以表现这种色彩的色素，就被称为胡萝卜素。

至于白花，那是因为细胞液里不含色素。有些白花，例如菊花，萎谢之前微呈红色，表示它这时也含有少量的花青素了。变色的一个特殊例子是添色木芙蓉，早晨初开的时候是白色，中午变成淡红色，下午变成深红色，一日三变，愈开愈美丽。一般的花，大都初开时浓艳，后来渐渐褪色。

花儿为什么这样红？还需要用物理学原理来解释。太阳光经过三棱镜或水滴的折射，会分成红、橙、黄、绿、蓝、靛、紫七种颜色。这七种颜色的光波长短不同，红光波长，紫光波短。花青素在酸性液中会反射红色的光波，我们便感觉到是鲜艳的红花。同样，花青素在中性液中反射紫色的光波，在碱性液中反射蓝色的光波。胡萝卜素有不同的成分，便分别反射黄色光波或橙色光波。白花不含色素，但组织里面含有空气，会把光波全部反射出来，所以呈现白色。

花儿为什么这样红？还有它生理上的需要。光波长短不同，产生热效应也不同：红、橙、黄光波长，热效应大；蓝、紫光波短，热效应小。花的组织，尤其是花瓣，一般都比较柔嫩。野生状态中，在阳光强烈的地方，红、橙、黄花反射了热效应大的长光波，不致引起灼伤，有保护的作用。在树林下、草丛间阳光弱的地方，蓝花反射短光波，吸收微弱的热效应大的长光波，对它的生理作用有利。

花儿为什么这样红？用进化的观点来考察，它有一个发展的过程。裸子植物的花

① 贾祖璋(1901—1988)，生物学科普作家。

是原始的形态，都带绿色，而花药和花粉则呈黄色。在光谱里面，与绿色邻接的，长波一端是黄、橙、红，短波一端是蓝、靛、紫。我们可以说，花色以绿色为起点，向长波一端发展，由黄而橙，由橙而红；向短波一端发展，是蓝色和紫色。红色的花最鲜艳，最耀眼，可以说在进化途程中是最成功的。

花儿为什么这样红？从达尔文的自然选择学说来看，昆虫起到了重要的作用。亿万年前，裸子植物在地球上出现的时候，昆虫还不多。花色素淡，传粉授精，依靠风力，全部是风媒花。后来出现了被子植物，昆虫也繁生起来。被子植物的花有了花被，更分化为萼和花冠。花瓣不再是绿色，而是比较显眼的黄色、白色或其他颜色。形状也大了，有的生有蜜腺，分泌蜜汁，有的散发芳香，这就成为虫媒花。“蜂争粉蕊蝶分香”，昆虫给花完成传粉授精的任务。

昆虫采蜜传粉，有一特殊的习性，就是经常只采访同一种植物的花朵。这个习性有利于保证同一种植物间的异花传粉，繁殖后代。这样可以固定种的特征，包括花的颜色。我们可以设想，假如当初有一种植物，花色微红，由于其中红色比较显著的花朵，容易受到昆虫的注意，获得传粉的机会较多，经过无数代的选择，在悠长的岁月中，昆虫就给这种植物创造出纯一、显著、鲜艳的红色花朵。昆虫参与自然选择，造成各种不同的植物，也造成各种不同的花色。

花儿为什么这样红？最后要归功于人工选择。自然选择进程缓慢，需要经过很长的时间才能显示它的作用。人工选择大大加快了它的进程，能够在较短的时间内取得显著成果。例如牡丹，由自然选择费了亿万年造成的野生原种，花是单瓣的，花色也只有粉红的一种。经过人工栽培，仅就北宋中叶（11 世纪）那一个时期来说吧，几十年功夫，就由单瓣创造出多叶、千叶（重瓣）、楼子（花心突起）、并蒂等各种不同的姿态；由粉红创造出深红、肉红、紫色、墨紫、黄色、白色等各种不同的美丽色彩。再如大丽花，原产墨西哥，只有 8 个红色花瓣。人工栽培的历史仅二三百年，却已有上千种形状、颜色不同的品种。又如虞美人，经过培养，已有红、黄、橙、白各种颜色，却从来没有出现过蓝色。19 世纪末，美国的著名园艺育种家浦班克，发现一株花瓣上好似有一层烟雾的虞美人，特意培养，到 20 世纪初，便育成了各种深浅不同的蓝色虞美人，为花卉园艺增添了新的品种。

花儿这样红，是大自然的杰作，更是人工培育的成果。

罗布泊，消逝的仙湖

吴　岗[①]

塔克拉玛干沙漠边缘有个罗布泊。自20世纪初瑞典探险家斯文·赫定闯入罗布泊，它才逐渐为人所知。

1980年，我国著名的科学家彭加木在那里进行科学考察失踪；16年后，探险家余纯顺又在那里遇难，更给罗布泊增添了几分神秘色彩。

罗布泊，一望无际的戈壁滩，没有一棵草、一条溪，夏季气温高达70℃。罗布泊，天空中不见一只鸟，没有任何飞禽敢于穿越。

可是，从前的罗布泊不是沙漠。在遥远的过去，那里却是牛马成群、绿林环绕、河流清澈的生命绿洲。

罗布泊，“泊”字左边是三点水啊！

翻开有关西域的历史书籍，你会惊异于罗布泊的热闹与繁华。

《汉书·西域传》记载了西域36国在欧亚大陆的广阔腹地画出的绵延不绝的绿色长廊，夏季走入这里与置身江南无异。昔日塔里木盆地丰富的水系滋润着万顷绿地。当年张骞肩负伟大历史使命西出阳关，当他踏上这片想象中荒凉萧瑟的大地时，却被它的美丽惊呆了。映入张骞眼中的是遍地的绿色和金黄的麦浪，从此，张骞率众人开出了著名的丝绸之路。

另据史书记载，在4世纪时，罗布泊水面超过两万平方公里。到了20世纪还有1000多平方公里水域。斯文·赫定在20世纪30年代进罗布泊时还乘小舟。他坐着船饶有兴趣地在水面上转了几圈，他站在船头四下远眺，感叹这里的美景。回国后，斯文·赫定在他那部著名的《亚洲腹地探险八年》一书中写道：罗布泊使我惊讶，罗布泊像座仙湖，水面像镜子一样，在和煦的阳光下，我乘舟而行，如神仙一般。在船的不远处几只野鸭在湖面上玩耍，鱼鸥及其他小鸟欢娱地歌唱着……

被斯文·赫定赞誉过的这片水域于20世纪70年代完全消失，罗布泊从此成了令人恐怖的地方。

罗布泊的消亡与塔里木河有着直接关系。

塔里木河干流全长1321公里，是中国第一、世界第二大内陆河。据《西域水道记》记载，20世纪20年代前，塔里木河下游河水丰盈，碧波荡漾，岸边胡杨丛生，林木茁

---

① 吴岗(1976—　)，报告文学作家。

壮。1921年，塔里木河改道向北流入孔雀河汇入罗布泊，导致塔里木河下游干旱缺水，三个村庄的310户村民逃离家园，耕地废弃，沙化扩展。解放后的1952年，塔里木河中游因修筑轮台大坝，又将塔里木河河道改了过来。塔里木河下游生态环境得以好转，胡杨枝重吐绿叶，原来废弃的耕地长出了青草，这里变成了牧场。

问题出在近30多年。塔里木河两岸人口激增，水的需求也跟着增加。扩大后的耕地要用水，开采矿藏需要水，水从哪里来？人们拼命向塔里木河要水。几十年间塔里木河流域修筑水库130多座，任意掘堤修引水口138处，建抽水泵站400多处，有的泵站一天就要抽水1万多立方米。

盲目增加耕地用水，盲目修建水库截水，盲目掘堤引水，盲目建泵站抽水，"四盲"像个巨大的吸水鬼，终于将塔里木河抽干了，使塔里木河的长度由20世纪60年代的1321公里急剧萎缩到现在的不足1000公里，320公里的河道干涸，以致沿岸5万多亩耕地受到威胁。断了水的罗布泊成了一个死湖、干湖。罗布泊干涸后，周边生态环境马上发生变化，草本植物全部枯死，防沙卫士胡杨树成片死亡，沙漠以每年3～5米的速度向湖中推进。罗布泊很快与广阔无垠的塔克拉玛干大沙漠浑然一体。

罗布泊消失了。

金秋十月，我站到了位于新疆巴音郭楞蒙古自治州的塔里木河的大桥上。

放眼望去，塔里木河两岸的胡杨林似一道绿色的长城。

胡杨，维吾尔语称作"托克拉克"，意为"最美丽的树"。胡杨林是牲畜天然的庇护所和栖息地，马、鹿、野骆驼、鹅喉羚、鹭鸶等百余种野生动物在林中繁衍生息，林中还伴生着甘草、骆驼刺等多种沙生植物，它们共同组成了一个特殊的生态体系，营造了一个个绿洲，养育着南疆750余万各民族儿女。

如此重要的胡杨林因塔里木河下游的干涸而大面积死亡。1958年，塔里木河流域有胡杨林780万亩，现在已减少到420万亩。伴随着胡杨林的锐减，塔里木河流域土地沙漠化面积从66%上升到84%。"沙进人退"在塔里木河下游变成现实，至罗布庄一带的库鲁克库姆与世界第二大沙漠塔克拉玛干沙漠合拢，疯狂地吞噬着夹缝中的绿色长城，从中穿过的218国道已有197处被沙漠掩埋。

我们沿塔里木河向东走出200公里后，绿色长城突然从眼中消失。塔里木河两岸的胡杨林与两边的沙地成了一个颜色。由于缺水，长达数百公里的绿色长城在干渴中崩塌。

号称千年不死的胡杨林啊，在忍受了20余年的干渴后终于变成了干枯的"木乃伊"。那奇形怪状的枯枝，那死后不愿倒下的身躯，似在表明胡杨在生命最后时刻的挣扎与痛苦,又像是向谁伸出求救之手!

再向前,我们到了罗布泊的边缘。同来的同志告诉我,再也不能向前走了。若想进入罗布泊,至少要有两辆汽车,必须备足食品和水。我们只得钻出汽车,将目光投向近在咫尺的罗布泊。

站在罗布泊边缘,会突然感到荒漠是大地裸露的胸膛,大地在这里已脱尽了外衣,露出自己的肌肤筋骨。站在罗布泊边缘,你能看清那一道道肋骨的排列走向,看到沧海桑田的痕迹,你会感到这胸膛里面深藏的痛苦与无奈。

罗布泊还能重现往日的生机吗?我问自己。

此时此刻,我们停止了说笑。那一片巨大的黄色沙地深深地刺痛着我们的心,使我们个个心情沉重。30 年在历史的长河中只是一瞬。30 年前那片胡杨茂密、清水盈盈的湖面就在这瞬间从我们的眼中消失了。

这出悲剧的制造者又是人!

悲剧并没有止住。同样的悲剧仍在其他一些地方上演。

世界著名的内陆湖——青海湖,50 年间湖水下降了 8.8 米,平均每 6 年下降 1 米,陆地已向湖中延伸了 10 多公里;数千年风沙未能掩埋的甘肃敦煌月牙泉,近年来却因当地超采地下水,水域面积从 50 年代的 1.1652 万平方米缩小至 5397 平方米,水深只剩尺余,大有干涸之势……这一切也都是人为的!

救救青海湖,救救月牙泉,救救所有因人的介入而即将成为荒漠的地方!

未　来

材料一

很多人把 2016 年视为火星移民探索的启程之年。2016 年 8 月 23 日,中国国防科工委"探月与航天工程中心"正式启动首次火星探测任务,宣布将于 2020 年让探测器登陆火星。9 月 28 日,SpaceX 创始人埃隆·马斯克在墨西哥召开的第 67 届国际宇航大会上,推出了用于人类火星移民的"星际运输系统",并做了"让人类变成多星球物种"的主题演讲。10 月 11 日,美国时任总统奥巴马在 CNN 网站发表文章称:"为了翻开美国太空探索的新篇章,我们已经设立了一个清晰的目标:在 21 世纪 30 年代之前,把人类送上火星。"

人类探索宇宙,总是与其自身的危机有关。美国物理学家与天文学家斯蒂说,环境恶化、资源枯竭、基因病毒、第三次世界大战的爆发,乃至外星文明的入侵,这些都是地球的可能终局。在人类眼前只有两条路，一条是老死在地球上，等待灭绝；另一条是离开摇篮，移民其他星球。而火星与地球的诸多相似性，无疑是移民的最佳选择。然而探索和移民外星绝非易事。人类作为在地球上生活的哺乳动物，想要进行星际旅行或是在外星生活，必须面对各种已知和未知的危险。在1969年第一次踏足月球之后，人类探索太空的进程很快陷入了停滞，其中在太空中宇航员的健康问题可能正是原因之一。

美国航空航天局研究了人体在太空中可能遇到的种种危险。在从地球前往火星的大约半年的旅行中，宇航员会处于失重状态，在火星的表面，宇航员所体验到的重力也只有地球的三分之一，适应火星重力对于人类来说绝非易事。在国际空间站工作的宇航员们每次只能在太空环境中工作6个月，这主要也是出于对健康的考虑。调查显示，女性在国际空间站上工作18个月，男性工作24个月，所受到的宇宙射线的辐射总剂量就会超过其一生可接受的限度。在太空中旅行，脱离地球大气层和磁场的保护，人体极大程度地暴露在宇宙辐射之中。这种来自宇宙中的高能量原子碎片极难抵御，它们可以穿透层层防护，伤害到人的细胞和DNA。一份来自加州大学的报告显示，宇宙射线可能会造成长期的大脑损伤，包括老年痴呆、失忆、焦虑、抑郁，同时也会增加患癌症的风险。

但是无论如何，为了生存，人类必须离开地球。在20亿年以内，即使人类没有自我毁灭或是遭遇地球周期性的物种灭绝，太阳燃烧状态的变化也将使地球变得不再适合人类居住。太阳在最终熄灭之前，会逐渐发亮、膨胀，直至膨胀到地球轨道。在这一切发生之前，人类必须逃离太阳系，或许那时失去了故乡的人类只能生活在茫茫的太空之中。

（取材于苗千的相关文章）

材料二

相信未来，并且开始研究未来，这股热潮正愈演愈烈。人类科技的发展一直处于加速之中，技术精英们愿意相信人类正处在技术爆发的节点上，各种如梦幻般的想象正徐徐成为现实。而站在更大的时间尺度上来看，人类文明的出现和繁荣可能只是地球周期性物种大灭绝之间的一朵浪花。对于一个物种来说，美好的未来或许在于更适应环境的进化，而对于地球生物的总体而言，最美好的未来可能在于躲过几百万年一次的生物大灭绝。人类文明的不断进步，与其说是奔向理想中的人间天堂，不如说是在重重危险之中的弦歌不辍，为自身寻找一丝生机。

人类面向未来、探索宇宙，就需要适应前所未有的生存环境，通过游戏进行练习也是一种重要的方法。“游戏精神”已经开始成为一种时代精神：把生活中的困难或是遇到的不同阻碍，看作是游戏中的“怪兽”，把克服困难看作是“过关”。现代人的这种“游戏精神”之中带有一种乐观和顽强，同时也含有最终必将“通关”的信心。坚信未来必定会更好，一个美好的结尾正在游戏终点等待着我们。虽然游戏是虚拟的，但是虚拟世界对于现实世界的作用比想象中更加强烈，比如，社交网络上的交流方式已经开始改变人们现实中的相处方式，网络上的“点赞之交”已经成为一种新的社交规范。网络化、电子化的社交，是否可能在亿万年之后，当人类文明遍布星际之时，成为人类最基本的社交方式？

爱因斯坦说过：“我从不担心未来，它到来得足够快。”关心未来、意识到未来的存在，是高等智能生命所独有的能力。我们逐渐认识到，未来是由无数的现在拼接而成的。我们应该从不同的角度来理解人类目前的处境，学会在奔向未来的过程中面对种种机会和危险。

（取材于《科学》杂志和美国航空航天局相关报道）

材料三

如果我们有准确预知未来的能力，必定不会像今天这样，浸泡在广泛和普遍的焦虑中。未来是可以预知的吗？

人类历史早期对未来的预测往往与占卜、星相学、巫术等联系在一起。即使到了16世纪末，人们都还预测活字印刷术在欧洲的出现只会使教会和皇室变得更强大。18世纪的大多数分析家并不认为蒸汽机的发明将彻底改变农业经济。19世纪的一些主要观察家认为，电气的前途不过是以另一种方式照亮街道。哪怕有些人曾在20世纪初预见到潜艇、飞机、电影、广播和电视的发明，但却没有人（包括凡尔纳）认为这些事物可以改变大英帝国当时的统治格局。20世纪末，很少有人预料到，个人计算机和网络技术将如此广泛而深刻地影响我们的生活。

到了现代，科技似乎给了我们更多自信。技术精英不断宣告着“未来已来”，从凡尔纳的海底环游到菲利普·迪克的神经漫游，无数想象中的“未来”正通过技术变成现实。从人工智能、脑科学、克隆技术、虚拟现实、生物技术、基因工程，到太空旅行，我们以科技的乐观主义创造着“未来”。另一方面，生态灾难、末日想象，又让我们质疑，未来是否会更好？20世纪60年代以来，我们虽然多次登上月球，但并没有把人类的足迹向更遥远的宇宙深处推进。我们本应造出会飞的汽车，但最终得到的只有140个字符的微博。不过，现在硅谷的一些人，再次把他们的目光投向了太空探索和星际旅行。

阿西莫夫在科幻小说《永恒的终结》里，用数学家的思维逻辑推论：“人类往往会选择最安全、最中庸的道路，群星就会变成遥不可及的幻梦。”他又指出，人类的未来“不是追求永恒时空与绝对的安全，不是将自己禁锢在安全的牢笼中，而是开启人类的无限时空——继续人类文明无限冒险的历程，向宇宙中拓展，开拓银河帝国”。

（取材于蒲实的相关文章）

⊙学习任务

一、词语积累。摘录喜欢的词语，工整地抄写在表格内。

1. 老师推荐

就绪	烂漫	充沛	绵延	远眺
和煦	荡漾	干涸	吞噬	枯竭
抵御	中庸	禁锢	弦歌不辍	

（初 1614 班　张元之 书写）

2. 我的选择

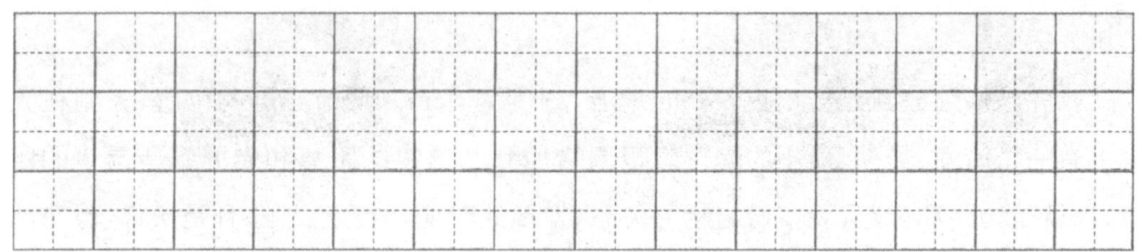

二、批注留念。边读书，边批注。挑选一则最满意的批注，写入下表。

摘　录	批　注

三、以读导写。任选一题完成。

1. 选择一个你所知道的物理、化学或生物等理科的实验，将它改写成一篇科普说明文。注意条理清楚，语言准确。

【同学分享】

凸透镜成像

初1601班　罗　阳

在物理中，光学总是不可分割的一部分。光在我们的生活中无处不在，但是它没有一个固定的形态结构，我们也没法直接观察到它。我们可以通过实验来了解并探寻光现象——反射、折射、色散……下面我要探究的便是一个光的折射实验——凸透镜成像。

这个实验所需的实验器材很简单，一根蜡烛、一个凸透镜、一个不透光的光屏、一个最大刻度为100cm的光具座。当然，除此以外，还需要一双认真观察的眼睛。

首先，我们选取的凸透镜很重要。凸透镜是一个中间厚、两边薄的透镜，通过光的折射成像，有会聚光的作用。其次，我选取了一个焦距为20cm的凸透镜，把它固定在光具座的50cm处，用以将蜡烛发出的光通过折射会聚于光屏上的一点。最后，把蜡烛和光屏分别置于凸透镜的左右两侧后，还需要调节凸透镜、蜡烛和光屏的高度，使其中心大致在同一水平面上，实验时所成的像就在光屏的中央了。这样便可以开始做实验了。

我先把蜡烛放到二倍焦距以外的地方，刻度为0cm。调节光屏的位置，直到在光屏上有一个清晰、最亮、最小的光斑。记录蜡烛到凸透镜的距离和光屏到凸透镜的距离，也就是物距和像距，观察像与物的关系，发现此时像呈倒立、缩小且是实像，像在凸透镜右侧一倍焦距和二倍焦距之间。第二次实验，把蜡烛靠近凸透镜，放于二倍焦距上并调节光屏，观察发现，此时像呈倒立、等大且是实像，并且像在右侧二倍焦距上。再把蜡烛放到一倍焦距和二倍焦距之间，发现像呈倒立、放大且是实像，像在右侧二倍焦距以外。

接着把蜡烛靠近凸透镜，使其在一倍焦距上，会发现如何调节光屏都无法在光屏上成像。当蜡烛在一倍焦距以内时，也无法在光屏上呈像，这时你需要从凸透镜的右面透过凸透镜来观察此时所呈的像，它是正立、放大的虚像，并且在蜡烛的左侧。

实验做完了，记得记录实验数据和实验现象。凸透镜成像实验的结论可以用两句口诀来记：物近像远像变大，物远像近像变小。

那么，为什么光透过凸透镜后会发生不同的改变？凸透镜成像利用了光的折射，而凸透镜的折射也有规律：平行过焦，过焦平行，过心不变。意思是平行于主光轴入射的光线，透过凸透镜会经过焦点射出；过焦点入射的光线透过凸透镜会平行于主光轴；过凸透镜中心的光线将不改变光线方向。凸透镜成像便是如此。

凸透镜成像的应用也很广泛。像照相机、幻灯机、放大镜和人眼也都是遵循它的原理。

凸透镜成像实验很重要，它应用光的折射让我们看到了光的世界，也便利了我们的生活。物理学的深奥便尽数展现。

【点评指导】

本文成功地将一篇物理实验报告，改写成了一篇科普说明文。第一，条理清楚。从开始的实验器材说起，然后谈到实验器材的作用和摆放位置，接着按顺序介绍了实验的步骤，然后总结结论，最后简单说明其应用。第二，语言准确。无论是凸透镜、光屏、实像、平行过焦等专业术语，还是固定、调节等生活用词，都能准确地说明实验的内容。

2. 选择一篇文章，用思维导图的形式展示本文说明事理的思路。

【同学分享】

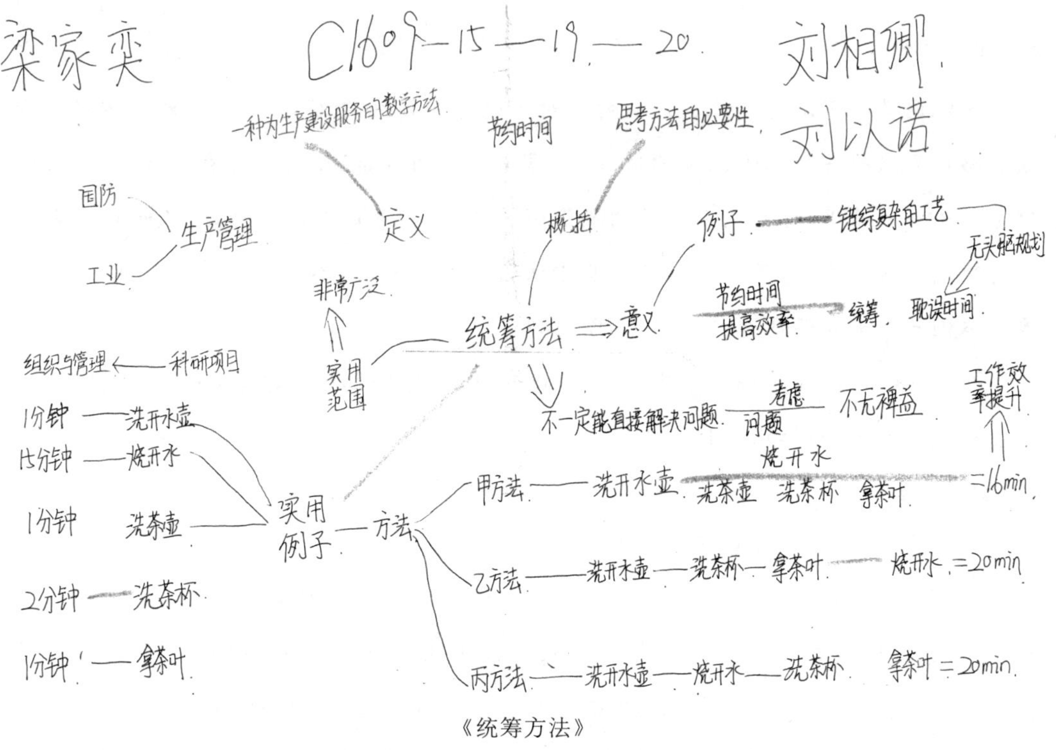

《统筹方法》

（初 1609 班　梁家奕　刘相卿　刘以诺）

【点评指导】

三位同学合作的这份作业，很好地利用了思维导图的优势，清晰地展示了《统筹方法》一文的思路。从核心的说明对象“统筹方法”出发，延伸出定义、范围、例子、意义等二级内容。二级内容之下，又提取文中各个部分的关键信息作为三、四级的内容。简明扼要、层次分明地展现了一篇事理说明文的抽象概念和逻辑思维。建议在线条颜色的使用上，能够根据层次或者内容，做出更直观的分类。

四、以评促思。任选一题完成。

1. 如果思考不够周全，事理说明文在介绍事理时，很容易出现逻辑漏洞。在这一部分的几篇文章中，请你找一找，有没有哪一篇文章有这样的逻辑漏洞。如果发现了逻辑漏洞，请你再修改一下。

【同学分享】

《大自然的语言》第8段中提到“经度的差异是影响物候的第二个因素”，在后面举例子和具体说明的部分中，我们只看到近海与内陆因素影响物候，而这只是经度差异中的一种。难道所有经度差异都会影响物候吗？

（初1609班　罗翊宸）

【点评指导】

这位同学的思考还是比较严谨的。对于这样一篇经典文章，小作者敢于质疑并且还能够找到这样一处不够严谨的地方，实属不易。的确，经度的差异有很多种，如果能够再举出一种情况，这样两个例子的确能够更全面地说清楚其影响力，从而让读者更加清楚地了解。当然，用举例子的说明方法来介绍对象时，不是必须举多个例子的，只要所举例子能够说明所介绍的对象，就可以了。

2.《罗布泊，消逝的仙湖》结尾提出，青海湖、月牙泉都可能消逝，你是否同意这一观点？结合具体资料，谈谈你的看法。

【同学分享】

总的来说，我是同意这个观点的。

据记载，青海湖在北魏时周长号称千里，唐代为400公里，清乾隆时减为350公里；月牙泉在唐代时有船舸行于其上，泉边有众多庙宇，在诗词歌赋中一直呈现出碧波荡漾的景象。然而，如今青海湖东西两边已分别缩减为25公里和20公里，周长仅剩300余公里；月牙泉自19世纪中期开始，因大量农业用水和植被砍伐导致周围水土流失，水位急剧下降，在月牙泉存水最少的1985年，月牙泉水位仅深0.7～0.8米，人竟可以从中蹚过，泉甚至分成两个小泉而不再是月牙形。由此可见，青海湖和月牙泉的减小已是事实，而对它们消逝的讨论也非杞人忧天。

在实行“一带一路”政策之后，西部的青海、甘肃、新疆等沿线省份也将迅速发展。经济发展可能带来的是一定规模的人口迁移，农业、工业和生活用水的需求量也将随之增大。因此，这些地区地下水水位也会有所下降，而青海湖和月牙泉也将受其影响，逐步走向干涸。

此外，青海湖和月牙泉均处于国家认定的5A级景区，会开放全部或部分水域供游客游览娱乐。因此，青海湖和月牙泉受到污染并进一步缩小也在所难免。

尽管如此，需要明确的是，“可能”并不等同于“一定”。随着政府对这些自然景观的重视、居民水资源保护意识的增强和“开垦荒漠”技术的不断进步，我们仍有希望看到青海湖和月牙泉的重新繁荣。

所以，全中国都要为保护青海湖、月牙泉及更多可能消逝的水域行动起来。否则，它们的消逝将成为必然。

（初1509班　吕思橦）

【点评指导】

这份优秀作业展示了小作者很好的学科素养。首先，小作者拥有丰富的资料，地理、历史和时政方面的内容都有所体现。其次，具体的分析层次分明。先提出观点，再从古今对比分析，然后从时政和旅游两方面分析，最后提出希望。逻辑严密，思路清晰。最后，体现了小作者的人文情怀。虽然理性地分析了青海湖和月牙泉消逝的可能性，但最后还是从多个角度提出了青海湖和月牙泉重现繁荣的希望，殷切之情溢于言表。

更上层楼

阅读理解

材料一

老北京胡同名称 ＿①＿ (传承　继承)着历史的文脉。过去,老北京"庙宇甲天下",各式各样的寺、庙、阁等,成为所在胡同街巷的地标性建筑,于是便有了【甲】、法源寺街等。古都北京作为政治文化中心,以官衙官爵命名的胡同是最为典型的特征之一。比如,定阜街原名定府大街,得名即缘于明代街中定国公徐增寿的府邸。而【乙】、双槐树胡同,则是以柴米油盐酱醋茶或花草树木命名的,既温馨亲切又不乏浓郁的生活气息。还有如【丙】、北月牙胡同是以井或胡同形状命名,真是既形象又生动。

在数百年的风雨沧桑中,不少地名或"讹音"或"雅化",经历着各种各样的变迁。比如,现在的五道营胡同,明代时是武德卫营驻军的所在地,后来讹音叫成了现名。东城区有条胡同叫礼士胡同,在明清时代,这里是贩卖驴骡的市场,叫"驴市胡同"。直至清末宣统年间,这儿废除了牲口市场,人们才巧妙地依谐音改称之"礼士胡同"。"礼士"二字让人想起"礼贤下士"这个成语,是个很文雅的名称,这就是胡同名称的雅化。

老北京的胡同名称见证了岁月的更迭, ＿②＿ (镌刻　雕琢)着时代的烙印。不少胡同的名称随着胡同的消逝已淡出人们的记忆,成为一种遗憾。如今,北京正加大历史文化名城保护建设的力度,这其中自然包含了对胡同及其名称的保护。

材料二

长安街成长记

1953 年,长安街"诞生",从东单至西单,共长 3.8 公里,始有"十里长街"之称。

后来东西延至建国门、复兴门，与二环路“接轨”，全长 6.7 公里。之后，继续延长至大北窑和公主坟，与三环路“接轨”。

2000 年开始对长安街及其延长线进行整体整治，宽度加宽，除全线翻修路面外，路面的材质也发生了变化。全长延长至 47 公里，已经接近百里，出了东西五环路。

如今，长安街不仅要直出东西六环路，长长到 55 公里，成为名副其实的“百里长街”，同时还将完善长安街沿线景观，市民站在街边能看到的所有市政设施，都将按统一方案进行设计、改造、更换，连井盖图案都出自故宫。

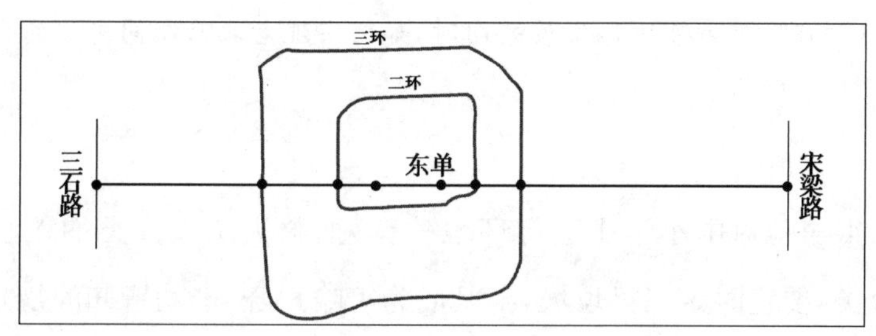

“百里长街”示意图

（2016 北京市朝阳区一模试题）

1. 根据材料一的内容，为【甲】、【乙】、【丙】处选择恰当的胡同名称。（只填序号）（3 分）

A. 观音寺胡同　　B. 酱坊胡同　　C. 史家胡同　　D. 三眼井胡同

【甲】____　【乙】____　【丙】____

2. 从材料一横线后的括号内分别选择词语填入横线处，①处应填____，②处应填____。（2 分）

3. 对材料二画线句中的加点字“长长”注音正确的一项是________。（2 分）

A. cháng cháng　　B. zhǎng cháng　　C. cháng zhǎng　　D. zhǎng zhǎng

4. 请你依据材料二，指出长安街发生了哪些变化。（3 分）

5. 某校在 5 月计划开展“骑行百里长街，感悟京城文化”的社会实践活动，请你结合材料二，为他们说明骑行路线。（从东至西依次写出起点、途经与环路交会处的名称、终点）（4 分）

6. 从下面两个小题中，任选一题作答。（2 分）

（1）请你综合材料一和材料二的内容，得出一个结论。（用一个字概括）

（2）请你综合材料一和材料二的内容，提出一个问题。

【参考答案】

1. 【甲】A 【乙】B 【丙】D(共3分,每空1分)

2. ①传承 ②镌刻(共2分,每空1分)

3. B(2分)

4. ①距离变长 ②宽度加宽 ③沿线景观完善(共3分,每空1分)

5. 宋梁路 大北窑 建国门 复兴门 公主坟 三石路(共4分,"方向"1分,"起点终点"1分,写出三个"交会处"2分)

6. (1)变 (2)在保持城市飞速发展的同时,如何实现老北京胡同文化的传承?(2分)

材料三

日本政府很早就对中小学生进行环境教育,把源头垃圾分类纳入小学社会课课本。垃圾要分类,要定时定点扔垃圾,早已成为家喻户晓、老幼皆知的规矩。这一切都源于政府部门精心的管理和周到的安排。每年12月,每一户居民,都会收到一张来年的特殊"年历":每月的日期都由蓝、绿、黄、红等不同颜色标注,每一种颜色代表那天可以扔何种垃圾。"年历"上还配有各种垃圾的漫画,告诉人们不可燃的垃圾包括哪些,可回收的垃圾包括哪些,使人一目了然。有了这张"年历",在这一年里,人们都要按照"年历"的规定日期来扔不同的垃圾。此外,民众也自觉维护和认真配合。如扔报纸书本时,将报纸书本捆得整整齐齐并码放好;扔废旧电器时将电线缠绕起来并固定在电器上;即便是生活中的普通垃圾,也要控干水分,再放到垃圾袋里;带刺或锋利的物品,要用纸包好再放到垃圾袋里;用过的带有压力的喷雾罐等,一定要扎一个孔,以防止出现爆炸事件……这样做,不易混淆垃圾的种类,回收工人的操作也更加便利、安全。

材料四

美国各州推行的源头垃圾分类措施,实现了对垃圾的源头控制。如费城从2004年10月开始实行生活垃圾源头分类直接奖励办法。居民按照分类要求将报纸、饮料罐等可回收物分别放到带有户主姓名和地址标码的容器内,然后由垃圾收集车将这些容器一并运到加工厂统一分拣。政府每月按每户居民回收垃圾的数量发放代金券,代金券可在指定市场消费。还有西雅图市2005年生效了《废物再循环法》,到2010年年底,该市的废物回收再利用率达到了50%。相关法律中规定,如果居民生活垃圾中可回收物的数量超过10%,将不予收集,罚款50美元。同时,西雅图市政府还将拨款

150 万美元，作为向居民进行废物回收再利用宣传教育的活动经费。这些做法不仅从源头减少垃圾的数量，还能够有效提升各类垃圾成分的纯度，促进各类有用物质的再生循环利用。

（2017 北京市平谷区二模试题）

1. 结合以上两则材料，简要概括在源头生活垃圾处理上，美国和日本有哪些不同之处。(2 分)

2. 阅读下面柱状图，说一说北京市垃圾分类存在的问题，并结合材料三、材料四的内容提出可行的解决问题的办法。(5 分)

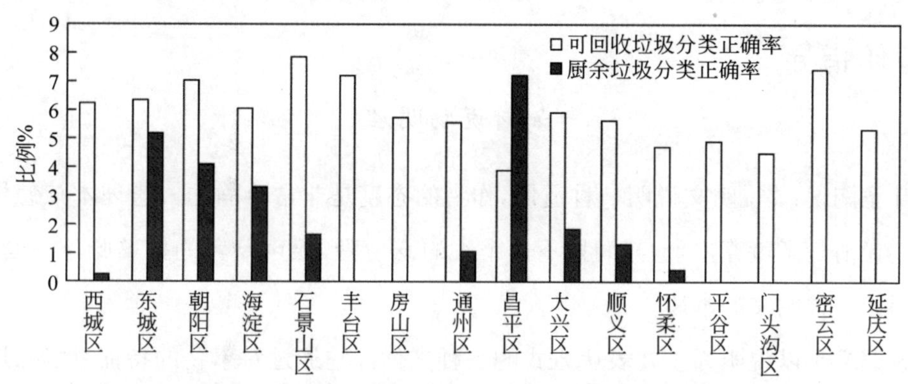

2013 年北京市 16 区可回收垃圾和厨余垃圾正确分类情况

3. 阅读材料三和下面的链接材料，说说在垃圾处理上，我国古代与日本有哪些相同的做法。(2 分)

【链接材料】

遇新春，街道巷陌，官府差顾淘渠人沿门通渠；道路污泥，差顾船只，搬载乡落空闲处。人家甘泔浆，自有日掠者来讨去。杭城户口繁伙(huǒ，多的意思)，街巷小民之家，多无坑厕，只用马桶，每日自有出粪人去，谓之“倾脚头”，各有主顾，不敢侵夺，或有侵夺，粪主必与之争，甚者经府大讼，胜而后已。

（选自吴自牧《梦粱录》）

【参考答案】

1. 日本政府注重垃圾分类过程的管理；美国注重垃圾源头的控制，采用奖惩办法控制垃圾源头数量。评分标准：共 2 分，每点 1 分。

2. 问题

① 北京市可回收垃圾和厨余垃圾正确分类比较低。

② 北京市厨余垃圾分类正确率低于可回收垃圾。

③ 部分区不能将厨余垃圾正确分类。

方法：①加大管理力度，行政干预；②加大宣传和指导。

评分标准：共5分。存在问题3分，每点1分；解决问题办法2分，每点1分；意思对即可得分。

3. 垃圾分类且有政府管理。评分标准：共2分。每点1分，意思对即可得分。

（2017北京市平谷区二模）

文章写作

⊙写作指导

如何说物明理

叶圣陶说："说明文说明一种道理，作者的态度是非常冷静的。道理本该怎样，作者把它说清楚了就算完事，其间掺不进个人的感情呀，绘声绘色的描摹呀这一套。"这话正道出了说明文的本质。

说明文是以说明为主要表达方式的一种文体。它通过对事物的特征、性质、形态、功能、原理、成因和发展等的解说，让人们清楚明白说明的对象和事理。能写"简单的说明文"，做到"内容具体，中心明确，文字通顺"，是对初中阶段说明文写作的基本要求。那么，怎样才能写好说明文呢？

第一步：认真观察说明对象，准确抓住事物的特征。

大千世界，异彩纷呈，事物繁多，且每种事物都有区别于他类事物的特点。所以，我们在观察和描写一个事物（说明某一事理）时，就要努力从不同的角度和各个方面去发现并表现它的特点，抓住对象的特征（本质），给读者鲜明的印象。

那么如何观察和描写事物的特点呢？首先，要选好观察点，因为这是作者观察事物的立足点。只有这样，才能准确地抓住事物的特征。当然，观察点可以固定在一处，也可以适当变换。

为了更全面地说明故宫博物院，选文中作者观察的立足点在不断变化："从天安门往里走""走进午门""进了太和门"。确定好立足点，对事物进行说明的过程中，作者观察得非常细致，抓住了对象的显著特点："五座精美的汉白玉石桥""威武的铜狮""七米多高的白石台基""一千多个圆雕鳌头""金黄色的琉璃瓦重檐屋顶"。

第二步：按照一定的说明顺序有条理地说明对象。

抓住了说明对象的显著特征（本质），后面就需要有条理而清楚地表达，这时就需要注意一定的说明顺序。我们常用的说明顺序有时间顺序、空间顺序、逻辑顺序等。时间顺序是指按照时间的先后来介绍说明对象，适合介绍事物的发展历史、工作的流程程序等。空间顺序是指按照事物的空间、方位等来介绍说明对象的顺序。如从上到下、从下到上、从外到内、从中间到两侧、从前到后等。这种顺序，适合介绍庭院、建筑、地理风貌等。逻辑顺序是指按照一定的逻辑关系来介绍说明对象的顺序。常用的逻辑顺序包括从概括到具体、从特殊到一般、从原因到结果、从整体到局部、从主要到次要、从现象到本质等。

当然，在实际的说明文写作中，往往不是单独使用一种说明顺序，而是综合使用多种说明顺序。比如介绍一座建筑，可能既需要使用空间顺序介绍建筑的外观、内部装饰、设施等，又需要使用“从整体到局部”“从结构到功能”的逻辑顺序来对建筑有条理地进行介绍。再如下文引用的《核舟记》，先总体介绍舟的首尾长和船高，接着分别介绍船头、舟尾、船背，最后从整体来说明一舟的情况。

舟首尾长约八分有奇，高可二黍许。中轩敞者为舱，箬篷覆之。旁开小窗，左右各四，共八扇。启窗而观，雕栏相望焉。闭之，则右刻……

船头坐三人，中峨冠而多髯者为东坡，佛印居右，鲁直居左。苏、黄共阅一手卷。东坡右手执卷端，左手抚鲁直背。鲁直左手执卷末，右手指卷，如有所语。东坡现右足，鲁直现左足，各微侧，其两膝相比者，各隐卷底衣褶中。……

舟尾横卧一楫。楫左右舟子各一人。居右者椎髻仰面，左手倚一衡木，右手攀右趾，若啸呼状。居左者右手执蒲葵扇，左手抚炉，炉上有壶，其人视端容寂，若听茶声然。

其船背稍夷，则题名其上，文曰“天启壬戌秋日，虞山王毅叔远甫刻”……

通计一舟，为人五；为窗八；为箬篷，为楫，为炉，为壶，为手卷，为念珠各一；对联、题名并篆文，为字共三十有四。而计其长，曾不盈寸……

——魏学洢《核舟记》

第三步：依据说明对象选用合适的说明方法。

介绍事物（说明事理）需要运用一定的方法，以便清楚事物（事理）的外观、结构、功能、种属、起源、历史、现状、前景等方面的特征。合理选择说明方法，正确运用说明方法，能使我们对事物（事理）的介绍更加准确，更加形象，便于读者更好地感知和认识我们所介绍的事物（说明的事理）。常见的说明方法多种多样，现选择几个重要的加以说明。

要说明事物的特征，往往从单方面难以说清楚，需要根据形状、性质、成因、功用等属性的异同，把事物分成若干类，然后依照类别逐一加以说明。这种说明方法，叫分类别。分类别是将复杂的事物说清楚的重要方法。有时事物的特征、本质需要分成几点或几个方面来说明，也属分类别。例如，按屏的建造材料及其装饰的华丽程度，分为金屏、银屏、锦屏、画屏、石屏、木屏、竹屏等，因而在艺术上有雅俗之别，同时也显露了使用人不同的经济与文化水平。——《说屏》(陈从周)

为了使所要说明的事物具体化，还可以采用列数字的方法，以便读者理解。需要注意的是，引用的数字一定要准确无误，即使是估计的数字也要有可靠的根据，并力求近似。例如，赵州桥非常雄伟，全长50.82米，两端宽9.6米，中部略窄，宽9米。——《中国石拱桥》(茅以升)

作比较是将两种类别相同或不同的事物、现象加以比较来说明事物特征的说明方法。说明某些抽象的或者是人们比较陌生的事物，可以用具体的或者大家已经熟悉的事物和它比较，使读者通过比较得到具体而鲜明的印象。事物的特征往往在比较中显现出来。在作比较的时候，可以是同类相比，也可以是异类相比；可以对事物进行“横比”，也可以对事物进行“纵比”。例如，永定河发水时，来势很猛，以前两岸河堤常被冲毁，但是这座桥却从没出过事，足见它的坚固。——《中国石拱桥》(茅以升)

用简明的语言、科学的术语对某一概念的本质特征作规定性的说明叫下定义。下定义能准确揭示事物的本质。例如，统筹方法，是一种安排工作进程的数学方法。——《统筹方法》(华罗庚)

举出实际事例来说明事物，使所要说明的事物具体化，以便读者理解，这种说明方法叫举例子。例如，比如，想泡壶茶喝，当时的情况是：开水没有；水壶要洗，茶壶、茶杯要洗；火已生了，茶叶也有了。——《统筹方法》(华罗庚)

利用两种不同事物之间的相似之处作比较，以突出事物的形状特点，增强说明的形象性和生动性的说明方法叫作打比方。例如，石拱桥的桥洞成弧形，就像虹。——《中国石拱桥》(茅以升)

为了使说明的内容更充实具体，可以引用一些文献资料、诗词、俗语、名人名言等，可使说明更具说服力。例如，唐朝的张嘉贞说它“制造奇特，人不知其所以为”。——《中国石拱桥》(茅以升)

为了把十分复杂的事物说清楚，就可以采用列图表法，来弥补单用文字表达的缺欠，使对某些事物的解说更清晰直观。例子略。

第四步：运用准确的语言来表达，力求多样性。

写说明文，要注意文章是否如实地反映客观事物，是否把事物的特征、本质和规律性说明得准确明白，给读者准确无误的认识。这就特别需要注意说明文语言的准确、简明和周密。所谓准确，就是要按照事物的实际情况，选用最恰当的词语，恰如其分地把事物的特征、本质和规律性表达出来。所谓简明，就是简洁明晰，不啰唆，不含糊，用精练的语言把意思表达得清清楚楚。所谓周密，就是要做到严密，没有疏漏，无懈可击。例如，下文《恐龙无处不有》中关于恐龙“如何越过大洋到另一个大陆上去的”的说明，所介绍的知识是合乎科学的。

恐龙不可能在每一块大陆上独立生存，那么它们是如何越过大洋到另一个大陆上去的呢？

这一问题的答案是：是大陆在漂移而不是恐龙自己在迁移。几十年前，人们发现地壳是由一些紧密拼合在一起但又在缓慢运动的大板块构成的。一些板块被拉开，而另一些则挤压在一起，一个板块也许会缓慢地向另一板块下面俯冲。“板块构造”理论很快为地质界几乎所有的问题提供了答案，如火山、地震、岛屿链、海洋深渊等等，这些在以前一直是不解之谜。

可以这样比喻，板块背上驮着许多大陆，当板块向一个或另一个方向运动时，大陆也随之一起运动。每隔一段时期，板块会将所有的大陆汇聚在一起，地球此时仅由一个主要陆地构成，称为“泛大陆”。当板块继续运动时，大陆又重新被分离开。

——阿西莫夫《恐龙无处不有》

⊙写作实践

1. 请在“说________”的横线处填上合适的词语，构成你的作文题目，写一篇事物说明文。

【同学分享】

说　扬　琴

初1614班　孔令雯

扬琴被称为“中华民族传统乐器中的钢琴”，是一种击弦乐器。它的音色刚柔并济，在民乐合奏中是一种必不可少的主要乐器。

说到扬琴的历史，就不得不提到中世纪以前在中东国家流行的桑图尔琴。这种琴有长方形的音箱，面板上张以几十条钢弦，这也就是扬琴的前身了。随着外交关系的形成，扬琴由波斯传入中国，最初只流行于广东一带，而后逐渐步入中原。后来在中国艺人的改造之下，桑图尔琴逐渐演变成了今天的扬琴。由于极具表现力的音色与音调，它既可被用于独奏，也可伴奏戏曲。例如，江南丝竹、扬州清曲，这些乐种都是由扬琴伴奏的。

传统扬琴的样式颇具中国古代闲情逸致的气息。它的框架多用桦木、榆木制成，上蒙白松，下蒙胶合板，音箱整体呈扁梯形，也有蝴蝶形的样式。长 90～100cm，宽 32～41cm，高 5.7～7cm，在民乐家族中算是个头比较大的了。它左侧设钩钉，右侧弦轴，便于调试弦的松紧，上置两个用红木或牛角制的琴码，左为高音，右为低音。对应琴码的部位胶有风口，以便音波对流，使音色更有立体感。与古筝不同，扬琴通常演奏时都要下置琴架，更能点缀出一丝典雅别致的气息。

扬琴的音色也非常特别，常常带有立体感与颗粒感。在民乐合奏中，它的音色好坏可以直接影响到乐队演奏的质量水平。扬琴在中国流传的 400 多年里，演变出了许多新品种，例如，筝扬琴、转调扬琴、高低音扬琴，甚至还有电音扬琴的出现，但其音色无太大改变，一直很适合演奏轻快、明亮的曲调，如《林冲夜奔》《采红菱》等。因此，扬琴的低音区极少用来演奏主旋律，多用和声做陪衬。

作为一种中华民族传统乐器，扬琴的名气虽远不如古筝、二胡，但它的丰富音色仍能为每一次乐队演奏增添色彩。

【点评指导】

事物说明文的关键就是要说清楚对象的特点，本文就很好地做到了这一点。传统样式的古典气息，音色的立体感与颗粒感都介绍得十分清晰。不仅如此，本文还有着清晰的思路。全文总分总的结构，层次清晰；段内总分的结构，简洁明了。用词科学严谨、准确平实，是一篇不错的事物说明文。

2. 请在“________为什么________”的横线处填上合适的词语，构成你的作文题目，写一篇事理说明文。

【同学分享】

食物为什么要加热

初 1611 班　王艺霏

民以食为天，“津津有味”“大快朵颐”“狼吞虎咽”等诸多成语俗语，都可以体现自古百姓对吃的追求。可是，为什么我们吃的食物要加热？

第一，也是最重要的一点，加热可以杀菌消毒。食物通过煮沸或是其他的烹饪手段可以杀灭大多数的细菌和寄生虫，如蛔虫、绦虫等。给食物高温加热大大减少了因不净饮食而导致的各类疾病。同时，加热也必须达到一定的温度，如果只用微波炉加热到合适温度，是不足以达到灭菌的目的的。例如，鸡蛋一定要经过100℃左右的高温，一些细菌才会被彻底杀死，否则非常容易引起腹泻。

第二，食物加热后吃更利于消化和吸收。食物加热煮熟之后，食物原来的结构会变得更加松散松软，比起未加热的食物，可以大大减轻人体消化的负担，提高食物的消化率。例如，我们常吃的肉类，其中的蛋白质遇热可以变性凝缩，分解成人体易于吸收的氨基酸。

第三，食物煮熟后更有营养。比如，西红柿中含有的番茄素，在88℃下煮30分钟后，含量会增加35%。适当的加热可以破坏植物细胞壁，加速番茄素的流出。虽然蔬菜等一些植物性食物在加热过程中会造成一些营养素损失，如维生素B、C等，但这些损失的影响不大，是可以轻松用食用量来弥补的。

第四，从食用口感的角度来看，加热可以影响食物质地与香味。蛋白质适当的变性凝缩可以令食物的口感更好，同时蛋白质变性降解的产物中有谷氨酸，加热后有鲜美的味道；脂肪经加热后降解会挥发产生大量的芳香族物质，散发着特殊的香味，可以刺激食欲，所以加热后的食物更好吃。

食物需要加热的原因主要就是以上几种，生活中看似平凡的琐碎小事也蕴藏着严谨的科学道理。

【点评指导】

事理说明文的写作难度，是大于事物说明文的。因为要把抽象的事理，用清晰的语言准确地表达出来，对各个方面的要求都是比较高的，本文就很好地做到了。序数词的使用，使层次清晰；中心句的使用，使结构明了；多个角度的介绍，更是全面思维的表现。从平常小事中发现深奥的道理，思考的深入是必须的要求。开篇成语的使用，也使本文增添了一些生动的色彩。

综合实践

1. 我为学校建筑起名字。

学校有不少建筑，请你选择一座你喜欢的建筑，给它起一个有文化内涵的名字，并简单阐释理由。

【同学分享】

D座实验楼：命名为“不拘楼”

初1609班　江兴宇

中华上下五千年，似乎许许多多的重要发明创造，只是因为大师们的“不拘”，从而另辟蹊径，开辟了一片新天地。更有众多文人墨客，因其“不拘小节”的侠义之心，博得众彩，转而流芳百世。

甚者，使用流行一时的诗句，将这两个意味深长的字带入其中，便成了“我劝天公重抖擞，不拘一格降人才”这段佳话，千古传唱。同时也不断激励着莘莘学子，在当代繁华的信息化时代中，踏出一个属于自己的脚印。

愿实验楼的学子们，“不拘小节”，放开自我，勇于尝试，奋斗拼搏，打开通往新世界的大门。

愿实验楼的学子们，“不拘一格”，抛去古板，仰望未来，独具一格，在历史上写下独特一笔。

愿实验楼的学子们，“不拘于眼前的困难”，坚持到底，始终有一颗饱含激情之心，为祖国富强再创奇迹！

“不拘”，便是此楼最好的诠释。

【点评指导】

非常优秀的一份作业，真是别出心裁、不拘一格的好名字！先谈大师们的“不拘”，目标高远；再谈诗中佳句，文化深厚；然后从三个方面分别解释“不拘”之深刻意义，充满激情，让人奋发，令人上进。解说词用词精练，看出小作者有较强的文字功底！

2. 教学楼安全逃生路线图设计。

学校经常举行火灾、地震等突发事件的疏散演习活动。请你实地考察初中楼、高中楼和实验楼这三座建筑，找到这三座建筑中的安全逃生路线图。从安放位置、路线设置、版面布置等角度给予优化设计。

要求：三人一组，每人负责一座建筑。要有对路线图的文字说明，还要有具体的优化建议及理由。

【同学分享】

(1) 文字说明(编成了口诀)

发生火灾莫慌，一层切勿跳窗。

实验楼有围栏，找窗浪费时间。

一层大门挨库房，东南出口楼梯旁，东北出口厕所边。

二三四层楼梯间，所处方位要会辨。

(2) 优化建议及理由

① 教室D205、D212的人群距两侧逃生出口较远，不易撤离，易发生踩踏，应增设楼梯口或其他逃生出口。

② 增加主教学楼(A、C座)的消防疏散演习次数。

③ 大型教室(如阶梯教室)增设门窗，以快速疏散人群。

(3) 逃生技巧和注意事项

① 稳定情绪，不要慌乱，有序撤离。

② 安全通道，不乘电梯，不贪财物。

③ 注意饮食，控制身材，方便钻缝。(幽你一默!)

(小组成员：初1608班　丁禹诺　曹槿祺　沈欣远　程嘉昳)

【点评指导】

这份作业一定是经过了实地考察的，经过了认真思考的，经过了讨论交流的。因为只有做到了这些，才能做出非常优秀的作业。说明编成口诀，朗朗上口便于记忆；建议很有针对性也切实可行；除此以外，还特意增加了逃生技巧和注意事项，既看出几位同学的细心，同时，“幽你一默”也看出了几位同学的童心，令人莞尔。

小说大道

卷首小语

中国小说一步步走来，与古代民间艺人的“说话”“讲古”不无关系；西方叙事文学的发展，虽有史诗和悲剧的传统，究其滥觞，也往往回荡着鼓书艺人的浅唱。中外小说家们汲取民间营养，洞悉人情世态，独运创作匠心，创作出了恒河沙数的优秀小说作品，已经让“小说”这种文学体裁成为当今文学阅读和文学创作的主流文体，那些优秀的小说作品，如一幅幅风俗画卷，展示着古今中外的世相人心。

在这本小书里，我们会一起回想起圆月下紫色圆脸的小英雄，会看到小酒馆里举手扬脖一饮而尽的真酒鬼，还有衣衫褴褛的于勒，微微颤抖的鲍勃，之乎者也的孔乙己——一个个鲜活的形象，在萧索的乡村、豪华的邮轮、昏暗的街头，演绎着一出出或巧合或必然，或沉郁或昂扬，或拍手称快或扼腕叹息的人生故事，丰富我们的人生阅历，引发我们对人生更多的关注与思考。

如果你还想更深入地探究世相百态，你可以继续向后翻去：在这个普通农家的青石板台阶上，在那个小客栈的幽幽后院里，是时代的阵痛？是精神的失落？是文化的困境？你也可以再次向前翻看，看那时间的玩笑、微观的尽头、人类的宿命，细品市井细民的生态，静观社会变迁的巨幕，聆听历史流淌的乐章……

小说本是“道听途说”“街谈巷语”，是源自生活、反哺生活的文字。希望这一专题的阅读，能为你展现人类社会生活的更多侧面，能使你更成熟、更睿智，“讲古话今观世道，含英咀华论人生”。

请结合教材以下课文及综合性学习，学习阅读本专题。

《故乡》(九年级上册第四单元)

《我的叔叔于勒》(九年级上册第四单元)

《智取生辰纲》(九年级上册第六单元)

《孔乙己》(九年级下册第二单元)

有的放矢

1．阅读小说作品，学习小说家描写语言的生动性、叙事语言的表现力；阅读文学评论，学习评论语言的逻辑性。

2．学习小说三要素知识，理解小说中的人物形象、故事情节、典型环境，建构小说阅读的基本方法。

3．从人物、情节、环境、语言等角度欣赏小说作品，并能写出有理有据自圆其说的简单文学评论；能利用人物塑造、矛盾冲突等小说创作方法丰富自己的写人叙事习作，并进行简单的虚构作品创作。

4．通过小说阅读来体悟世道人心，理解小说背后的社会文化；学习小说家观察生活、思考生活、洞察现实世界的态度。

磨砺以须

1. 小说阅读开幕式：请自愿结组，以小组为单位（或独立完成），用任意形式介绍一本你们喜爱的小说。（介绍形式包括但不限于演讲、评书、短剧、歌舞、图画、创意产品等）

【同学分享】

《三体》介绍视频（初1613班　李嘉琪组）

【点评指导】

学生不仅对《三体》系列三部作品的情节内容进行了简单的介绍，还用几何画板工具展示了物理学中的“三体问题”。对于介绍科幻小说来讲，将科学的原理和人文的思考结合在一起，是非常必要的。在这个专题学习开始之前，这个小组对小说本身的介绍主要集中在“故事”上，这是正常的。我们在读小说的时候，总是先被故事吸引。而更“专业”的小说阅读应该是超越故事，走向理解的其他层次。因此，对于情节、人物、环境的分析，特别是对科幻小说中的社会人文意义的思考，是学生们在今后的学习中需要注意的。

2. 请利用翻译工具、检索工具，或请教他人，查找“小说”一词在英语、法语、俄语、日语、西班牙语中对应的单词，并了解这些单词在相应语言中的意思。根据他国语言对小说文体的定义和你对小说这种文体的感受，写出你对“小说”的“定义”。

各语种中的“小说”一词

语种	汉语	英语	法语	俄语	日语	西班牙语
词语	小说	novel;fiction				
含义		虚构作品				

我对“小说”的一句话定义

【同学分享】

各语种中的"小说"一词						
语种	汉语	英语	法语	俄语	日语	西班牙语
词语	小说	novel;fiction	roman conte rouvell	pomaH	しょうせつ	La novela
含义		虚构作品	传奇故事,虚构的故事,空想,无稽之谈	长篇小说		虚构,杜撰,假装
我对"小说"的一句话定义						
以塑造人物、讽刺世情或阐明事理为目的的,有故事性的虚构的文学作品。						

(初 1613 班　周亚琪)

【点评指导】

周亚琪同学对小说的定义没有局限在"故事"上,而是把"故事性"作为小说的一个特点进行表述。同时,她非常聪明地发现了"塑造人物"在小说创作中的重要地位,并且发现了小说的现实意义(世情/事理)。这些对于还没有学习小说单元的孩子来说是很难得的。其实,在完成这个任务的时候,如果能对前面各种语言中"小说"一词有更具体的分析,则可以帮助概括出更好的"定义"。

含英咀华

人 物 形 象

经典研读：故乡

见部编教材九年级上册第四单元。

背景参读：鲁迅小说里的人物（节选）

周作人[①]

三一　两 个 故 乡

鲁迅在《故乡》这篇小说里纪念他的故乡，但其实那故乡没有什么可纪念，结果是过去的梦幻为现实的阳光所冲破，只剩下了悲哀。但此外也有希望，希望后辈有他们新的生活，为我们所未经生活过的。原文结末云："我想：希望是本无所谓有，无所谓无的。这正如地上的路；其实地上本没有路，走的人多了，也便成了路。"这是很好的格言，也说得很好，没有尼采式的那么深刻，但是深远得多了。

这里前后有两个故乡，其一是过去，其二是现在的。过去的故乡以闰土为中心，借了这个年轻的农民，写出小时候所神往的境地：深蓝的天空中挂着一轮金黄的圆月，下面是海边的沙地，都种着一望无际的碧绿的西瓜。现在先从闰土说起。这闰土本名章运水，小说里把土代替了水字，闰运是同音的，也替换了，在国音里闰读如润，便有点

① 周作人（1885—1967），中国现代著名散文家、文学理论家、评论家、诗人、翻译家，浙江绍兴人，是鲁迅（周树人）之弟。

隔离了。他的父亲名叫章福庆，是城东北道墟乡杜浦村人，那里是海边，他种着沙地，却是一个手艺工人，能制竹器，在周家做“忙月”，意思即是帮忙的，因为他并非长年，只在过年过节以及收租晒谷的时候来做工罢了。他有时来取稻草灰，也带了运水来过，但是有一年因为值祭，新年神像前的祭器需要人看守，那时便找运水来担任，新年照例至正月十八为止，所以他那一次的住在城内是相当长久的。

三二　看守祭器

本文中说大祭祀的值年离现在将有三十年了，那小说是一九二一年写的，计算起来该是一八九一年左右，事实上是光绪癸巳即一八九三年，那时鲁迅是十三岁。在复盆桥周家有两个较大的祭祀值年，其一是第七世八世祖的致公祭，由致中和三房轮值，致房下分为智仁勇，智房下又分为兴立诚，鲁迅是兴房派下的。所以须得二十七年才能轮到一回。其二是第九世祖的佩公祭，单由致房各派轮值，这只要九年就够了。一八九三年轮值的祭祀乃是佩公祭，因为在丙申即一八九六年伯宜公代立房值年。白尽义务（立房的子京将祭田田租预先押钱花光，发狂而死，已见《百草园杂记》中）正是此后第三年。其次是佩公祭资产较多，祭祀比较丰盛，神像前有一副古铜大五事，即是香炉烛台和花瓶，很是高大，分量也很重，偷去一只便很值点钱，所以特别要有人看守才行。还有一件特别的事故，便是鲁迅的曾祖母戴老太太以七十九岁的高寿于前一年即壬辰（一八九二年）的除夕去世，大堂前要停灵，值年的祖像只好移挂别处，就借用了仁房所有的“大书房”，在“志伊学颜”的横匾下陈设起来。那是在大门内西偏，门口没有看门的人，很是不谨慎。当时仁房玉田在那里设着家塾，孟夫子即孔乙己就有时会溜进来，拿走一点文房具的。因此之故，看守更是不可少了。

三三　闰土父子

本文里说闰土能装弶捕小鸟雀，这是他父亲的事，在《朝花夕拾》中曾有过一段叙述。他的父亲名福庆，小孩们叫他“庆叔”，是种地兼做竹匠的，很是聪明能干，他用米筛捕鸟，关在用竹络倒放撑开的麻袋里，后来拿锡酒壶盛大半壶水，把小鸟的头塞在壶口内，使它窒息而死，都是很简单巧妙的。壬辰（一八九二年）那年冬天特别冷，下雪很多，积得有尺把厚，河水也冻了，有一两天航船不能开行，是向来少有的事情。因为大雪的缘故鸟雀无处得食，所以捕获很容易，这以后就再没有这种机会，即使下点雪，也没有那些鸟来了。这事可以断定是在壬辰冬天，因为癸巳（一八九三年）正月里一直忙丧事和祭祀，不能再有这闲工夫了。闰土出场那时是第一次，中间隔了六年，他第二次出场是在庚子（一九零零年）正月，初七日日记下云：“午后至江桥，运水往陶二峰处测字，余等同往观之，皆谰语可噱。”测的不知是什么字，但谰语有些却还记得，有混沌乾坤、阴阳搭戤等句子，末了则厉声曰：勿可着鬼那么的着！闰土乃垂头丧气而出，鲁迅便很嘲笑他，说他瘟了，学陶二峰的话来说他，使得他很窘。过了几年之后，庆叔显得衰老忧郁，听鲁老太太说，才知道他家境不好，闰土结婚后与村中一个寡妇要好，终于闹到离婚，章家当然要花了些钱。在闰土不满意于包办的婚姻，可能是有理由的，但海边农家经过这一个风波，损失不小，难怪庆叔的大受打击了。后来推想起来，陶二峰测字那时候大概正闹着那问题，测字人看出他的神情，便那么的训斥了一顿，在这里也正可以看到占卜者的机警与江湖诀了。

三四　豆腐西施

闰土的第三次出场是在民国以后，姑且说是民国元年（一九一二年）吧。假定他是与鲁迅同庚的，那么那时该是三十二岁，但如本文中所说已经很是憔悴，因为如老实的农民一样，都是“辛苦麻木而生活着”，这种暗淡的空气，在乡村里原是很普遍的。鲁迅的第二个故乡乃是民国八年（一九一九）的绍兴，在这背景出现的仍是闰土，他的样子便是民初的那模样，那海边的幻景早已消灭，放在眼前的只是“瓦楞上许多枯草的断茎当风抖着”的老屋。那些稻鸡、角鸡、鹁鸪、跳鱼，以及偷吃西瓜的小动物，叫作俗音遮字，小说中写作犬边查字的，都已不见影踪，只换了几个女人，里边当然也有衍太太，但特别提出的乃是绰号“豆腐西施”的杨二嫂。豆腐西施的名称原是事出有因，杨二嫂这人当然只是小说化的人物。乡下人听故事看戏文，记住了貂蝉的名字，以为她一定是很“刁”的女人，所以用作骂人的名称，又不知从哪里听说古时有个西施（绍兴戏里不记得出现过她），便拿来形容美人，其实是爱美的人，因为这里边很有些讽刺的分子。近处豆腐店里大概出过这么一个搔首弄姿的人，在鲁迅的记忆上留下这个名号，至于实在的人物已经不详，杨二嫂只是平常的街坊的女人，叫她顶替着这诨名而已。她的言行大抵是写实的，不过并非出于某一个人，也含有衍太太的成分在内。

三五　搬　　家

《故乡》是一篇小说，读者自应去当作小说看，不管它里边有多少事实。我们别一方面从里边举出事实来，一则可以看著者怎样使用材料，一则也略作说明，是一种注释的性质。还有一层，读者虽然不把小说当作事实，但可能有人会得去从其中想寻传记的资料，这里也就给予他们一点帮助，免得乱寻瞎找，以致虚实混淆在一起。这不但是小说，便是文艺性的自叙记录也常是如此，德国文豪歌德写有自叙传，题名曰《诗与真实》，说得正好，表示里边含有这两类性质的东西。两者截然分开的固然也有，但大半或者是混合在一起，即是事实而有点诗化了，读去是很好的文章，当作传记资料去用时又有些出入，要经过点琢磨才能够适合的嵌上去。这篇小说的基干是从故乡搬家北来的这一件事，在一九一九年冬天，于十二月一日离北京，二十九日回京，详细路程当查《鲁迅日记》，今可不赘。但事实便至此为止，此外多有些诗化的分子，如叙到了家门口时的情形，看见"瓦楞上许多枯草的断茎当风抖着"，这写是很好，但实际上南方屋瓦只是虚叠着，不像北方用泥和灰粘住，裂缝中容得野草生根，那边所有的是瓦松，到冬天都干萎了，不会像莎草类那么的有断茎矗立着的。话虽如此，若是这里说望见瓦楞上倒着些干萎的瓦松，文字的效力便要差了不少了。

三八　路　　程

从绍兴到北京的路程，可以分作两段，第一段是绍兴至杭州，第二段是杭州至北京。这两段长短不大一样，但是有一个很大的差别，前段水路坐船，后段陆路坐火车。杭州南星桥站出发，当天到达上海南站，次早北站上车，在南京浦口轮渡后，改坐津浦车，次日傍晚到天津，再搭那时的京奉车，当夜可抵正阳门，其间要换车四次，但坐火车总是一样的。绍兴出西郭门至萧山的西兴镇只有驿路一站，坐民船只一夜就够了，从西兴徒步或乘小轿过钱塘江，那时已用小火轮拖渡，平安迅速，对岸松毛场上岸便是杭州，离南星桥不远，来得及买票上车。这一夜的民船最有趣味，但那也以归乡时为佳，因为夏晚蹲船头上看水乡风景确实不差，从绍兴来时所见只是附郭一带，无甚可看，而且离乡的心情总不太好，也是一个原因。本文中说到路程，只是水路那一段，因为是搬家去的，连到家的时候也显得有点暗淡，离家时自然更是如此，虽然说"我躺着，听船底潺潺的水声"，很简单却写得很是得神。同行的人本文只说到母亲与宏儿，这也自然是小说化的地方，事实上同走的连他自己共有七人，其中两个小孩都是三弟妇的，长女末利才三岁，长子冲两岁，时在乡下病卒，次子还没有名字，生后七个月，小说中便将他诗化了，成为八岁的宏儿，因为否则他就不能与闰土的儿子水生去做朋友了。

赏析助读：精神"故乡"的失落（节选）

王富仁[①]

现实中的故乡是什么样子的呢？我们可以用这样一句话来概括我们对这个故乡的具体感受：它是在现实社会生活的压力下失去了精神生命力的故乡。

这时的故乡是由三种不同的人及其三种不同的精神关系构成的。

---

① 王富仁（1941—2017），著名学者，山东高唐县人。

“豆腐西施”杨二嫂

“豆腐西施”杨二嫂是一个可笑、可气、可恨而又可怜的人物。

她为什么可怜呢？因为她是一个人。一个人是需要物质生活的保证的。当一个人无法通过自己正常的努力而获得自己最起码的物质生活保证的时候，为了生命的保存，就要通过一些非正常的、为人所不齿的手段获取这种保证了。在这个意义上，她是值得同情的。她原来是开豆腐店的，为了豆腐店能够赚到更多的钱，她擦着白粉，终日坐着，实际上是用自己的年轻美貌招徕顾客，“因为伊，这豆腐店的买卖非常好”。“美”，在“豆腐西施”杨二嫂这里已经不再是一种精神的需要，而成了获取物质利益的手段。物质实利成了她人生的唯一目的。为了这个目的，她是可以牺牲自己的道德名义的。当自己的青春已逝、美貌不再的时候，她就把任何东西都拿来当作获取物质实利的手段了。她的人生完全成了物质的人生，狭隘自私的人生。这样一个人，亲近的只是物质实利，对别人的感情已经没有感受的能力了。在这类人的感受里，“利”即是“情”，“情”即是“利”；“利”外无“情”，天地间无非一个“利”字。她感受不到别人的真挚的感情，对别人也产生不了这样的感情，感情也只成了捞取好处的手段。她的眼里只有“物”，只有“利”，只有“钱”，而没有“人”，没有有感情、有道德、有精神需要的人。在这个世界上，她是能捞就捞，能骗就骗，能偷就偷，能抢就抢。但人类社会是在相互关联中存在和发展的，人类为了共同的生存和发展，需要心灵的沟通，需要感情的联系，需要道德的修养，需要精神品质的美化。像“豆腐西施”杨二嫂这样一个毫无道德感的人，时时刻刻都在做着损人利己的勾当，是不能不引起人们的厌恶乃至憎恨的。所以，就她本人命运的悲惨，她是可怜的；而就其对别人的态度，她又是可气、可恨的。她的可笑在于长期的狭隘自私使她已经失去了对自我的正常感觉。她把虚情假意当作情感表现，把小偷小摸当作自己的聪明才智。她是属于世俗社会所谓的能说会道、手脚麻利、干净利索、不笨不傻的女人。但在正常人眼里，她这些小聪明、小把戏都是瞒不了人、骗不了人的。所以，人们又感到她的言行的可笑。人们无法尊重她、爱戴她，甚至也无法真正地帮助她。她是一个令人看不起的人。

如果说少年的“我”和少年闰土的一切言行的总体特点是自然、纯真，那么“豆腐西施”杨二嫂的一切言行的总体特点则是不自然、不真挚。在她这里，一切都是夸大了的，是根据自己的实利考虑变了形的。她一出场，就“突然大叫”，发出一种“尖利的怪声”，这是她不感惊奇而故作惊奇的结果。她的面貌特征也是在长期不自然的生活状态中形成的。她一生只练就了一个薄嘴唇，能说会道，脸相却迅速衰老下来，只留下一个凸颧骨，没有了当年的风韵。她的站姿也是不自然的，故意装出一副不可一世的样子，实际上她早已失去了自信心，失去了做人的骄傲，但又希望别人看得起她，尊重她。她对“我”没有怀恋，没有感情，但又故意装出一副有感情的样子。她能说的只有“我还抱过你咧！”这样一个微不足道的事实，但却把这个事实说得非常重要，好像这就对“我”有了多么大的恩情，好像“我”必须对她感恩戴德、牢牢记住她对“我”的重要性。她不关心别人，因而也不会知道别人的生活状况，不会了解别人的思想感情。她通过自己的想象，把别人的生活说得无比阔气和富裕，无非是为了从别人那里捞取更多的好处。

“豆腐西施”杨二嫂体现的是“我”所说的“辛苦恣睢而生活”的人的特征。她的生活是辛苦的，但这种辛苦也压碎了她的道德良心，使她变得没有信仰，没有操守，没有真挚的感情，不讲道德，自私狭隘。

成年闰土

少年闰土是一个活泼可爱的孩子，是一个富有表现力的少年。“他的父亲十分爱他”，他的生命是有活力的，他的思想是自由的，他的心地也是善良的。

“这不能，须大雪下了才好。我们沙地上，下了雪，我扫出一块空地来，用短棒支起一个大竹匾，撒下秕谷，看鸟雀来吃时，我远远地将缚在棒上的绳子只一拉，那鸟雀就罩在竹匾下了。什么都有：稻鸡，角鸡，鹁鸪，蓝背……”

“现在太冷，你夏天到我们这里来。我们日里到海边捡贝壳去，红的绿的都有，鬼见怕也有，观音手也有。晚上我和爹管西瓜去，你也去。”

“不是。走路的人口渴了摘一个瓜吃，我们这里是不算偷的。要管的是獾猪、刺猬、猹。月亮地下，你听，啦啦的响了，猹在咬瓜了。你便捏了胡叉，轻轻地走去……”

“有胡叉呢。走到了。看见猹了，你便刺。这畜生很伶俐，倒向你奔来，反从胯下窜了，他的皮毛是油一般的滑……”

在这些话里，跳动着的是一个活泼的生命。少年闰土较之少年的“我”更是一个富于表现力的少年，是一个有更多的新鲜生活和新鲜感受要表达的少年。“我”的知识更多是从书本当中获得的，少年闰土的知识则是从大自然中、从自己的生活实感中获得的。他生活在大自然中，生活在自己的生活中，他比少年的“我”更像一个语言艺术家。他的语言那么生动，那么流畅，那么富有感染力！它一下子就把少年“我”吸引住了，并留下了至今难以磨灭的印象。但这个富于生命力和表现力的少年闰土，到了现在，却成了一个神情麻木、寡言少语的人，“只是觉得苦，却又形容不出”。为什么他在少年时就能有所感而又形容得出，现在却形容不出了呢？因为“那时是孩子，不懂事”，但“不懂事”的时候是一个活泼的人，现在“懂事”了，却成了一个“木偶人”了。这是为什么呢？因为这里所说的“事”，实际是中国传统的一套封建礼法关系，以及这种礼法关系所维系着的封建等级观念。

维系中国传统社会的是一套完整的封建礼法关系，而所有这些封建礼法关系都是建立在人与人不平等的关系之上的。帝王与臣民，大官与小官，官僚与百姓，老师与学生，父亲与儿子，兄长与弟弟，男性与女性，都被视为上下等级的关系。他们之间没有平等的地位，也没有平等的话语权力。上尊下卑、“上”对“下”是指挥、是命令、是教诲，“下”对“上”是服从、是驯顺、是听话。闰土之所以说小的时候是“不懂事”，是因为按照现在他已经懂得了的礼法关系，“我”是少爷，他是长工的儿子，二者是不能平等的。“我”尊，闰土卑，他那时没有意识到自己的卑贱地位，在“我”面前毫无顾忌地说了那么多的话，都是极不应该的。但那时年龄小，可以原谅，一到成年，中国人都要遵守这样一套礼法关系；不遵守这套礼法关系，就被中国社会视为一个不守规矩、不讲道德的人了，就会受到来自社会各个方面的惩罚。闰土就是在这样一套礼法关系的教育下成长起来的，他是一个“老实人”，是一个讲“道德”的人。但一旦把这种礼法关系当成了处理人与人关系的准则，人与人之间的思想感情就无法得到正常的交流了，人与人的心灵就融合不在一起了。这就是在“我”和闰土之间发生的精神悲剧。“我”怀念着闰土，闰土也怀念着“我”，他们在童心无忌的状态下建立了平等的、友好的关系。这种关系在两个人的心灵中都留下了美好的、温暖的、幸福的回忆。“我”想到故乡，首先想到的是闰土，闰土实际上也一直怀念着“我”。“他每到我家来时，总问起你，很想见你一回面。”只要想到他和“我”童年时在一起玩耍的情景，我们就能够想到，闰土的这些话绝不是一般的客气话。两个人重新见面时，“我”很兴奋，闰土也很兴奋，“脸上现出欢喜和凄凉的神情；动着嘴唇”，说明他心里颤抖着多少真挚的感情！但封建的礼法关系却把所有这些感情都堵在了他的内心里，形容不出来了，表现不出来了。

他的态度终于恭敬起来了，分明的叫道：

“老爷！……”

在这里，我们能够听到两颗原本融合在一起的心被生生撕裂开时所发出的那种带血的声音。闰土不再仅仅把“我”视为平等的、亲切的朋友了，他把“我”放在了自己无法企及的高高在上的地位上；他自己的痛苦、自己的悲哀，在这样一个高高在上的人面前已经无法诉说、无法表现。“老爷”这个称呼带着一种“敬”，但同时也透着一种“冷”。

在这种“冷”的氛围中，“我”的感情也被凝固在了内心里。两颗心就被这个称呼挡在了两边，无法交流，无法融合。所以“我”“打了一个寒噤”，知道两个人之间“已经隔了一层可悲的厚障壁”了。

《故乡》让我们看到，只有少年闰土和少年的“我”的关系才是符合人性的，后来这种封建礼法关系不是人的本性中就具有的，而是在社会的压力之下形成的，是一种扭曲了的人性。人在自然的发展中不会把自己视为一个卑贱的、无能的人，像闰土这样一个人的封建礼法观念是在长期的强制性的压力下逐渐形成的。社会压抑了一个人的人性，同时也压抑了他的自然的生命，使他习惯了消极地忍耐所有外界的压力，忍耐一切精神的和物质的痛苦。那个手持胡叉向猹刺去的闰土是多么富有朝气、富有生命的活力，又是多么勇敢！但封建的礼法关系逐渐压抑了他的生命力，使他在一切困苦和不幸面前只有消极地忍耐。只有意识到闰土已经没有了少年时的旺盛生命力，我们才能够理解，为什么“多子，饥荒，苛税，兵，匪，官，绅”，能够“苦得他像一个木偶人了”。他已经没有反抗现实的不幸的精神力量。他把所有这一切都视为根本不能战胜的。他只能承受，只能忍耐，他尽量不去思考自己的不幸，尽量迅速地忘掉自己的困苦。他不再敢主动地去感受世界，去思考生活、思考自己。久而久之，他的思想干瘪了下去，他的感受力萎缩了下去，他的表现力衰弱了下去，他的精神一天天地麻木下去，他已经成为一个没有感受力、没有思想能力和表现能力的“木偶人”。只有宗教还能给他带来对未来的茫远的、朦胧的希望。他的精神已经死亡，肉体也迅速衰老下去。

成年闰土体现的是“我”所说的“辛苦麻木而生活”的一类人的特征。这些人是善良、讲道德、守规矩的人。但传统的道德是压抑人的生命力的。他们在封建道德的束缚下丧失了生命的活力，精神变得麻木了。

成年的“我”

成年的“我”是一个现代知识分子，在自己的故乡已经失去了存在的基础，失去了精神落脚地。他像一个游魂，已经没有了自己精神的“故乡”。

中国古代的知识分子有相当部分是官僚地主。在经济上是地主，在政治上是官僚，是有权有势的阔人。但现代的知识分子大多在城市中谋生，已经没有稳固的经济基础，也没有政治的权力。在“豆腐西施”杨二嫂的心目中，值得惧怕和尊敬的是放了“道台”“有三房姨太太”、出门坐“八抬的大轿”的“阔人”。现在“我”“不阔”了，所以也就不再惧怕他、尊重他，而成了她可以随时掠夺、偷窃的对象。他同情“豆腐西施”杨二嫂的人生命运，但“豆腐西施”杨二嫂却不会同情他。他无法同她建立起精神的联系。他在她那里感到的是被歧视、被掠夺的无奈感。闰土是他在内心所亲近的人物，但闰土却仍然按照对待传统官僚地主知识分子的方式对待他，使他无法再与闰土进行正常的精神交流。他在精神上是孤独的。他寻求人与人之间的一种平等关系，但这种关系在现在的“故乡”是找不到的。

总之，现实的故乡是一个精神各个分离，丧失生命活力，丧失了人与人之间的温暖、幸福的情感关系的故乡。

课文联读：酒婆

冯骥才[①]

酒馆也分三六九等。首善街那家小酒馆得算顶末尾的一等。不插幌子，不挂字号，屋里连座位也没有；柜台上不卖菜，单摆一缸酒。来喝酒的，都是扛活拉车卖苦力的底层人。有的手捏一块酱肠头，有的衣兜里装着一把五香花生，进门要上二三两，倚着墙角窗台独饮。逢到人挤人，便端着酒碗到门外边，靠树一站，把酒一点点倒进嘴里，这才叫过瘾解馋其乐无穷呢！

这酒馆只卖一种酒，使山芋干造的，价钱贱，酒味大。首善街养的猫从来不丢，跑迷了路，也会循着酒味找回来。这酒不讲余味，只讲冲劲，进嘴赛镪水，非得赶紧咽，不然烧烂了舌头嘴巴牙花嗓子眼儿。可一落进肚里，跟手一股劲“腾”地蹿上来，直撞脑袋，晕晕乎乎，劲头很猛。好赛大年夜里放的那种炮仗“炮打灯”，点着一炸，红灯蹿天。这酒就叫作“炮打灯”。好酒应是温厚绵长，绝不上头。但穷汉子们挣一天命，筋酸骨乏，心里憋闷，不就为了花钱不多，马上来劲，晕头涨脑地洒脱洒脱放纵放纵吗？

要说最洒脱，还是数酒婆。天天下晌，这老婆子一准来到小酒馆，衣衫破烂，赛叫花子；头发乱，脸色黯，没人说得清她嘛长相，更没人知道她姓嘛叫嘛，却都知道她是这小酒馆的头号酒鬼，尊称酒婆。她一进门，照例打怀里掏出个四四方方小布包。打开布包，里头是个报纸包，报纸有时新有时旧；打开报纸包，又是个绵纸包，好赛里头包着一个翡翠别针；再打开这绵纸包，原来只是两角钱！她拿钱搭在柜台上，老板照例把多半碗“炮打灯”递过去，她接过酒碗，举手扬脖，碗底一翻，酒便直落肚中，好赛倒进酒

---

① 冯骥才，生于1942年，中国当代作家、画家、民间文艺家，天津人。

桶。待这婆子两脚一出门槛，就赛在画上画天书了。

她一路东倒西歪向北去，走出一百多步远的地界，是个十字路口，车来车往，常常出事。您还甭为这婆子揪心，瞧她烂醉如泥，可每次将到路口，一准是“噔”的一下，醒过来了！竟赛常人一般，不带半点醉意，好端端地穿街而过。她天天这样，从无闪失。首善街上人家，最爱瞧酒婆这醉醺醺的几步扭——上摆下摇，左歪右斜，悠悠旋转乐陶陶，看似风摆荷叶一般；逢到雨天，雨点淋身，便赛一张慢慢旋动的大伞了……但是，为嘛酒婆一到路口就醉意全消呢？是因为“炮打灯”就这么一点劲头儿，还是酒婆有超人的能耐说醉就醉说醒就醒？

酒的诀窍，还是在酒缸里。老板人奸，往酒里掺水。酒鬼们对眼睛里的世界一片模糊，对肚子里的酒却一清二楚，但谁也不肯把这层纸捅破，喝美了也就算了。老板缺德，必得报应，人近六十，没儿没女，八成要绝后。可一日，老板娘爱酸爱辣，居然有喜了！老板给佛爷叩头时，动了良心，发誓今后老实做人，诚实卖酒，再不往酒里掺水掺假了。

就是这日，酒婆来到这家小酒馆，进门照例还是掏出包儿来，层层打开，花钱买酒，举手扬脖，把改假为真的“炮打灯”倒进肚里……真货就有真货色。这次酒婆还没出屋，人就转悠起来了。而且今儿她一路上摇晃得分外好看，上身左摇，下身右摇，愈转愈疾，初时赛风中的大鹏鸟，后来竟赛一个黑黑的大漩涡！首善街的人看得惊奇，也看得纳闷，不等多想，酒婆已到路口，竟然没有酒醒，破天荒头一遭转悠到大马路上，下边的惨事就甭提了……

自此，酒婆在这条街上绝了迹。小酒馆里的人们却不时念叨起她来。说她才算真正够格的酒鬼。她喝酒不就菜，向例一饮而尽，不贪解馋，只求酒劲。在酒馆既不多事，也无闲话，交钱喝酒，喝完就走，从来没赊过账。真正的酒鬼，都是自得其乐，不搅和别人。

老板听着，忽然想到，酒婆出事那日，不正是自己不往酒里掺假的那天吗？原来祸根竟在自己身上！他便别扭开了，心想这人间的道理真是说不清道不明了。到底骗人不对，还是诚实不对？不然为嘛几十年拿假酒骗人，却相安无事，都喝得挺美，可一旦认真起来反倒毁了？

⊙学习任务

一、词语积累。摘录喜欢的词语，工整地抄写在表格内。

1. 老师推荐

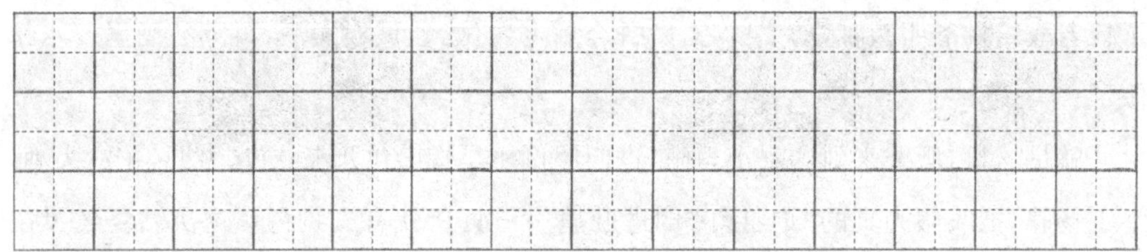

（初 1609 班　江兴宇 书写）

2. 我的选择

二、批注留念。边读书，边批注。挑选一则最满意的批注，写入下表。

摘　　录	批　　注

三、以读导写。

《故乡》中，鲁迅从外貌、语言、动作等角度刻画了二十年时间给闰土、杨二嫂等人带来的变化，在你的生活与成长中，是否也遇到过久别的亲人、朋友？几年的时间是否也给他们带来了变化？请你选择两个以上角度用对比的手法描写他的变化。

【同学分享】

她缓缓地走下火车，眼神中透出一丝神秘的光芒。她激动地朝我挥挥手。她在走到我面前的前一秒突然停下了脚步，目光里的光芒散去了许多，换来的是一层薄薄的雾。我有些愕然，却未说出来。她终于说话了："嗨，你来了？"

我当然知道我来了！她没有像过去那样絮絮地寒暄，我们儿时见面总有讲不完的话，她现在只字未提。我们彼此望着，不语。儿时，她的眼里永远闪着光，就像她刚刚下火车时一样，而现在光芒消失在了久别带来的薄雾中，看不到了。

"你……你最近怎么样？""还行。"她漫不经心地回答着，双眼死死盯住地上那块砖，仿佛对它产生了浓厚的兴趣。她咬着嘴唇，好像在克制着一连串美好的话语，不让它们如泉一般涌出。我的头低了下来，眼前渐渐蒙上一层雾……

（初1613班　范葭怡）

【点评指导】

这篇习作用简短的篇幅勾勒出了旧友相见却产生隔阂无话可说的尴尬场景。从写法上看，小作者很明显地在向鲁迅先生《故乡》中迅哥儿与闰土重逢的场景学习，但这种学习却没有停留在机械的模仿上，而是与自己的生活感悟结合在了一起。特别是一些细节的表现非常生动，比如朋友与自己重逢时本来眼中是有"光芒"的，但随着走近，光芒却变成了"薄薄的雾"，这个变化非常生动。

四、以评促思。

请结合你学习《故乡》的收获，阅读"赏析助读"文字，学习写简单的文学评论，并从"人物形象"角度对小说《酒婆》的人物形象进行赏析。

写作要求：观点鲜明，有理有据。

【同学分享】

纵观《酒婆》全文，我们会感觉到酒婆是一个个性鲜明的"奇人"。

首先一眼看出的是她很穷。她去最末等的小酒馆纵酒，她褴褛的衣衫，以及她打开层层的报纸包取钱的动作都可以看出她的贫穷。而纵使如此穷，她却每天都要花两角钱喝酒。酒馆中喝酒的那些扛活拉车卖苦力的都是底层，但也多数就菜喝酒，"靠树一站，把酒一点点倒进嘴里"，再看酒婆："接过酒碗，举手扬脖，碗底一翻，酒便直落肚中"，从不就菜，一饮而下。但是这就已经让她在人群中特立独行了。作者说她"洒脱"。喝完就走的酒婆，似乎目的就是喝酒，不似他人，更不像是借酒消愁排遣烦恼。她只管饮酒，也不在乎酒里掺不掺水。从她喝下不掺水的酒的反应，我们可以看到，酒劲很大，作为"酒鬼"的酒婆喝下去何尝不知道？但仍然只是像以往一样痛快，因痛快而断送了性命。如此看来，酒婆的洒脱中，似乎也有放纵，放纵自己喝酒，而不再受理智的控制，而她也恰恰因这"洒脱"或"放纵"送了命。

（初1603班　支昕）

【点评指导】

酒婆的形象比起“杨二嫂”“闰土”要复杂得多，作者对这个形象的态度也并不鲜明。因此，这个“以评促思”的任务是有难度的。我们并不要求定论，而看学生分析的方法和角度。支昕同学能从典型的动作、外貌等角度分析人物形象，且能够将分析出的人物的不同侧面放在一起进行比对和思考，比如把“穷”和“特立独行”放在一起看，把“洒脱”和最后的命运一起看，从而得出自己对酒婆这种“洒脱”的理解。把人物综合看，而不断章取义地割裂，这是读小说的入门功夫，是应该掌握的。“放纵”这个见解的提出，有自己的角度，可惜分析论证不足，原文佐证提供不够。

故事情节

经典研读：我的叔叔于勒

见部编教材九年级上册第四单元。

背景参读：论小说（节选）

莫泊桑

有天才的人们，因为自己身上有着一种不可抗拒的创造力，无疑的他们是绝没有这类忧烦和这类痛苦的，他们并不自己判断他们自己。其余的人们，单是一些自知和有恒的工作者的我们其余的人，我们除非凭着不断的努力，是不能和那难以克服的失望战斗的。

有两个人，凭着他们的简单而又明了的教训，给了我以这种始终尝试的力：这两人即是路易·布耶（Louis Bouilhet）和鸠斯达坞·佛罗贝尔（即居斯塔夫·福楼拜）。

如果我在这儿说到他们和我，那是因为概括在寥寥几行里的他们的忠告，对于有些并不像初入文坛的人一样大都不免的那样自信的青年，也许有用的缘故。

我在得着佛罗贝尔的友情之前两年光景，以一种稍稍亲密的形式先认识了布耶，因为常常对我说着百行甚或更少的诗，如果无懈可击，如果包含着一个人——即使是第二流的人——的才能和独创的要素，便足够博得一个艺术家的声誉的一类的话，使我懂得了不断的工作和技艺的深刻的认识，在一个头脑清明，充满着力和诱惑的时日，由于一个和我们的心灵的一切倾向十分投合的题材的可喜的遇合，可以招致这短促的，唯一的，并且是我们所能产生的完善的作品的出现。

其次我懂得最著名的作家也差不多不曾留下过两册这样的作品，并且我懂得最要紧的是要有无数供给我们选择的材料中间发现并识别那将吸收我们所有的能力，我们所有的价值，我们所有的艺术的力的题材的机会。

稍后，我间常见到的佛罗贝尔，对我产生了好感，我大胆把我的几篇习作拿去请他指教。他亲切地读着它们，回答我道："我不知道你有没有才能。你拿给我看的东西证明你具有一种智慧，可是，年青的人啊，千万不要忘记这个罢：才能——照着蒲丰(Buffon，今译布封)的话说来——只是一种悠久的耐性，用功呀！"

我用功着，并且常常转到他那里去，我懂得自己使他高兴着，因为他开始笑着把我叫作他的弟子。

在七年之中，我作了一些诗，一些短篇小说，一些中篇小说，我甚至还写了一本极坏的戏曲。这些东西现在一篇都没留下。师傅读着一切，随后在下一个星期日，用着午餐的当儿，发挥着他的批评，并渐渐地在我身上贯注两三个原则——那都是他的悠长而又饶有耐性的教训的提要："如果有着一种独创力时"，他说，"第一便该使它显露出来；如果没有的话，便该得到一种。"

"才能是一种悠久的耐性。——这事是在相当久地并且相当在意地凝视着自己想要表现的一切，以便从那里面发现一种还不曾被任何人见过和说过的状态。因为我们使用自己的眼睛时，总免不了忆起前人对于我们所注视的东西的意见，所以在一切东西里面都还有着未曾被人探险过的处所。极微的事物也包含着少许未知的地方。去寻出它来罢。为着描写一道正在燃烧着的火和一样生在平原上的树，我们便得一直面对着这火和这树，待到它们在我们眼中同任何旁的树和旁的火显得不同才为止。"

"人们要这样才会成为独创的。"

此外，他于提出全世界没有两粒砂子，两匹苍蝇，两只手或两条鼻子绝对相同的这真理时，强制我在几句话里表现一个人或是一个物件而能明白写出其特点，而能使得这人或物件与同种族同种类的其余一切的人或其余一切的物件判然不同。

"当你经过一个坐在自家门口的杂货商前面，"他对我说，"一个抽着烟斗的门役前面，一个雇用马车的停车处前面时，请把这杂货商和这门役，他们的姿势，他们的凭着画像的手腕描写出来的，包含着他们所有的道德的性质的整个身体的形状，以一种不会使我把他们和任何旁的杂货商或任何旁的门役混同起来的方法指示给我罢，并且请以一句话使我看出一匹雇用马车的马和它前后五十匹旁的马有着什么不同罢。"

我已在旁的地方详述过他对于文体的意见。那些意见和我下面所述的观察的理论有着密切的关系。

不论人家所要说的事情是什么，只有一个字可以表现它，一个动词可以使它生动，一个形容词可以限定它的性质。因此我们得寻求着，直到发现了这字，这动词和这形容词才止，绝不要安于“大致可以”，绝不要为着躲避困难而求援于一些诈伪的字句——即使是巧妙的诈伪也不行，——而求援于一些谐谑的语言。

人们应用着波亚洛(Boileau，今译布瓦洛)这句诗时，你可传达并表现出最微妙的事物：

“一个用得其所的字可以教人以力。”

为着固定思想上的一切细微的差异，我们绝用不着现今人们假托艺术文字的名义，强迫我们接受的那种奇怪，复杂，无意味的语汇；而得凭着一种极端的明敏，鉴别一个字的价值随着这字所占的地位而起的一切变化。而得尽量减少意义几乎难以捉摸的名词、动词和形容词，尽量增多以种种形式构成的，安排得非常巧妙的，充满着响朗的音调和精妙的韵律的，形形色色的文句。与其成为珍奇的言辞的收集者，还是让我们努力成为优秀的文体家罢。

要将文句操纵自如，使它说着一切，甚至说着它所不能表现的事情，使它充满未尽之意，充满秘密的，不曾表明的企图，确实比发明一些新的辞句，或是在无人认识的旧书里面搜寻一切我们已经失却习惯和意义的，在我们看来如同一些死语一样的辞句，更为困难。

并且，法兰西文是那些装模作样的作家从来不能也永远不能扰乱的一泓清水。每一个世纪都把它的习惯，它的浮夸的古语，它的矫饰，投在这透明的流水里，而这类无用的尝试，无能的努力，却不曾在那水上浮起一点什么。这种文字的本性是要成为明白，合理，并有力的。它不会让它自己变为柔弱，晦涩或腐败。

现今那些在制造形象而不注意抽象的用语的人们，那些使得雹或雨毁坏玻璃窗的“清洁”的人们，也可以用石子投掷着他们的同僚的“朴质”石子或许会击着那有身体的同僚，但绝不会损及那没有身体的“朴质”。

赏析助读：略说《我的叔叔于勒》

钱理群①

我们的读与讲还是从写法入手。

---

① 钱理群，1939年生于重庆，祖籍浙江杭州，北京大学中文系资深教授、博士生导师。

莫泊桑是著名的短篇小说家，本篇写作上的最大特点有二：一是故事悬念的设置，一是故事叙述者、叙述视角的选择。

一、悬　　念

小说一开始就写道："只要一看见从远方回来的大海船开进港口来，父亲总要说他那句永不变更的话：'唉！如果于勒竟在这只船上，那会叫人多么惊喜呀！'"就是这一句话，给这位远方的于勒叔叔蒙上一股神秘的色彩：他究竟是什么人？为什么父亲对他寄以这么大的期待？这就有了悬念。

以下的一段回述，说于勒叔叔是因为"把自己应得的部分遗产吃得一干二净之后，还大大占用了我父亲应得的那一部分"，而被打发到美洲的。但这只是部分地揭开了于勒叔叔的身世：他大概是一个人们常说的不会守财、理财的浪荡子吧。

但他在远方的行止，却依然充满疑团。只是传说他"到那里就做上了不知什么买卖"，不仅语焉不详，而且也不确实。他的来信，也让人摸不着头脑，先说是赚了点钱，又说他要去南美发了财才回来，要好几年不和家人通信，而且果真十年没有消息。尽管他的形象越来越模糊，但在"我"的父母和全家人的想象中，却越来越神奇，不但要"用这位叔叔的钱置一所别墅"，连二姐的婚事都寄托在他身上了。

写到这里，尽管"我的叔叔于勒"始终是叙述的中心，但他却从来没有露面，只存在于种种传闻和全家人的想象中。这样悬念就更加重了：他究竟是怎样一个人呢？特别是那个青年因为看了于勒叔叔的信，"不再迟疑而下决心求婚"以后，敏感的读者就开始担心起来：万一……万一于勒叔叔不尽如人们想象的那样，会发生什么呢？

就在这样的期待、疑惑的悬念中，作者悄悄布置了一个最关键的情节。开始也很自然，全家要在二姐婚礼后作一次旅游。接着在不经意中看见一个"衣服褴褛的年老水手"在卖牡蛎。但正是这一个细节却引发了父母情感的轩然大波：由父亲的"不安"到母亲的"哆嗦"，到向船长"紧张"地打听，终于揭开谜底——那衣服褴褛的老水手就是于勒叔叔！这和"我"的父母乃至我们大多数读者原先的期待形成了巨大的反差，构成了情节发展的一个"逆转"，即使如前文所说，少数敏感的读者原先有所担心，但这么快得到证实，也是出乎意外的。

在"狼狈"的父亲、"暴怒"的母亲走开以后，"我"和这位曾经是那么神秘的于勒叔叔见面了。请注意，直到这时，小说的真正主人公"我的叔叔于勒"才得到正面描写的机会，露出其"庐山真面目"：我们仿佛和小说中的"我"一起"看他的手"——"那是一只满是皱纹的水手的手"，一起"看他的脸"——"那是一张又老又穷苦的脸，满脸愁容，狼狈不堪”。

这一个瞬间的大特写，是具有震撼力的。可以说，前面所有的悬念的设置、所有的描写，都是为了“我”以及读者和于勒叔叔的这个瞬间相遇：原来于勒叔叔是饱经风霜的“又老又穷苦”的人，而不是传说中、想象里的那个在远方发了财的人。

这同时又产生了新的悬念：他怎么会变得又老又穷，成为这样一个人？这十多年远方漂泊的生活，他是怎么度过的？当全家人都对他满怀期待时，他对家里的亲人有过怎样的感情？——关于这些问题，作者一句也没有说。这“十年漂泊的于勒叔叔”的形象，都留给我们读者在自己的想象里完成了。

二、叙述者与叙述视角

但作者的用心，并不只是在“于勒叔叔是怎样一个人”，更在于人们“怎样看待于勒叔叔这样的人”。这就有一个由谁来讲述于勒叔叔的故事、以什么眼光并从什么角度来写于勒叔叔的故事的问题，即我们通常所说的叙述者与叙述视角的选择。

小说家莫泊桑精心选择了“我”——若瑟夫、于勒的侄子、一个未成年的孩子，来讲“我的叔叔于勒”的故事。

由于这样的叙述者的选择，整个故事形成了多重的“看”与“被看”的关系。

首先是“我”的父母这样的成年人怎样看于勒叔叔。——这是第一层面的“看”与“被看”。

前面已经说到，于勒叔叔是有两个形象的：一个是实际的形象，一个是传说中、想象里的虚拟形象。于是，就有了两种看法和评价。而这不同的看法、评价又通过对于勒叔叔的不同称呼表达出来。可以分作三个阶段。一开始，当于勒表现出前文所说的“不善守财，不善理财”那一面时，大家把他称作“坏蛋”“流氓”“无赖”，总之，“分文不值”。后来，传说他“赚了点钱”，还要到远方去“发财”，他自己也许诺要赔偿损失、帮助家人时，他一下子成了“正直的人”“有良心的人”“好心的人”。到最后，他终于露出真面目，不过是一个创业失败的穷苦的老人，他立刻又成了“老流氓”“贼”，只把他叫作“这个小子”“那人”“那讨饭的”，根本不认这个亲戚了。——这里的褒与贬，标准只有一个：看他是否赚了钱。表面上是看人，其实是看钱。有钱人，会赚钱、发了财的人，就是“正直的人”“有良心的人”；穷人，不善守财、理财、赚钱的人，就是“流氓”“坏蛋”“无赖”。因此，这个故事是完全可以有另一个结局的：如果“我”的父母和家人在船上遇到的不是穷人“于勒叔叔”，而是发了财的富人“于勒叔叔”，那就是另一番情景了。你能想象得出，并加以描述吗？

单就“我”的父母如何看于勒叔叔的这一层关系，读者很容易把“我”的父母看作是一个“以钱论人”的势利小市民，看作是一个个人道德问题，这就不免有些片面。因此，还需要另一层“看”与“被看”，即“我”怎样“看”父母这样“看”于勒叔叔。——这是小说叙述的第二层面。

于是，我们就注意到，在小说一开始谈到于勒叔叔之前，有一段交代性的描写，反复强调父亲“挣的钱不多”，养活全家五口人相当不容易，“母亲对我们的拮据生活感到非常痛苦”，姐姐要“买十五个铜子一米的花边，常常要在价钱上计较半天”。这些都不是无关紧要的闲笔，而是要读者理解钱对于这样生活拮据的家庭的重要性。因此，在下文谈到于勒叔叔把自己应得的部分遗产吃得一干二净，还大大占用了父亲的一份，因而遭到谴责时，说到了“他当初行为不正，糟蹋钱。在穷人家，这是最大的罪恶”，显然怀有一种理解的同情。因此，“我”尽管对于勒叔叔采取了完全不同于父母的态度（详见下文分析），但他叙述父母如何看于勒叔叔时，虽然多少有嘲讽之意，但语气却是善意的，也还是怀有同情的理解。这就是说，父母的“以钱论人”，绝非个人的道德缺陷，而是生活环境所逼。

这就说到了“我”怎样看于勒叔叔——这是第三个层面的“看”与“被看”。

小说其实只写了一句：在“我”终于和这“又老又穷”的叔叔面对面时，“心里默念道：‘这是我的叔叔，父亲的弟弟，我的亲叔叔。’”这一笔却极有分量，甚至可以说是全文的点睛之笔。在这里，实际上是提出了另一种看法，另一种评价人的标准，另一种人与人的关系的准则——只看亲情，不管有钱还是无钱。有意思的是，这样的看法、标准是由一个孩子提出来的，原因也很简单：他未受金钱万能的拜金主义和“钱就是一切”的伦理观念的污染，是一个鲁迅说的“心思纯白”的人，因此，他心目中只有“离绝了交换关系利害关系的爱”（鲁迅《我们现在怎样做父亲》）。

这样，围绕着如何“看”于勒叔叔，就出现了两个视角，一个是父母的成年视角，一个是“我”的童年视角。在成年视角里，只有钱；在童年视角里，亲情的爱胜过一切。而通篇小说选择“我”作为叙述者，也就选择了以童年视角来讲述于勒叔叔的故事。

但深谙小说艺术的作家，为避免叙述视角的单一，又为整个故事的讲述设置了一个“套子”。这就是小说的开头和结尾，现在被教材删去，似有不妥，故补录如下。

（原文开头）一个白胡子穷老头儿向我们乞讨小钱，我的同伴若瑟夫·达夫朗司竟给了他五法郎的一个银币。我觉得很奇怪，他于是对我说：“这个穷汉使我回想起一桩故事，我这就讲给您听。事情是这样的……”

（原文结尾）此后我再也没有见过我父亲的弟弟。以后您还会看见我有时候要拿一个五法郎的银币给要饭的，其缘故就在此。

首先我们注意到，开头、结尾里的“若瑟夫·达夫朗司”不同于小说主体里的“我”，那个小若瑟夫已经长大了，这又出现了一个成年视角。而“看”的对象，已经不是于勒叔叔，而是和于勒叔叔有类似境遇的一个乞讨的“白胡子穷老头儿”。有意思的是，成年若瑟夫依然是用童年若瑟夫“爱”的观念、眼光、心态去对待穷人，而且显然由对于勒叔叔一人之爱扩大到所有的穷人，也就是由亲情之爱扩展、上升到了对所有不幸者的爱，这是真正的人道主义之爱。

这样，我们终于明白，其实小说里还有第四层“看”与“被看”的关系，就是作者莫泊桑在“看”——童年的“我”若瑟夫如何看“于勒叔叔”？成年的父母如何看“于勒叔叔”？成年的若瑟夫又是如何看“于勒叔叔”这样的穷人？作家在小说里看似隐身，但通过他对小说情节、结构的精心设置，对叙述者的精心选择，已经不动声色地显示了他的看法：他显然更认同于成年若瑟夫的观点和做法，也就是说，他对现实成年社会对人的评价标准，以及人与人关系中的拜金主义的倾向，持批判和嘲讽的态度，对在孩子身上仍然保留着的纯真的亲情之爱，则显然有一种亲和力，并期待着能够上升到“爱一切不幸者”的人道主义的高度。——莫泊桑本质上是一位伟大的人道主义作家。

最后要说的是，当我们阅读这篇小说时，就同时产生了新一层“看”和“被看”的关系：生活在当下社会的我们这些读者怎么“看”于勒叔叔，以及小说中的种种“看”。同时也要追问：我们自己以及社会上的许多人又是怎么“看”现实生活中“于勒叔叔”这样的穷人的？由此应引发怎样的思考？

这些问题需要大家来回答，这里就不说了。

课文联读：二十年之后

［美］欧·亨利

执勤警察神气活现地沿着大街巡视着。他这种神气活现的神态已成为习惯，并不是为了招摇过市、露个脸面，因为街上看他脸面的人很少。时间只不过才晚上十点钟，可是一阵阵夹着雨意的寒风把街上的行人差不多都给赶走了。

他边走着边试试人家的门户是否关好，手中的警棍在巧妙地令人目眩地耍动着；时不时地还转过来朝着宁静的街面上投去机警的一瞥。这位警官先生魁梧的身躯佩上那么点昂首阔步的神态，真是活脱脱的一副保护治安者的形象。这个地区都兴早起早睡，也许你能时不时地看到一家雪茄烟店或是通宵营业的饭馆柜台仍亮着灯光；可是绝大多数店家商号的大门早就紧闭了。

警官在一个街段的中途突然放慢了脚步。在一家漆黑的五金店门口，一个汉子嘴上叼着一支没点燃的雪茄靠在那里。那人见警察朝他走来，便急急忙忙说道：

“没事，警官，”他让来人放心，说道：“我只是在等一个朋友。那是二十年前说定下来的。你听着有点滑稽，对吧？假如你想要弄明白这里面是不是有什么弯弯绕，那好，那就容我解释一下吧！大约二十年前，就在这家五金商店的地方有一家饭店——叫‘大乔’布雷迪饭店。”

“五年前那家饭店还在，后来才拆去，”警察说。

倚在门口的人划了一支火柴点上雪茄。火光亮处只见他苍白的方脸膛上，闪烁着一双敏锐的眼睛，右眉毛附近有一条泛白色的小伤疤。而他的领带上却异乎寻常地别着一支镶有大钻石的饰针。

“二十年前，”那汉子说，“我就在此地的‘大乔’布雷迪饭店同我最要好的朋友、世上最呱呱叫的小伙子杰米·韦尔斯共同进餐的。他和我亲如手足，一起在纽约市长大。那时我只十八岁，杰米二十岁。第二天早上我要上西部去发大财去。可是要想把杰米从纽约拖走，那可办不到。他认为人世间只有一个好地方，那就是纽约。于是，那天晚上我同他约定，整二十年后，不论到时候混得什么模样，也不管得从多远的地方赶来，一定得于此日此时在此地相会。我们想象，好也罢，不好也罢，二十年后咱们的命运总会见到分晓，钱也该挣到了。”

“听着倒是怪有趣的，”警察说道。“不过，依我看来，两次会面的日子相隔未免长了些。打你离开后你跟你那朋友通过消息没有？”

“噢，有过。在一段不长的时间里，我们保持着联系，”那人说道。“可是一二年后我们就失去联系了。你晓得，那西部可是个大地方哟。我在那儿到处奔波，带劲得很呐。不过我知道，只要杰米还活着，是会到这儿来见我的。天地间杰米老伙计最忠实，最守信用，一贯如一。他绝不会忘事的。我千里迢迢赶来，如果我的老交情赴约的话，那么我今晚站在这大门前还是十分值得的。”

这位等候的人说着掏出一块精致的挂表，表盖上镶嵌着一颗颗小钻石。

“十点差三分，”他说道。“我们在这儿饭店门口分别的时间是十点钟整。”

“在西部还混得不错，是吧？”警察问道。

“那还用你说！我希望杰米能混得有我一半好。他这个好人，只知道卖力气。而我为了发大财，不得不同最厉害的机灵鬼们交手呐。在纽约生活的人，难免会墨守陈规；可是到西部人就得冒险斗智了。”

警察将警棍在手上挥舞了一圈，并挪动了一两步。

“我得去巡逻了。希望你的朋友守约前来。准十点见不到他你就走吗?”

“我才不呢!”那一位说道。“至少我还等他半小时。只要杰米还在人世，到时候他会来这儿的。再见喽，警官先生。”

“晚安，先生，”警察说完沿着执勤线向前走去，边走边试着推推人家的门户。

天开始下着料峭的毛毛细雨，先时一阵紧一陈松的冷风这时节也不歇气地刮将起来。还在这个地段活动的寥寥无几的行人把衣领高高地翻起，手插进口袋里，神情抑郁，默然无声地匆匆走过。五金商店门前那个千里迢迢赶来的人，为青年时代和朋友约定的渺茫得近乎荒唐的约会而在抽着雪茄烟等待着。

又等了大约二十分钟，只见一个高个头男子，大衣领翻到耳朵上，急急忙忙从街对面走过来，径直走向这个等候着的人。

“是你吗，鲍勃?”来人将信将疑地问。

“是你，杰米・韦尔斯?”在门口的人大声喊将起来。

“我的天呀!”刚来的人惊叫道，一下子握住对方的双手。“正是鲍勃，千真万确。我确信只要你还健在，我就准能在这儿见到你。噢嗬嗬! ——二十年说来不短。老饭店没了，鲍勃；我希望它还在，那么咱们又可以在这儿干一顿。你在西部日子过得怎样哇，老兄?”

“妙透啦。我伸手要什么就给什么。你大变样啰，杰米。我压根儿还没料到你又长高了二三英寸。”

“呃，二十岁过后我又长高了点。”

“在纽约混得很不错吧，杰米?”

“马马虎虎应付着。我在市政部门有个差使。来吧，鲍勃，咱们到我熟识的一个地方去，好好地叙叙旧吧。”

两个人挽着胳膊朝街上走去。西部来的那位，给成功冲昏了头脑，开始讲述起他事业中的光荣史；另一位脖子缩在大衣里，饶有兴致地聆听着。

街角处有一家药铺灯光通明。两人走到光亮处，都同时转过身来打量对方的脸。

西部来的那位猛地止住脚步，把手臂抽了出来。

“你不是杰米·韦尔斯，”他怒喝道。“二十年虽然长，但还不至于把一个人的鹰勾鼻变成狮子鼻。”

“可有时候时间却能使一个好人变成一个坏人。”高个儿说道。“你已被捕十分钟了，圆滑的鲍勃。芝加哥方面觉得你可能上咱们这儿来，打电报告诉我们要同你谈谈。别吭声，走吧！对，这才明智。喏，咱们上警察局之前，你先看看这张便条，有人吩咐我交给你。你不妨在窗口处看看。是巡逻警韦尔斯写的。”

从西部来的人打开交给他的那张小纸片。开始看的时候他的手拿得还很稳，不过看完的时候手有点在打颤。便条写得很短。

鲍勃：

我准时抵达约定地点。在你擦火柴点雪茄烟时，我发现你那张脸同芝加哥方面缉拿的人的脸相吻合。不知怎的我自己不忍下手，于是我走开了，找到一个便衣侦探来完成这件事。

杰米

⊙学习任务

一、词语积累。摘录喜欢的词语，工整地抄写在表格内。

1. 老师推荐

短	促		诈	伪		谐	谑		明	敏		漂	泊
势	利		拮	据		兴	致		径	直		通	缉
判	然	不	同		轩	然	大	波		饱	经	风	霜

（初 1609 班　江兴宇 书写）

2. 我的选择

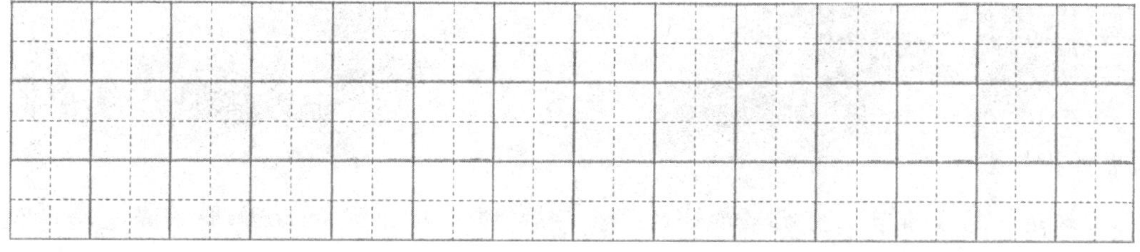

二、批注留念。边读书，边批注。挑选一则最满意的批注，写入下表。

摘　录	批　注

三、以读导写。

“悬念”是小说家在设置情节时常用的方法。《我的叔叔于勒》中，于勒叔叔的现状在答案揭晓前，一直就是个吸引读者的悬念。其实，在我们平时写文章的时候，也未必要急于把一切告诉读者，恰当地使用悬念，会提升你文章的品质。请你试着使用“设悬念”这种叙事技巧，写一个你生活中的故事。

【同学分享】

她突然走了，只留下一朵纸花。一年前，我们是邻居，又是亲密无间的好友，关于她的一切，我都知道。

她离开的前一天，敲响了我家的门，递进来一朵纸花，什么也没有说就走了。得知她搬家后，我责备自己为什么之前都没有问问她，妈妈说，一定是她不想让我难过，才什么都没有说的。是啊，她总是那样想着我。

我走到我们常去的“秘密角落”，想看看她有没有在纸花里给我留下什么话。我小心翼翼地想拆开那朵花，只拆了一角，便看见上面赫然写着“都怪你……”，原来，她都没有跟我说，是在怪我，她怪我什么？怪我没有问她吗？可是我怎么会知道她要搬家？我的心情一下子跌入谷底，甚至气恼地下定决心：以后再不相见！

我想要扔掉那朵纸花，眼不见心不烦！但我想看看她究竟在怪我什么，于是我气恼地把纸花展开，上面赫然地写着：

“都怪你，让我的心无法离开……”

泪水打湿了我的眼眶。

（初1603班　薛宇涵）

【点评指导】

这是一篇在情节上有明显设计的学生习作，其小小说式的写法，特别是悬念的使用，还是很值得称道的，对“欧·亨利式结尾”的模仿，很见匠心。这篇习作的悬念设置，主要靠“误会”来进行，这种以“误会”促成悬念的方式，有两个基本的要求，一是误会要合理；二是悬念中藏着铺垫。这两点，小作者都注意到了，因为是“小心翼翼地折”，所以开始只看见了几个字，这个是合理性所在，后面气恼地折的时候，一下子就看见全句了；而前面对两个人关系的叙述，以及“都怪你”三个字后面省略号的提示，都可以成为铺垫了。悬念，有的时候是作者与读者之间的一个智慧游戏。

四、以评促思。

请结合你学习《我的叔叔于勒》的收获，阅读“赏析助读”文字，学习从“故事情节”角度写简单的文学评论，并自选角度对小说《二十年后》的故事情节进行赏析。

【同学分享】

《二十年后》在情节设计上有几个妙处，正是这几个妙处，使得最后的结尾虽出意料之外，也在情理之中。

第一，本文多次使用了伏笔。先是在黑暗的背景中，警察认真地看男子，然后借火柴光看男子，这时他能看清男子脸上的疤痕，而男子看不清他。疤痕的发现为犯人身份的发现埋下了一个伏笔。后来，男子多次提到自己“不得不东奔西跑”，这也暗示了他身份的可疑。包括他一见到警察时的态度，可能也在暗示。

第二，本文多次出现巧妙的照应。两次提到冷风，火柴的亮光和后面对谜底的揭晓，包括多次出现的“二十年”一词，都让整个事件显得更加合情合理。

第三，本文最大的转折在最后，便衣警察抓捕时，犯人的惊讶还没有退去，之前的警察正是吉米，这些都让人大吃一惊，却又合情合理。

第四，巧妙利用了矛盾冲突，包括吉米与鲍勃之间警察与犯人的对立身份，包括吉米本人在情与法中的纠结等，也都决定了小说情节走向哪里。

（初 1603 班　任紫琪）

【点评指导】

这段短评，没有停留在对结尾出人意料又在情理之中的这种“欧·亨利风格”的介绍上，而是真正打开思路，从不止一个角度讲，出人意料又在情理之中的原因是什么，作者是怎样做到的。小读者以此来重读文章，列出了四条理由。前两条理由，特别是第一条理由分析较好，且有文本上的依据。而第三点表述略模糊，其实不再是原因，而是对表达效果的重复。第四点注意到了矛盾冲突在小说情节发展中是有作用的，虽然还没有能解释这种作用，只是有所发现，但对于初学小说的同学来讲，还是很难得的。

自然环境

经典研读：智取生辰纲

见部编教材九年级上册第六单元。

背景参读：如何由《智取生辰纲》了解《水浒传》

《水浒传》是学生都很熟悉的中国古典小说四大名著之一。它的作者施耐庵用他高度的艺术表现力，生动丰富的文学语言，叙述了许多引人入胜的故事，塑造了众多可爱的、个性鲜明的英雄形象。

课文《智取生辰纲》就是选自小说《水浒传》第十六回。课文主要是写杨志受北京大名府留守梁世杰（蔡京的女婿）的派遣，押送生辰纲去东京，在途中被晁盖、吴用等夺取的经过。课文情节跌宕起伏，人物性格鲜明，语言明快生动，而这些特点恰恰也是小说《水浒传》的艺术特色。我想从以下几个方面谈谈如何由《智取生辰纲》了解《水浒传》。

一、由《智取生辰纲》中的人物，我们可以了解《水浒传》中的人物性格特点：个性鲜明、丰富饱满

《智取生辰纲》中的主要人物是杨志。在文中，我们可以看到，在押送生辰纲的过程中，他根据不同的地形，更改行路的时间。开始是趁凉行路，“催促”一行人在山中僻路行走，表明他选择了连强盗也不愿行走的艰难路径，后来到了“人家渐少，行客又稀”的山路地带，为了安全起见，推迟每天动身时间且提前休息（由原来的“五更起身日中歇息”改为“辰牌起身，申时便歇”）。即使在光天化日下，杨志也尽量减少中途休息，唯恐军汉们心生懒怠，一旦有情况难以应敌。六月正午，怕有人晨光或暮色中偷袭，他宁可逼迫军汉冒酷热前行而落得怨声载道，而且不允许大家在黄泥冈的松林里休息。后来，兵士们要买酒喝，他又千方百计阻拦，多次提醒军汉们此地险要，发现刘唐顿生疑心，唯恐白胜酒中有蒙汗药。可以说，为了生辰纲的安全，杨志费尽心机，处处小心，体现了他的精明能干，用心用智良苦，实非常人可比。

但是，生辰纲还是丢了。这固然是要突出吴用的计策高妙和无懈可击，但最主要的原因还是杨志。无论是“时时小心”还是“高度警觉”，都表明杨志一种急功近利的心理。他太在乎此行的成功了，他太想出色地完成押解生辰纲这个任务了。因为他急于

靠功而获“赏”，改变自己现在的罪犯身份，从而稳步上升，落个“封妻荫子”。杨志急于抓住这个契机，实现自己命运的转折，仍旧保持“将门之后”“几世忠臣”的美好声誉。为了实现这个梦想，杨志把“赌注”重重押在了护送生辰纲这一行上，所以他不惜使用任何方法，只求生辰纲别出事。性格的另一面就暴露出来了：急躁、粗暴、蛮横。他对手下的兵士“轻则痛骂，重则藤条便打”，如，“杨志道：‘你这般说话，却似放屁！前日行的须是好地面：如今正是尴尬去处，若不日里赶过去，谁敢五更半夜走？’”再如，“杨志大骂道：‘你们省得甚么！’拿了藤条要打。”这样就激化了运送队伍内部的矛盾。

而对晁盖、吴用的刻画，作者就突出了他们的“智”。他们的智主要表现在：智用天时——天气炎热；智用地利——在小树林中找不到掏水处，黄泥冈——使杨志看不清他们的举动；智用杨志和众军将不和；智选时机下蒙汗药，让人神不知鬼不觉。

这样，晁盖、吴用等人的足智多谋、随机应变就跃然纸上了。

值得一提的是，这些人物的性格特征，作者都是放在具体环境中，紧扣人物的身份、经历来刻画他们的，人物性格在一系列故事情节的展开中得以传神般地表现出来。

同样，《水浒传》其他章节中的人物也是个性鲜活，如见义勇为的鲁智深，嫉恶如仇的武松，仗义疏财的柴进……

难怪金圣叹论《水浒传》曾说：“别一部书，看过一遍即休，独有《水浒传》，只是看不厌，无非为他把一百八个人性格都写出来。”这句话虽有些夸张，但《水浒传》确实成功塑造了数十个性格鲜明的人物形象，让人难忘。

二、由《智取生辰纲》的情节，我们可以了解《水浒传》故事情节特点：跌宕起伏、引人入胜

《智取生辰纲》故事情节一波三折，引人入胜。就拿白胜卖酒、杨志等买酒这一情节来说，文章写得一波三折，情节跌宕起伏。军汉们看到有人卖酒，想去买来喝，杨志立即阻拦，怀疑酒中有蒙汗药。白胜欲擒故纵，立刻表示不卖了。然后晁盖等人过来先吃掉一桶酒，一则表明此酒无药，让杨志放松警惕；二则借舀酒作掩护，前一瓢装作要占便易，后一瓢下药。白胜一会儿追这个，一会儿夺那个，假戏真做，杨志就同意军汉们买了吃。这时候，白胜又一次欲擒故纵，就是不卖。这样，杨志就彻底放松了警惕，最终，全被蒙汗药麻倒，看着生辰纲被劫走。

其实，这段情节只是《水浒传》故事中的一个缩影。《水浒传》整本书都十分重视故事情节的生动曲折。它很少静止地描绘环境、人物外貌和心理,而总是在情节的展开中通过人物的行动来刻画人物性格。这些情节又通常包含着激烈的矛盾冲突,包含偶然性的作用和惊险紧张的场面,包含着跌宕起伏的变化,富于传奇色彩。这种非凡人物与非凡故事的结合,使得整部小说充满了紧张感,很能引人入胜。

三、由《智取生辰纲》的语言,我们可以了解《水浒传》的语言特点:明快洗练、生动传神

《智取生辰纲》的语言是高度口语化的。无论叙事、写人,或人物对话,寥寥几笔,就神情毕肖。语言明快、洗练、形象、传神,表现力极强。《水浒传》继承和发展了说话人话本的艺术传统,第一次将白话运用到了绘声绘色、惟妙惟肖的程度,使它成为中国白话文学的一座里程碑。

先看一段叙述语言:"天气热了,行不得,见着林子便要去歇息。杨志赶着催促要行,如若停住,轻则痛骂,重则藤条便打,逼赶要行。"这段叙述语言言简义丰,不仅道出了天热,众军汉的辛苦和不愿意中午走,而且写出了杨志的粗暴蛮横。这些都为下文生辰纲被劫埋下了伏笔。

再看一段描写语言:松林相遇是杨志与吴用等人的第一次正面交锋,这次交锋没有刀光剑影,杨志却输了。当杨志提着朴刀赶来,七个人齐叫一声"阿也"(哎呀),都跳起来。这声惊叹看似慌张,毫无准备,实是七人精心设计,巧妙安排。这七人齐叫了一声"阿也",却又反衬出杨志的唐突和莽撞。杨志问道:"你等莫不是歹人?"那七人道:"你颠倒问!我等是小本经纪,那里有钱与你!"问得蠢,回得妙。分明反戈一击,却回答得像模像样,天衣无缝。紧接着又反扑一句:"你端的是什么人?"杨志道:"你等且说那里来的?"一问一反问,其目的就是打消杨志的疑虑,双方相遇,纯属偶然,可谓精彩至极。七人对开始的那位舒头探脑价望的解释"只听得有人上冈子来,我们只怕是歹人,因此使这个兄弟出来看一看"。也合情合理,无间可击。文章一开始写他们正面接触时通过双方的语言作了一次较量,使杨志自感无趣,自然也就打消了对贩枣人的戒备。

这样明快洗练、生动传神的语言,正是《水浒传》的语言风格。《水浒传》中108个英雄好汉,每人有每人的语言,通过这些语言,人物的迥异性格被刻画得惟妙惟肖,栩栩如生。

学生只要用心去读《智取生辰纲》,就能了解《水浒传》整篇小说的特点,从而达到"窥一斑而知全豹"的效果。

赏析助读："热"字了不得

——课文《智取生辰纲》赏析

姚炳辉　江苏省扬州市宝应中学

课文《智取生辰纲》从杨志等人开始上路起，到杨志自己也喝酒解渴止，多处着力写天气，写太阳，写树林。直接写"热"的有近二十处，用"凉"字来间接写"热"的也不下十余处。而且写"热"有的通过作者介绍，有的通过八条好汉之口，有的通过杨志或虞侯、老都管之口，更多的是通过军健的语言和行动。反复描述，不断点染，作用多多，实在了不得！

一、渲染气氛

蔡京"六月十五日生辰"，押送生辰纲"正值五月半天气"，盛夏酷暑，"酷热难行"。起初"五七日"，精力充沛，加上凉行热歇，总算能对付。"五七日"之后，体力逐渐透支，杨志又要"辰牌起身，申时便歇"，就越走越挺不住了。担子无有一个稍轻的厢禁军，天热行不得，"见着林子便要去歇息"；只背些包裹行李的两个虞侯，"也气喘了行不上"；一身轻松的老都管更是落在后面，让急于告状的虞侯在柳荫树下坐等。"这般火似热的天气，又挑着重担"，怎能不雨汗通流，怎能不气喘吁吁！何况似此一走就是十四五日，精疲力倦，不生怨怅那才怪哩！

到了"六月初四时节，天气未及晌午，一轮红日当天，没半点云彩，其日十分大热"，那些军汉居然约行了二十余里路程，刚"思量要去柳阴树下歇凉"，就被杨志又骂又打一通。看看天，"四下里无半点云彩"，"热不可挡"；啾啾地，石头都热了，"脚疼得走不得"。真的要"晒杀人了"。众军歇下担仗，"都去松林树下睡倒了"；"两个虞侯和老都管气喘吁吁，也巴到冈子上松树下坐了喘气"；卖枣汉呢，更爽气，"六个人脱得赤条条的，在那里乘凉"；那"遭死的军人"杨志又如何，还不是"也把朴刀插在地上，自去一边树下坐下歇凉"。

骄阳似火，热如蒸笼，活动在这样环境之中的杨志一伙，活脱脱热锅里的蚂蚁，热不可耐，团团直转。

二、烘托人物

刚离北京五七日，"端的只是起五更，趁早凉便行，日中热时便歇"，那是因为地面好；"五七日之后"，不趁凉走，偏要日里赶，那是因为去处尴尬："人家渐少，行客又稀，一站站都是山路"。杨志用心良苦，精明过人，只可惜他一意孤行，不善沟通，众军不理解。“这两日又不拣早凉行”，虞侯也觉得“正是好歹不均匀”，连老都管“这两日也看他不得”了。

军健诉苦，虞侯挑拨，老都管内心自恼杨志，而杨志依然独断专行，谁早起就骂谁，谁顶嘴就抽谁，“一路上赶打着”，就是“不许投凉处歇”，粗暴蛮横，分明是一个聪明的糊涂蛋！

黄泥冈乃山中僻路中的土冈子，仅有一片松林，从军健执意在此歇凉，唯杨志大惊失色：“苦也！这是甚么去处，你们却在这里歇凉！”判断准确，一语中的，遗憾的是他仍不善调停，刚愎自用，靠藤条“打得这个起来，那个睡倒”；两个虞侯也不买他的账，“我见你说好几遍了，只管把这话来惊吓人”哪有什么强人出没；老都管一忍——“端的热了走不得，休见他罪过”，再忍——“权且教他们众人歇一歇，略过日中行，如何?”不料，杨志不知天高地厚，给顶了回去，“你也没分晓了”，竟“敢在此歇凉”！利令智昏，麻木至极。

杨志容人买酒吃，基于自己精细的观察——买枣人吃了一桶无事，另一桶“当面也见吃了半瓢，想是好的”；杨志自吃半瓢，实在是天气炎热，口渴难熬，但他并未完全放松警惕。尽管如此，可还是身不由己地钻进了圈套，真是“道高一尺，魔高一丈”，八条好汉才是真正的智者！——热则渴，渴则喝，足见其料事如神。

三、推动情节发展

在押送队伍中，谢都管和两个虞侯是暗中监视杨志，杨志是防备强人打劫。螳螂捕蝉，黄雀在后；人心不和，焉有不败?

开始上路，相安无事，凉行热歇，想法一致。改变走法，凉歇热行，矛盾便逐渐产生。于是乎有了众军汉要歇凉，要早起，要晚行，杨志轻骂重打，“逼赶要行”；于是乎有了两个虞侯大气直喘“行不上”，诘询起个中缘由，杨志先责怪后撒野，“这般说话，却似放屁！”然而，杨志回避得了天热吗？老都管最后一个来到柳阴树下，两个虞侯讨厌杨志摆谱拿大，众军人怨恨杨志不通人性，老都管一个“且耐他一耐”，一个“巴到东京时，我自赏你”，就把大伙笼络在一起。杨志完全成了孤家寡人。

天气越来越热，杨志只管赶打，众人忍气吞声，到了大热的六月初四就忍无可忍了。军人们一起睡倒在松林树下，全然不顾藤条劈头盖脸地打来。好容易巴到冈子上松树下坐了还喘粗气的老都管又是说情又是商量，杨志却一口冲过，矛盾一下子到了不可调和的地步。老都管撂挑子了：“我自坐一坐走，你自去赶众人先走。”老都管倚老卖老了：“比得芥菜子大小的官职，直得恁地逞能！”老都管强词夺理了：“你说这话该剜口割舌！今日天下怎的不太平?”剑拔弩张，即不遇外动，也有内变，是天热把故事情节推向了高潮。

也许是泰山压顶，也许是“松林里影着一个人”，总之杨志服软了，让步了——“你们且歇了，等凉些走”——内部斗争这才趋向缓和。

从另一面看，吴用施计能在黄泥冈松林里实现，就天时而言，也正是得力于天热。不是天热难走，哪会有卖酒、买酒、喝酒、饶酒、夺酒等情节呢？

四、揭示主题思想

天热，押送一行出现了走与停、快与慢的矛盾。同为奴才，由于派别、等级、受宠程度或承担责任的不同，必然相互倾轧，尔虞我诈，这是封建社会中复杂尖锐的矛盾的一个侧面，决定了杨志押送金银担必败无疑。

“赤日炎炎似火烧，野田禾稻半枯焦。农夫心内如汤煮，公子王孙把扇摇。”白胜的山歌，极言天气之热，直接点破主题，剥削阶级的乐与被剥削阶级的苦构成鲜明的对比，阶级对立暴露无遗。金圣叹对此还有批注，认为禁军的处境类似农夫，挑酒人是借歌挑起众军健更强烈的怨愤情绪，虽有硬性图解、强行对号之嫌，但也不无道理，多多少少值得参考。

八条好汉智在扮成贩枣商人，在黄泥冈歇凉，装作害怕歹人，麻痹对手；智在白胜挑酒路过，故意不卖，以此激化矛盾，引诱对手；智在贩枣客人买下一桶，当面吃尽，显示酒中无药，迷惑对手；智在有意在另一桶饶酒，一个抢吃一瓢，另一人再来舀酒下药，彻底动摇对手；智在白胜再装赌气不卖，枣客充当调解人，将这桶酒提与众军吃，使杨志的思想没有转弯的余地，完全瓦解对手。这五智围绕“酒”，暗扣“热”，迫使杨志他们步步入套，充分表现八位好汉在夺取不义之财过程中的智慧和力量。

课文联读：荷花淀——白洋淀纪事之一

孙　犁[①]

月亮升起来，院子里凉爽得很，干净得很，白天破好的苇眉子潮润润的，正好编席。女人坐在小院当中，手指上缠绞着柔滑修长的苇眉子。苇眉子又薄又细，在她怀里跳跃着。

要问白洋淀有多少苇地？不知道。每年出多少苇子？不知道。只晓得，每年芦花飘飞苇叶黄的时候，全淀的芦苇收割，垛起垛来，在白洋淀周围的广场上，就成了一条

---

① 孙犁(1913—2002)，原名孙树勋，河北省衡水市安平人，现当代著名小说家、散文家。

苇子的长城。女人们，在场里院里编着席。编成了多少席？六月里，淀水涨满，有无数的船只，运输银白雪亮的席子出口，不久，各地的城市村庄，就全有了花纹又密、又精致的席子用了。大家争着买：

“好席子，白洋淀席！”

这女人编着席。不久在她的身子下面，就编成了一大片。她像坐在一片洁白的雪地上，也像坐在一片洁白的云彩上。她有时望望淀里，淀里也是一片银白世界。水面笼起一层薄薄透明的雾，风吹过来，带着新鲜的荷叶荷花香。

但是大门还没关，丈夫还没回来。

很晚丈夫才回来了。这年轻人不过二十五六岁，头戴一顶大草帽，上身穿一件洁白的小褂，黑单裤卷过了膝盖，光着脚。他叫水生，小苇庄的游击组长，党的负责人。今天领着游击组到区上开会去来。女人抬头笑着问：

“今天怎么回来得这么晚？”站起来要去端饭。水生坐在台阶上说：

“吃过饭了，你不要去拿。”

女人就又坐在席子上。她望着丈夫的脸，她看出他的脸有些红涨，说话也有些气喘。她问：

“他们几个哩？”

水生说：

“还在区上。爹哩？”

女人说：

“睡了。”

“小华哩？”

“和他爷爷去收了半天虾篓，早就睡了。他们几个为什么还不回来？”

水生笑了一下。女人看出他笑得不像平常。

“怎么了，你？”

水生小声说：

“明天我就到大部队上去了。”

女人的手指震动了一下，像是叫苇眉子划破了手，她把一个手指放在嘴里吮了一下。水生说：

“今天县委召集我们开会。假若敌人再在同口安上据点，那和端村就成了一条线，淀里的斗争形势就变了。会上决定成立一个地区队。我第一个举手报了名的。”

女人低着头说：

“你总是很积极的。”

水生说：

“我是村里的游击组长，是干部，自然要站在头里，他们几个也报了名。他们不敢回来，怕家里的人拖尾巴。公推我代表，回来和家里人们说一说。他们全觉得你还开明一些。”

女人没有说话。过了一会儿，她才说：

“你走，我不拦你，家里怎么办？”

水生指着父亲的小房叫她小声一些。说：

“家里，自然有别人照顾。可是咱的庄子小，这一次参军的就有七个。庄上青年人少了，也不能全靠别人，家里的事，你就多做些，爹老了，小华还不顶事。”

女人鼻子里有些酸，但她并没有哭。只说：

“你明白家里的难处就好了。”

水生想安慰她。因为要考虑准备的事情还太多，他只说了两句：

“千斤的担子你先担吧，打走了鬼子，我回来谢你。”

说罢，他就到别人家里去了，他说回来再和父亲谈。

鸡叫的时候，水生才回来。女人还是呆呆地坐在院子里等他，她说：

“你有什么话嘱咐我吧。”

“没有什么话了，我走了，你要不断进步，识字，生产。”

“嗯。”

“什么事也不要落在别人后面！”

“嗯，还有什么？”

“不要叫敌人汉奸捉活的。捉住了要和他拼命。”这才是那最重要的一句，女人流着眼泪答应了他。

第二天，女人给他打点好一个小小的包裹，里面包了一身新单衣，一条新毛巾，一双新鞋子。那几家也是这些东西，交水生带去。一家人送他出了门。父亲一手拉着小华，对他说：

“水生，你干的是光荣事情，我不拦你，你放心走吧。大人孩子我给你照顾，什么也不要惦记。”

全庄的男女老少也送他出来，水生对大家笑一笑，上船走了。

女人们到底有些藕断丝连。过了两天,四个青年妇女集在水生家里来,大家商量:

“听说他们还在这里没走。我不拖尾巴,可是忘下了一件衣裳。”

“我有句要紧的话得和他说说。”

水生的女人说:

“听他说鬼子要在同口安据点……”

“哪里就碰得那么巧,我们快去快回来。”

“我本来不想去,可是俺婆婆非叫我再去看看他,有什么看头啊!”

于是这几个女人偷偷坐在一只小船上,划到对面马庄去了。

到了马庄,她们不敢到街上去找,来到村头一个亲戚家里。亲戚说:你们来得不巧,昨天晚上他们还在这里,半夜里走了,谁也不知开到哪里去。你们不用惦记他们,听说水生一来就当了副排长,大家都是欢天喜地的……

几个女人羞红着脸告辞出来,摇开靠在岸边上的小船。现在已经快到晌午了,万里无云,可是因为在水上,还有些凉风。这风从南面吹过来,从稻秧苇尖上吹过来。水面没有一只船,水像无边的跳荡的水银。

几个女人有点失望,也有些伤心,各人在心里骂着自己的狠心贼。可是青年人,永远朝着愉快的事情想,女人们尤其容易忘记那些不痛快。不久,她们就又说笑起来了。

“你看说走就走了。”

“可慌(高兴的意思)哩,比什么也慌,比过新年,娶新——也没见他这么慌过!”

“拴马桩也不顶事了。”

“不行了,脱了缰了!”

“一到军队里,他一准得忘了家里的人。”

“那是真的,我们家里住过一些年轻的队伍,一天到晚仰着脖子出来唱,进去唱,我们一辈子也没那么乐过。等他们闲下来没有事了,我就傻想:该低下头了吧。你猜人家干什么?用白粉子在我家影壁上画上许多圆圈圈,一个一个蹲在院子里,托着枪瞄那个,又唱起来了!”

她们轻轻划着船,船两边的水哗,哗,哗。顺手从水里捞上一棵菱角来,菱角还很嫩很小,乳白色。顺手又丢到水里去。那棵菱角就又安安稳稳浮在水面上生长去了。

“现在你知道他们到了哪里?”

“管他哩,也许跑到天边上去了!”

她们都抬起头往远处看了看。

“哎呀！那边过来一只船。”

“哎呀！日本，你看那衣裳！”

“快摇！”

小船拼命往前摇。她们心里也许有些后悔，不该这么冒冒失失走来；也许有些怨恨那些走远了的人。但是立刻就想，什么也别想了，快摇，大船紧紧追过来了。

大船追得很紧。

幸亏是这些青年妇女，白洋淀长大的，她们摇得小船飞快。小船活像离开了水皮的一条打跳的梭鱼。她们从小跟这小船打交道，驶起来，就像织布穿梭，缝衣透针一般快。

假如敌人追上了，就跳到水里去死吧！

后面大船来得飞快。那明明白白是鬼子！这几个青年妇女咬紧牙制止住心跳，摇橹的手并没有慌，水在两旁大声哗哗，哗哗，哗哗哗！

“往荷花淀里摇！那里水浅，大船过不去。”

她们奔着那不知道有几亩大小的荷花淀去，那一望无边际的密密层层的大荷叶，迎着阳光舒展开，就像铜墙铁壁一样。粉色荷花箭高高地挺出来，是监视白洋淀的哨兵吧！

她们向荷花淀里摇，最后，努力地一摇，小船窜进了荷花淀。几只野鸭扑棱棱地飞起，尖声惊叫，掠着水面飞走了。就在她们的耳边响起一排枪声！

整个荷花淀全震荡起来。她们想，陷在敌人的埋伏里了，一准要死了，一齐翻身跳到水里去。渐渐听清楚枪声只是向着外面，她们才又扒着船帮露出头来。她们看见不远的地方，那宽厚肥大的荷叶下面，有一个人的脸，下半截身子长在水里。荷花变成人了？那不是我们的水生吗？又往左右看去，不久各人就找到了各人丈夫的脸，啊，原来是他们！

但是那些隐蔽在大荷叶下面的战士们，正在聚精会神瞄着敌人射击，半眼也没有看她们。枪声清脆，三五排枪过后，他们投出了手榴弹，冲出了荷花淀。

手榴弹把敌人那只大船击沉，一切都沉下去了。水面上只剩下一团烟硝火药气味。战士们就在那里大声欢笑着，打捞战利品。他们又开始了沉到水底捞出大鱼来的拿手戏。他们争着捞出敌人的枪支、子弹带，然后是一袋子一袋子叫水浸透了的面粉和大米。水生拍打着水去追赶一个在水波上滚动的东西，是一包用精致纸盒装着的饼干。

妇女们带着浑身水，又坐到她们的小船上去了。

水生追回那个纸盒，一只手高高举起，一只手用力拍打着水，好使自己不沉下去。对着荷花淀吆喝：

“出来吧，你们！”

好像带着很大的气。

她们只好摇着船出来。忽然从她们的船底下冒出一个人来，只有水生的女人认得那是区小队的队长。这个人抹一把脸上的水问她们：

“你们干什么去呀？”

水生的女人说：

“又给他们送了一些衣裳来！”

小队长回头对水生说：

“都是你村的？”

“不是她们是谁，一群落后分子！”说完把纸盒顺手丢在女人们船上，一泅，又沉到水底下去了，到很远的地方才钻出来。

小队长开了个玩笑，他说：

“你们也没有白来，不是你们，我们的伏击不会这么彻底。可是，任务已经完成，该回去晒晒衣裳了。情况还紧得很！”

战士们已经把打捞出来的战利品，全装在他们的小船上，准备转移。一人摘了一片大荷叶顶在头上，抵挡正午的太阳。几个青年妇女把掉在水里又捞出来的小包裹，丢给了他们，战士们的三只小船就奔着东南方向，箭一样飞去了。不久就消失在中午水面上的烟波里。

几个青年妇女划着她们的小船赶紧回家，一个个像落水鸡似的。一路走着，因过于刺激和兴奋，她们又说笑起来，坐在船头脸朝后的一个噘着嘴说：

“你看他们那个横样子，见了我们爱搭理不搭理的！”

“啊，好像我们给他们丢了什么人似的。”

她们自己也笑了，今天的事情不算光彩，可是：

“我们没枪，有枪就不往荷花淀里跑，在大淀里就和鬼子干起来！”

“我今天也算看见打仗了。打仗有什么出奇，只要你不着慌，谁还不会趴在那里放枪呀！”

“打沉了，我也会浮水捞东西，我管保比他们水式好，再深点我也不怕！”

“水生嫂，回去我们也成立队伍，不然以后还能出门吗！”

“刚当上兵就小看我们，过二年，更把我们看得一钱不值了，谁比谁落后多少呢！”

这一年秋季，她们学会了射击。冬天，打冰夹鱼的时候，她们一个个蹬在流星一样的冰床上，来回警戒。敌人围剿那百顷大苇塘的时候，她们配合子弟兵作战，出入在那芦苇的海里。

⊙学习任务

一、词语积累。摘录喜欢的词语，工整地抄写在表格内。

1．老师推荐

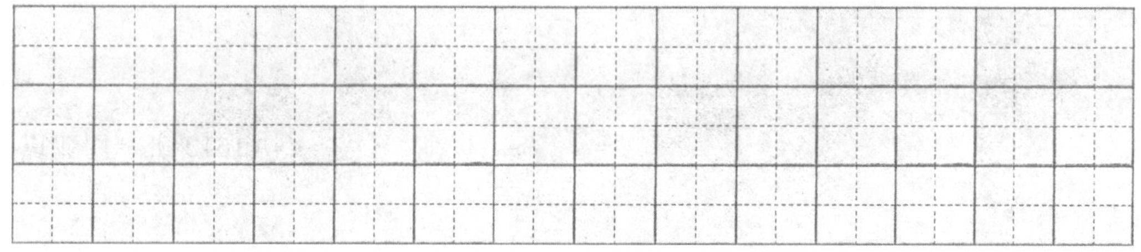

（初 1609 班　江兴宇 书写）

2．我的选择

二、批注留念。边读书，边批注。挑选一则最满意的批注，写入下表。

摘　录	批　注

三、以读导写。

请回忆自己经历过的一场雨，描写那场雨和自己在雨中的心情。

【同学分享】

我扒着围栏，紧张又期待地盯着远处的水域，静待一场水上飞人秀的开始。天渐渐阴了，浓密的云遮住了原本的骄阳。雨抢先一步，开始了它的表演。一滴一滴的雨点是它的前奏，紧接着，雨丝从天空中打着旋降落，附在人们的身上，旋即隐入波光潋滟的水面。我轻阖着眼，任雨滴打湿额前的碎发，周围嘈杂的人群已经不重要了，他们的声音早已淹没在裹着雨珠的风里。

一阵摩托车的轰鸣钻入耳中，我睁开眼，远处一列摩托车已蓄势待发，表演就要开始了。

雨渐渐大了，摩托车在水面上跳跃的身影也有些模糊不清。突然一柱火焰从水域中央的假山上呼啸而出，雨与火的交融点亮了雾蒙蒙的水面，热浪与雨丝的双重震撼使我不禁后退几步。水上，空中，表演仍在继续……

华丽的谢幕，换得一阵掌声，人们匆忙散去，躲着雨水。一个个慌张的身影，丝毫不见观看表演时的兴致。我们撑伞走过海洋世界的街道，随处可见站在屋檐下的人群，他们抱怨着，苦恼着，责怪着，厌烦着……

旅行中突如其来的风雨，是喜是忧，全在君意。

（初 1613 班　周亚琪）

【点评指导】

这段习作中，作者把雨作为一场水上摩托车的背景，很巧妙地用这场雨渲染了整个表演的气氛：越是在雨中，这表演越见精彩热烈了。同时，作者将开演前、演出中、演出后，三个不同阶段的雨的变化和人们心情的变化写得很清晰，人的心情与雨的变化交融在了一起。同时，这场雨又是故事发展的必要条件：如果没有这场雨，人们也就不会匆忙散去了，作者更看不到躲雨的人，听不到他们的抱怨。由此，还表现出了人在雨中不同的状态，也就有了结尾“是喜是忧，全在君意”的主题。所以，这段文字虽短，却将环境描写的作用发挥得很充分。

四、以评促思。

请结合你学习《智取生辰纲》的收获，阅读“赏析助读”文字，学习从“自然环境”角度写简单的文学评论，并自选角度对小说《荷花淀》的自然环境描写进行赏析。

写作要求：观点鲜明，有理有据。

【同学分享】

小说开头先从环境入手写月亮升起，院子凉爽、干净。这句环境描写，看似不长，却烘托出一种安静、祥和的气氛，这时读者在心里，可能会对故事有一个预期：一个安静、祥和的故事。这预期却与后文产生了强烈的反差，这本应安静、祥和的环境却没有发生安静、祥和的故事，侵略者的入侵，使得安静的家园不再安静，而抗日军民的奋起反抗，正是为了维护家园的祥和。因此，一开头的环境描写看似简单，却能让你在读完全文之后，对主题有进一步的思考。写女人们去寻找游击队的丈夫们，写到“万里无云”的天气，写到“凉风”，写到“没有一只船”，一方面，写出了女人们对丈夫的思念；另一方面，看似平静的水面，在后面的故事里将成为杀敌的战场，这也是一种铺垫，或者暗示吧。敌人出现之后，作者的环境描写便集中在了“一望无边际的密密层层的大荷叶”上，这些荷叶恰恰是女人们藏身和游击队员们伏击杀敌的好战场，这就很明显地为杀敌的情节做了铺垫。总之，我认为本文的环境描写最终都是为主题服务的。同时，也在情节的推进和人物心理的暗示上起到了重要作用。

（初1613班　杨蔚然）

【点评指导】

《荷花淀》在抗战小说中，或者说在战争小说中，是非常特殊的一篇。这篇小说没有渲染紧张残酷的战争气氛，相反，用很唯美的笔法写了一个游击队抗击侵略者的故事，乡土气、生活气和自然美、人情美在这样的一篇战争小说中表现得特别充分。有这种效果，很大程度上是由于作者用环境描写写出了白洋淀安静、祥和、诗意的生活空间。这一点，被杨蔚然同学清楚地发现了。特别是环境与主题的反差之下造成的那种错位，正是这篇小说的张力所在。环境描写对主题的暗示除了“正向暗示”，也可以有“反向暗示”外，这种情况在许多现代小说中还是非常常见的。

社会环境

经典研读：孔乙己

见九年级下册第二单元。

背景参读：鲁迅为什么最喜欢《孔乙己》[①]

孙绍振[②]

鲁迅的学生孙伏园，在《鲁迅先生二三事》中有这样一段话：

我曾问过鲁迅先生，其(按：指《呐喊》)中，哪一篇最好。他说他最喜欢《孔乙己》，所以译了外国文。我问他的好处，他说能于寥寥数页之中，将社会对于苦人的冷淡，不慌不忙地描写出来，讽刺又不很明显，有大家风度。

鲁迅为什么最喜欢《孔乙己》呢？因为，孔乙己是活在、死在多元的、错位的感受世界之中。

我们来欣赏一下，这个标准的短篇。

《孔乙己》所写几乎涉及了孔乙己的一生，但是，全文不到两千八百字。这么短的小说，怎么能写得这么震撼人心？

鲁迅在孔乙己的故事之外，安排了一个看来是一个多余的人物，就是那个小店员。他本来与孔乙己的命运八竿子打不着，不管是孔乙己考试还是挨打，都和他没有关系，他只是在孔乙己喝酒的时候，能够看到孔乙己而已。和孔乙己命运有关的人物很多，如那个打他致残的丁举人老爷，还有请他抄书的人家，一定和孔乙己有更多的接触，有更多的冲突，相比起来，这个小店员就所知甚少。然而，鲁迅却偏偏选中了这个小店员作为叙述者。这是为什么呢？

第一，鲁迅的立意是让孔乙己的命运，只在小店员有限的视角里展开。孔乙己的落第，他的偷书，甚至挨打致残，都让它发生在幕后，鲁迅省略的气魄很大，那些决定孔乙己命运的事件，使得孔乙己成为孔乙己的那些情景，一件也没有写。这样就可以省略了许多场景的直接、正面的描写。

---

① 摘自《演说经典之美》之《复眼看鲁迅：杂文家和小说家矛盾》，孙绍振著。

② 孙绍振，生于1936年，福建长乐人，福建师范大学文学院教授、博士生导师，并任中国文艺理论学会副会长。

第二，对事变作在场的观看，只能以对受虐者的痛苦和屈辱的感同身受为主。而事后的追叙，作为局外人，则可能作有趣的谈资。受辱者与叙述者（非当事人）的情感就不是对立而是错位了，其间的情致就丰富复杂得多了。

小店员视角的功能就在于，自由的省略和营造复杂的错位的情致。

遵循小店员的视角，小说只选取了三个场面，而孔乙己本人在咸亨酒店只出场了两次。从某种意义来说，这两个场面，和孔乙己的命运关系并不大。第一个场面，是他偷书以后，已经被打过了，来买酒，被嘲笑了；第二个场面，他被打残了，又来买酒，又被嘲笑了。如果要揭示孔乙己潦倒的根源，批判科举制度把人弄成废物，这两个场面，不可能是重点。如果要表达对于孔乙己的同情，那完全可以正面写他遭到毒打的场面。像范进中举那样，正面描写（白描）发生在主人公身上的事件，在场人物的反应等。但是，鲁迅明显是回避了“在场”的写法。这是不是舍本逐末呢？

关键不在于是否舍本逐末，而在于鲁迅衡量“本”和“末”的准则。

三个正面描写的场面，写作的焦点，是人们如何看待这个人。对于这个完全是局外人的小店员，鲁迅很舍得花笔墨，一开头就花了两个大段。动人之处在于，小店员的眼睛带着不以为意的观感，和孔乙己拉开情绪的错位的幅度。小说的全部内容就是这个小店员与孔乙己错位的观感。在他观感以内的，就大加描述。在他观感以外的，通通省略，从这个意义上来说，小说写的并不仅仅是孔乙己。其实，这正是鲁迅的匠心，也就是创作的原则，或者可以说是鲁迅小说美学原则，重要的不是人物遭遇，而是这种人物在他人的、多元的眼光中的、错位的观感。鲁迅之所以弃医从文，就是因为他看到日俄战争时期，中国人为俄国人当间谍，在被执行枪决之前示众，中国同胞却麻木地当看客。在鲁迅看来，为他国做间谍送死固然是悲剧，但是，对同胞之悲剧漠然地观看，更是悲剧。

人物的感知错位，是相对于人物的动作和对话而言的。我国古典小说，以行动和对话见长。我们前面讲过的曹操、武松、宋江、潘金莲，都是从自身的对话和动作中，显示其艺术生命。当然，也有周围人物的感知，如武松打完老虎以后，从化装成老虎的猎户眼中看武松，但是，那是同质的，几个猎户，并没有各有所感的错位，而且其功能是进入新情节的过渡。又如，三顾茅庐，刘备见了一系列的人，许多人眼中的诸葛亮，是一元的，都是把诸葛亮当作隐居的高士。就是《红楼梦》中林黛玉初次进入荣国府，见王熙凤、贾宝玉，主观感知很独特，但并未与其他人物不同的感知交错。特别不该忽略的是，这些主观的、一元的感知，并不是小说的主要成分，而是情节的补充成分。而鲁迅的小说，情节却是被压缩到幕后去，成了次要成分，而人物的感知，不但是多元的，而且是互动的，形成了某种错综的网络式的动态结构。

为了便于感知错位，他常常通过一个与情节不相干的人物，以第一人称的感知来展开人物和场景。当然，我们古代文言小说，已经有第一人称的传统。但其功能是以证其实。如《狂人日记》开头的文言小记，好像是真有过这样的事情似的，言之凿凿，此人病愈，已经到某地当官。而鲁迅中的第一人物，身处局外，其感知与情节中人物的感知，自然而然地拉开了距离，或者用我在《论变异》中所提出的，是某种"变异"了的感知，与事件本身错开。一切人物都是其他人物感觉中的人物，就是平常的，也因为感觉的特异，变成独特的，陌生的，用俄国形式主义的话来说，就是陌生化的。熔多元感知错位于一炉，才造成了海德格尔所说的"惊异"。应该补充的是，小说作为一种文体，文类，并不是一般变异了的感知，而是变异感知的错位结构。所谓错位感知，就是既非简单同一，又非绝对对立。拉开距离，远离真相，然而，又部分重合。所感大抵是似是而非，似近而远，似离而合，欲盖弥彰，无理而妙。

叶圣陶说，《孔乙己》小说突出了人生的"寂寞"、冷漠、麻木，但是，作为一个小店员，他的漠然麻木，又有不同的错位感受。这个不同的出发点就是"无聊""单调"，所看的都是"凶面孔"，"教人活泼不得"，"只有孔乙己到店，才可以笑几声"。这里的笑声，不是一般的描述，而是整篇小说情绪的逻辑起点和小说情绪错位结构的支点。孔乙己按说非常不幸，命运是很悲惨的。然而，恰恰是这样一个人，又给小店带来欢乐，为这个小店员打破沉闷无聊之感，感受世界与人物遭遇之间，人物与人物之间的错位，就聚焦在悲惨与欢乐之间。惜墨如金的鲁迅，在渲染孔乙己带来的欢乐的氛围时，很舍得花笔墨："所有喝酒人便都看着他笑"，甚至"哄笑起来：店内店外充满了快活的空气"。小说错位结构的焦点，显然就在这种"笑"上。对弱者的连续性的无情嘲弄，不放松的调侃，使得弱者狼狈，越是狼狈越是笑得欢乐，而弱者却笑不出来。错位的幅度越是大，越是可笑，也越是残酷。残酷在对人的自尊的摧残。孔乙己虽然潦倒、沦落，却仍然在维护着残存的自尊。更为深刻的是，发出残酷的笑声的人和孔乙己，并不尖锐的二元对立，并没有太明显的恶意，其中还有知其理屈、予以原谅的意味。这就是情感错位的特点。这种错位，不仅仅在情绪上，而且在价值上。在鲁迅看来，他要揭示的不是孔乙己偷书的恶，而是周围人对他冷漠的丑。特别是，传说孔乙己可能是死了的时候，说话的和听话的，都没有震惊。"掌柜也不再问，仍然慢慢算他的账"。对于一个给酒店带来欢笑的人的厄运，居然一点反应也没有。这里，错位的潜在量很大。那些个没有偷窃的人，比这个有过偷窃行为的人，可恶多了。孔乙己最后一次出场，已被打折了腿，不能走路，只能盘着两腿，臀下垫着一个蒲包，用手撑着地面“走”。躯体残废到这种程度，在与平常这么不同的情况下，掌柜的“仍然同平常一样，笑着对他说”：

“孔乙己，你又偷了东西了！”

对很悲惨的事，本该有惊讶，有同情，至少是礼貌性地沉默，可是，掌柜的却不但当面揭短，而且还“笑着”。错位到如此大的幅度说明，精神上的残酷的伤害，已经是够可怕的了，更可怕的是，他并没有感到严酷，也没有想到其中包含的伤害性，相反，倒是感觉到并无恶意，很亲切地开玩笑似的。错位的美学功能，特别有利于揭示微妙的精神反差。所有的人，似乎都没有敌意，都没有恶意，甚至在说话中，还多多少少包含着某种玩笑的、友好的性质，但是，却是对孔乙己对残余自尊的最后摧残。从一开始，他的全部努力就是讳言偷，就是为了维护最后的自尊，哪怕是无效的抵抗，也要挣扎的。这是他最后的精神底线。但是，众人，无恶意的人们，却偏偏反复打击他最后残余的自尊。这是很恶毒的，但又是没有明确的主观恶意的。这种含着笑意的恶毒，这种貌似友好的笑中，包含着冷酷。这个场景的感染力来自其中的多重错位，第一，是孔乙己的话语与被打断腿的错位，不过是幅度更大了，连“跌断”这样的掩饰性的口语，都没有信心说下去了；第二，酒店里的人，却都“笑了”。这种“笑”的错位很不简单。一方面，当然有不予追究的宽容；另一方面，又有心照不宣地识破孔乙己的理屈词穷、获得胜利的意思。明明是鲁迅式的深邃的洞察，但是在文字上，鲁迅却没有任何形容和渲染，只是很平淡地叙述，“仍然同平常一样，笑着对他说”，连一点描写都没有，更不要说抒情了。但是，唯其平静，平常，平淡，才显得诸如此类的残酷无情，由于司空见惯，而没有感觉，没有痛苦。寓虐杀性的残酷于嬉笑之间。

“不一会儿，他喝完酒，便又在旁人的说笑声中，坐着用这手慢慢走去了。”

孔乙己如此痛苦，如此狼狈地用手撑着地面离去，酒店里众人，居然一个个都沉浸在自己欢乐的“说笑声”中。人性麻木一至于此，错位的感觉，何等的惨烈。更有甚者，孔乙己在粉板上，留下了欠十九个铜钱的记录，年关没有再来，第二年端午也没有来。人们记得的只是“孔乙己还欠十九个铜钱呢”！过了中秋，又到年关，仍然没有再来。小说的最后一句是：

“我到现在终于没有见——大约孔乙己的确死了。”

一个人死了，留在人们心里的，就只是十九个铜钱的欠账，这笔账，是写在水粉板上的，是一抹就消失的。生命既不宝贵，死亡也不悲哀，这样的世道人心啊。在世的时候，人们拿他作为笑料；去世了，人们居然既没有同情，也没有悲哀，甚至连一点感觉也没有。这里不但有鲁迅对于人生的严峻讽喻，而且有鲁迅在艺术上创造性的探索。

从鲁迅的追求看来，小说美学就是人物的多元感知变幻学。鲁迅的伟大就在于，发现了人物的生命，不仅仅在行为和语言、思想的冲突之中，而且在人与人感受的部分重合/部分偏离的结构之中。各人的感知，是各不相同的，各不相通的，但是，并不仅仅是直线对立的，而是多元交错（错位）的。在鲁迅的错位感知美学中，他人的感知和自我的感知形成一个有机的结构，变异了自我感知的功能，一元化的自我独立感知，失去了自主性。人物对自己的感觉，往往没有感觉，对他人的感觉却视为性命攸关。人物的自我感觉，取决于他人，主要是周围人的感知，好像是为了他人的感知而活的，最极端就是，人家不让她端福礼，她的精神就崩溃了，就活不成了。

《孔乙己》之所以受宠爱，主要的原因之一，就是人物感受错位的多元而幅度巨大。原因之二，在形式风格上，鲁迅为孔乙己的悲剧营造一种多元错位的氛围。是悲剧，但是，没有任何人物有悲哀的感觉，所有的人物，充满了欢乐，有轻喜剧风格，但是，读者却不能会心而笑。既没有《祝福》那样沉重的抒情，也没有《阿Q正传》和《药》中的严峻反讽，更没有《孤独者》死亡后那种对各种虚假反应的讽刺。有的只是三言两语，精简到无以复加的叙述。这种叙述的境界，就是鲁迅所说的“不慌不忙”，也就是不像《狂人日记》那样“逼促”，“讽刺”而“不很显露”，这就是鲁迅追求的“大家风度”。反过来说，不这样写的，把主观思想过分直接地暴露出来，那就是“逼促”，讽刺“很显露”，在鲁迅看来，就不是“大家风度”。拿这个标准去衡量《狂人日记》《阿Q正传》，鲁迅就可能觉得不够理想，不够大家风度。这不仅仅是对自己的苛刻，而是对艺术的执着和追求。

赏析助读：《孔乙己》呈现病态社会　关注知识人生

叶乃初　叶彦勋

（汉川市实验中学，湖北 孝感 431600）

摘要：随着对鲁迅先生《孔乙己》的研读不断深入，对其主题的理解也越来越呈现多元化的态势。文章从当时知识分子的人生价值以及他们所面临的社会生存环境这一角度入手，对《孔乙己》进行解读，深入挖掘小说文本所具有的独特价值和超越时空的深远社会意义，从而使读者深刻感受到《孔乙己》的不朽艺术魅力。

关键词：社会病态；知识人生；社会环境；《孔乙己》

任何一种社会形态的存在其实大抵就是各种纷繁复杂的社会人际关系构成的总

和。人际关系是否健康有序，是衡量一个社会文明程度的重要指标。众多论者在归纳《孔乙己》这篇小说的主旨时，总是这样表述：小说为我们塑造了一个处于社会最底层的小知识分子的人物形象，深刻揭露了封建科举制度的罪恶。执教这篇小说多遍之后，本人以为，其实这篇小说的独特价值与意义还在于作者运用文学的笔调向我们艺术地呈现了一个严重病态的社会现实以及对深处其中的知识分子的人生的深切关注。鲁迅先生将小说人物所处的社会存在巧妙地浓缩在“咸亨酒店”这个特定时空里，精心构建了小说人物所表演的这一方舞台。由此进出“咸亨酒店”并与之相关联的许多人物就自然而然形成了以下诸多不同格局的人际关系：

小孩——孔乙已（邻里／邻里）；

掌柜——酒客（经营者／消费者）；

荐头——掌柜（推荐者／受荐者）；

掌柜——小伙计（雇佣者／被雇佣者）；

众多酒客——孔乙已（消费者／消费者）；

短衣帮——长衫主顾（社会两大对立阶层：贫困者／富有者）；

短衣帮——孔乙已——长衫主顾（孔乙已是两大阶层间的游离者）；

小伙计——孔乙已（侍候者／被侍候者，被教识字者／教识字者）；

丁举人——孔乙已（先前：读书者／读书者；后来：统治者／被统治者）。

明确了这些人物之间的关系，进而再透视这些不同的人际关系之后，便会发现他们所构成的社会关系竟然是病态丛生，触目惊心，令人警醒。兹梳理如下。

处于社会最底层靠出卖苦力为生的短衣帮，他们傍午傍晚散了工只能用凭苦力挣来的四文铜钱买一碗酒，靠着柜台热热地喝了休息，连多买下酒物的一文钱都出不起，更别奢谈买十几文的荤菜了。而那些穿长衫的却不一样，他们踱进酒店隔壁的房间里，要酒要菜，慢慢地坐喝。劳力者是多劳而少得，食不果腹，悠闲者却不劳而获，享受美食，这两类社会群体对照鲜明。社会贫富悬殊、贫富对立、贫富不均由此可见一斑。此为社会病态之一。

咸亨酒店的掌柜竟然靠往酒里掺水赚钱。这还得多亏不谙掺水门道的小伙计才得以暴露出来，若不然，就成为酒店经营者永远不为人知的秘密。这种违背诚实公平和等价交换原则的经营行为是极不符合商业道德的，属于典型的欺骗消费者行为。可酒店掌柜为了盈利，竟然置商业道德于不顾，采取隐瞒欺骗的手段，昧着良心赚取“以水兑酒”的黑心钱。此为社会病态之二。

掌柜还长着一双势利眼。不谙掺水门道的小伙计在掌柜的酒店里纯属一个不折不扣的多余人，可是掌柜却不能将小伙计扫地出门。也许掌柜是迫不得已、无可奈何，不看僧面看佛面，不敢得罪也得罪不起小伙计身后的那位荐头，不得不留下小伙计专事温酒的职务来继续维持他与荐头的“友好”关系。掌柜只要想想这件事情就窝火，就烦心，他对小伙计又怎能有好脸色？看看掌柜对荐头的情面态度，再看看他整天一副凶脸孔对待小伙计的情形，这种伪善虚假的人际关系，哪有半点真诚可言？此为社会病态之三。

孔乙已只要到酒店来喝酒，所有喝酒的人都看着他笑。于是乎，取笑、嘲讽、奚落、揶揄、挖苦……就像暴风骤雨铺天盖地地朝孔乙已猛烈袭来，将孔乙已的自尊颜面、人格尊严践踏蹂残殆尽。众目睽睽之下，孔乙已就如同被人剥光了衣服的小丑，尴尬难堪，无地自容，于是众人就收获了阵阵的哈哈大笑——“店内外充满了快活的空气”。众人就这样一次又一次地把自已的快乐建立在孔乙已内心的巨大痛苦之上。这种笑声的背后透露出的是残忍，是残酷。或许不久的将来，那些围在孔乙已身边的孩子们天真无邪的笑声也会转变为愚昧无知、麻木冷酷的笑声。撇开孔乙已自身存在的问题不说，所有喝酒的人如此这般对待孔乙已，这是一种极不正常的人际关系的表现。更有甚者，当孔乙已拖着被打折了的腿最后一次艰难地到酒店来喝酒时，掌柜和酒客仍旧一如既往地取笑孔乙已，其愚昧无知、麻木冷酷简直到了令人发指的地步。一个社会人与人之间毫无怜悯同情之心，麻木冷漠，世态炎凉至此，这样的现实状况不得不令人思索。此为社会病态之四。

孔乙已得不到成人世界的丝毫温暖，其灵魂内心的孤独寂寞可想而知。他渴望与人交流，在教酒店小伙计写茴香豆的“茴”字的过程中，他所表现出来的善良、诚恳、主动和热情，换来的却是小伙计的轻视和冷漠。小伙计凭什么瞧不起孔乙已？很显然，他是受了众人的影响。一颗稚嫩纯洁的心灵被浸染、被玷污了。此为社会病态之五。

孔乙已是那个时代为数不多的“物以稀为贵”的读书人，这本是非常幸运的。但他在追逐功名利禄的科举道路上却远远没有丁举人那么幸运，“连半个秀才也捞不到”。功不成名不就，穷困潦倒，落魄不堪，几乎沦落到了乞丐的境地。而且性格也变得扭曲了——四体不勤、五谷不分，好喝懒做，迂腐可笑，自视清高，自欺欺人。封建落后的科举教育制度，使得孔乙已这样的知识分子蜕变成为社会的多余人，成了边缘化的角色。此为社会病态之六。

应该说是封建科举制度造就了读书人——当时的知识分子两种截然不同的人生。丁举人和孔乙己就是当时社会读书人两种截然不同命运的典型代表。读书人在封建科学制度的桎梏下，要么获取功名，一步登天，如“丁举人”之流，要么无缘功名，贫困落魄，如“孔乙己”之类。前者转眼之间就成为社会的统治者，淫威一方，变本加厉地攫取社会财富，任意欺压社会底层的黎民百姓；后者则在精神上、思想上、心灵上备受打击和煎熬，从而人格畸形、性格扭曲，甚至被边缘化，变成社会的多余人。

历史的发展让人们耳闻目睹并逐渐明白，无论何种社会形态，知识分子群体毫无疑问是推动社会发展进步的一支重要力量。而鲁迅先生在《孔乙己》中描写当时社会现实中知识分子的不同命运，其寓意恐怕不只是要揭露封建科举制度的罪恶。如果说鲁迅先生在《故乡》里着重于为中国农民未来的命运作前瞻性的考虑的话——“他们应该有新的生活，为我们所未经生活过的”，那么鲁迅先生在《孔乙己》中则是着重于为中国知识分子未来的命运作前瞻性的考虑——知识分子应当摒弃自身弱点从而实现人生价值的社会最大化，未来的社会至少应该为知识分子的生存与发展提供良好的空间。这是极具社会意义的深远考量。鲁迅先生在小说中虽然没有明确呼吁我们要善待读书人，但小说讲述孔乙己这个读书人的悲剧命运其实包含着这一层意思。

小说中作者借掌柜之口多次重复“孔乙己还欠十九个铜钱呢”这句话，颇令人深思，这句话表面上表明了孔乙己可悲的命运，若是撕开“可悲”的外衣，有价值的东西就显露出来了。鲁迅先生说过：悲剧是将人生有价值的东西毁灭给人看。我们完全有理由这样猜度，孔乙己的知识人生是一个悲剧，而他知识人生的悲剧价值也就是他的人生价值——这“十九个铜钱”就代表了他知识人生的全部价值。“十九”写成阿拉伯数字就是“19”，粗看起来与联用的标点符号“！?”不是颇有几分相似吗？它究竟隐含着什么寓意呢？这或许就是作者极为含蓄的留白。这不由得令人联想到鲁迅先生在《狂人日记》里所发出的那一声呐喊——“救救孩子”，这一明一暗（救救知识分子）具有异曲同工之妙！

课文联读：断魂枪

老　舍

沙子龙的镖局已改成客栈。

东方的大梦没法子不醒了。炮声压下去马来与印度野林中的虎啸。半醒的人们，揉着眼，祷告着祖先与神灵；不大会儿，失去了国土、自由与主权。门外立着不同面色的人，枪口还热着。他们的长矛毒弩，花蛇斑彩的厚盾，都有什么用呢；连祖先与祖先所信的神明全不灵了啊！龙旗的中国也不再神秘，有了火车呀，穿坟过墓破坏着风水。枣红色多穗的镖旗，绿鲨皮鞘的钢刀，响着串铃的口马，江湖上的智慧与黑话，义气与声名，连沙子龙，他的武艺、事业，都梦似的变成昨夜的。今天是火车、快枪，通商与恐怖。听说，有人还要杀下皇帝的头呢！

这是走镖已没有饭吃，而国术还没被革命党与教育家提倡起来的时候。

谁不晓得沙子龙是短瘦、利落、硬棒，两眼明得像霜夜的大星？可是，现在他身上放了肉。镖局改了客栈，他自己在后小院占着三间北房，大枪立在墙角，院子里有几只楼鸽。只是在夜间，他把小院的门关好，熟习熟习他的“五虎断魂枪”。这条枪与这套枪，二十年的工夫，在西北一带，给他创出来：“神枪沙子龙”五个字，没遇见过敌手。现在，这条枪与这套枪不会再替他增光显胜了；只是摸摸这凉、滑、硬而发颤的杆子，使他心中少难过一些而已。只有在夜间独自拿起枪来，才能相信自己还是“神枪沙”。在白天，他不大谈武艺与往事；他的世界已被狂风吹了走。

在他手下创练起来的少年们还时常来找他。他们大多数是没落子的，都有点武艺，可是没地方去用。有的在庙会上去卖艺：踢两趟腿，练套家伙，翻几个跟头，附带着卖点大力丸，混个三吊两吊的。有的实在闲不起了，去弄筐果子，或挑些毛豆角，赶早儿在街上论斤吆喝出去。那时候，米贱肉贱，肯卖膀子力气本来可以混个肚儿圆；他们可是不成：肚量既大，而且得吃口管事儿的；干饽饽辣饼子咽不下去。况且他们还时常去走会：五虎棍，开路，太狮少狮……虽然算不了什么——比起走镖来——可是到底有个机会活动活动，露露脸。是的，走会捧场是买脸的事，他们打扮的得像个样儿，至少得有条青洋绉裤子，新漂白细市布的小褂，和一双鱼鳞洒鞋——顶好是青缎子抓地虎靴子。他们是神枪沙子龙的徒弟——虽然沙子龙并不承认——得到处露脸，走会得赔上俩钱，说不定还得打场架。没钱，上沙老师那里去求。沙老师不含糊，多少不拘，不让他们空着手儿走。可是，为打架或献技去讨教一个招数，或是请给说个“对子”——什么空手夺刀，或虎头钩进枪——沙老师有时说句笑话，马虎过去：“教什么？拿开水浇吧！”有时直接把他们赶出去。他们不大明白沙老师是怎么了，心中也有点不乐意。

可是，他们到处为沙老师吹腾，一来是愿意使人知道他们的武艺有真传授，受过高人的指教；二来是为激动沙老师：万一有人不服气而找上老师来，老师难道还不露一两手真的么？所以，沙老师一拳就砸倒了个牛！沙老师一脚把人踢到房上去，并没使多大的劲！他们谁也没见过这种事，但是说着说着，他们相信这是真的了，有年月，有地方，千真万确，敢起誓！

王三胜——沙子龙的大伙计——在土地庙拉开了场子，摆好了家伙。抹了一鼻子茶叶末色的鼻烟，他抡了几下竹节钢鞭，把场子打大一些。放下鞭，没向四围作揖，叉着腰念了两句："脚踢天下好汉，拳打五路英雄！"向四围扫了一眼："乡亲们，王三胜不是卖艺的；玩艺儿会几套，西北路上走过镖，会过绿林中的朋友。现在闲着没事，拉个场子陪诸位玩玩。有爱练的尽管下来，王三胜以武会友，有赏脸的，我陪着。神枪沙子龙是我的师傅；玩艺地道！诸位，有愿下来的没有？"他看着，准知道没人敢下来，他的话硬，可是那条钢鞭更硬，十八斤重。

王三胜，大个子，一脸横肉，努着对大黑眼珠，看着四围。大家不出声。他脱了小褂，紧了紧深月白色的"腰里硬"，把肚子杀进去。给手心一口唾沫，抄起大刀来：

"诸位，王三胜先练趟瞧瞧。不白练，练完了，带着的扔几个；没钱，给喊个好，助助威。这儿没生意口。好，上眼！"

大刀靠了身，眼珠努出多高，脸上绷紧，胸脯子鼓出，像两块老桦木根子。一跺脚，刀横起，大红缨子在肩前摆动。削砍劈拨，蹲越闪转，手起风生，忽忽直响。忽然刀在右手心上旋转，身弯下去，四围鸦雀无声，只有缨铃轻叫。刀顺过来，猛的一个"踩泥"，身子直挺，比众人高着一头，黑塔似的。收了势："诸位！"一手持刀，一手叉腰，看着四围。稀稀的扔下几个铜钱，他点点头。"诸位！"他等着，等着，地上依旧是那几个亮而削薄的铜钱，外层的人偷偷散去。他咽了口气："没人懂！"他低声地说，可是大家全听见了。

"有功夫！"西北角上一个黄胡子老头儿答了话。

"啊？"王三胜好似没听明白。

"我说：你——有——功——夫！"老头子的语气很不得人心。

放下大刀，王三胜随着大家的头往西北看。谁也没看重这个老人：小干巴个儿，披着件粗蓝布大衫，脸上窝窝瘪瘪，眼陷进去很深，嘴上几根细黄胡，肩上扛着条小黄草辫子，有筷子那么细，而绝对不像筷子那么直顺。王三胜可是看出这老家伙有功夫，脑门亮，眼睛亮——眼眶虽深，眼珠可黑得像两口小井，深深地闪着黑光。王三胜不怕：他看得出别人有功夫没有，可更相信自己的本事，他是沙子龙手下的大将。

"下来玩玩，大叔！"王三胜说得很得体。

点点头，老头儿往里走。这一走，四外全笑了。他的胳臂不大动；左脚往前迈，右脚随着拉上来，一步步地往前拉扯，身子整着，像是患过瘫痪病。蹭到场中，把大衫扔在地上，一点没理会四围怎样笑他。

"神枪沙子龙的徒弟，你说？好，让你使枪吧；我呢？"老头子非常的干脆，很像久想动手。

人们全回来了，邻场耍狗熊的无论怎么敲锣也不中用了。

"三截棍进枪吧？"王三胜要看老头子一手，三截棍不是随便就拿得起来的家伙。

老头子又点点头，拾起家伙来。

王三胜努着眼，抖着枪，脸上十分难看。

老头子的黑眼珠更深更小了，像两个香火头，随着面前的枪尖儿转，王三胜忽然觉得不舒服，那俩黑眼珠似乎要把枪尖吸进去！四外已围得风雨不透，大家都觉出老头子确是有威。为躲那对眼睛，王三胜耍了个枪花。老头子的黄胡子一动："请！"王三胜一扣枪，向前躬步，枪尖奔了老头子的喉头去，枪缨打了一个红旋。老人的身子忽然活展了，将身微偏，让过枪尖，前把一挂，后把撩王三胜的手。拍，拍，两响，王三胜的枪撒了手。场外叫了好。王三胜连脸带胸口全紫了，抄起枪来；一个花子，连枪带人滚了过来，枪尖奔了老人的中部。老头子的眼亮得发着黑光；腿轻轻一屈，下把掩裆，上把打着刚要抽回的枪杆；拍，枪又落在地上。

场外又是一片彩声。王三胜流了汗，不再去拾枪，努着眼，木在那里。老头子扔下家伙，拾起大衫，还是拉拉着腿，可是走得很快了。大衫搭在臂上，他过来拍了王三胜一下："还得练哪，伙计！"

"别走！"王三胜擦着汗："你不离，姓王的服了！可有一样，你敢会会沙老师？"

"就是为会他才来的！"老头子的干巴脸上皱起点来，似乎是笑呢。"走；收了吧；晚饭我请！"

王三胜把兵器拢在一处，寄放在变戏法二麻子那里，陪着老头子往庙外走。后面跟着不少人，他把他们骂散了。

"你老贵姓？"他问。

"姓孙哪，"老头子的话与人一样，都那么干巴。"爱练；久想会会沙子龙。"

沙子龙不把你打扁了！王三胜心里说。他脚底下加了劲，可是没把孙老头落下。他看出来，老头子的腿是老走着查拳门中的连跳步；交起手来，必定很快。但是，无论他怎么快，沙子龙是没对手的。准知道孙老头要吃亏，他心中痛快了些，放慢了些脚步。

“孙大叔贵处?”

“河间的,小地方。”孙老者也和气了些:“月棍年刀一辈子枪,不容易见功夫! 说真的,你那两手就不坏!”

王三胜头上的汗又回来了,没言语。

到了客栈,他心中直跳,唯恐沙老师不在家,他急于报仇。他知道老师不爱管这种事,师弟们已碰过不少回钉子,可是他相信这回必定行,他是大伙计,不比那些毛孩子;再说,人家在庙会上点名叫阵,沙老师还能丢这个脸么?

“三胜,”沙子龙正在床上看着本《封神榜》,“有事吗?”

三胜的脸又紫了,嘴唇动着,说不出话来。

沙子龙坐起来,“怎么了,三胜?”

“栽了跟头!”

只打了个不甚长的哈欠,沙老师没别的表示。

王三胜心中不平,但是不敢发作;他得激动老师:“姓孙的一个老头儿,门外等着老师呢;把我的枪,枪,打掉了两次!”他知道“枪”字在老师心中有多大分量。没等吩咐,他慌忙跑出去。

客人进来,沙子龙在外间屋等着呢。彼此拱手坐下,他叫三胜去泡茶。三胜希望两个老人立刻交了手,可是不能不沏茶去。孙老者没话讲,用深藏着的眼睛打量沙子龙。沙很客气:

“要是三胜得罪了你,不用理他,年纪还轻。”

孙老者有些失望,可也看出沙子龙的精明。他不知怎样好了,不能拿一个人的精明断定他的武艺。“我来领教领教枪法!”他不由地说出来。

沙子龙没接茬儿。王三胜提着茶壶走进来——急于看二人动手,他没管水开了没有,就沏在壶中。

“三胜,”沙子龙拿起个茶碗来,“去找小顺们去,天汇见,陪孙老者吃饭。”

“什么!”王三胜的眼珠几乎掉出来。看了看沙老师的脸,他敢怒而不敢言地说了声“是啦!”走出去,噘着大嘴。

“教徒弟不易!”孙老者说。

“我没收过徒弟。走吧,这个水不开! 茶馆去喝,喝饿了就吃。”沙子龙从桌子上拿起缎子褡裢，一头装着鼻烟壶，一头装着点钱，挂在腰带上。

“不，我还不饿！”孙老者很坚决，两个“不”字把小辫从肩上抡到后边去。

“说会子话儿。”

“我来为领教领教枪法。”

“功夫早搁下了，”沙子龙指着身上，“已经放了肉！”

“这么办也行，”孙老者深深地看了沙老师一眼：“不比武，教给我那趟五虎断魂枪。”

“五虎断魂枪？”沙子龙笑了：“早忘干净了！早忘干净了！告诉你，在我这儿住几天，咱们各处逛逛，临走，多少送点盘缠。”

“我不逛，也用不着钱，我来学艺！”孙老者立起来，“我练趟给你看看，看够得上学艺不够！”一屈腰已到了院中，把楼鸽都吓飞起去。拉开架子，他打了趟查拳：腿快，手飘洒，一个飞脚起去，小辫儿飘在空中，像从天上落下来一个风筝；快之中，每个架子都摆得稳、准，利落；来回六趟，把院子满都打到，走得圆，接得紧，身子在一处，而精神贯串到四面八方。抱拳收势，身儿缩紧，好似满院乱飞的燕子忽然归了巢。

“好！好！”沙子龙在台阶上点着头喊。

“教给我那趟枪！”孙老者抱了抱拳。

沙子龙下了台阶，也抱着拳：“孙老者，说真的吧；那条枪和那套枪都跟我入棺材，一齐入棺材！”

“不传？”

“不传！”

孙老者的胡子嘴动了半天，没说出什么来。到屋里抄起蓝布大衫，拉拉着腿：“打搅了，再会！”

“吃过饭走！”沙子龙说。

孙老者没言语。

沙子龙把客人送到小门，然后回到屋中，对着墙角立着的大枪点了点头。

他独自上了天汇，怕是王三胜们在那里等着。他们都没有去。

王三胜和小顺们都不敢再到土地庙去卖艺，大家谁也不再为沙子龙吹胜；反之，他们说沙子龙栽了跟头，不敢和个老头儿动手；那个老头子一脚能踢死个牛。不要说王三胜输给他，沙子龙也不是他的对手。不过呢，王三胜到底和老头子见了个高低，而沙子龙连句硬话也没敢说。“神枪沙子龙”慢慢似乎被人们忘了。

夜静人稀，沙子龙关好了小门，一气把六十四枪刺下来；而后，拄着枪，望着天上的群星，想起当年在野店荒林的威风。叹一口气，用手指慢慢摸着凉滑的枪身，又微微一笑，“不传！不传！”

⊙学习任务

一、词语积累。摘录喜欢的词语，工整地抄写在表格内。

1. 老师推荐

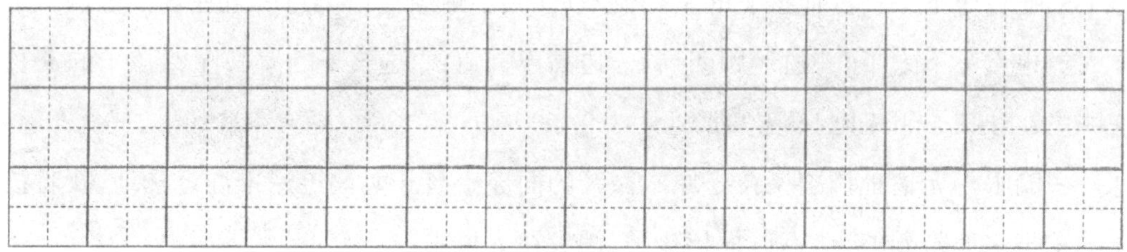

（初 1609 班　江兴宇 书写）

2. 我的选择

二、批注留念。边读书，边批注。挑选一则最满意的批注，写入下表。

摘　录	批　注

三、以读导写。

庙会、电影院、候车厅、公园、游乐场……凡是人员聚集的地方，都能成为社会的一个小小缩影。请你以“________一角”或“________一瞥”为题，运用“点面结合”的方法，写一个描写小段，描述一个社会场景，并写出其中的社会意义。

【同学分享】

科技馆一角

一个四五岁的小男孩，在科技馆的一角——涡轮自行车体验区排着大队，拥挤着，期待着。

终于排到他了！他迅速地跑到自行车旁，用自己小小的身躯，奋力地爬上了那如同一座大山一样高大、雄伟的车座。

前边的涡轮加速是个费力的过程，他骑了两三下，就骑不下去了：他短小的腿够不到那万丈深渊里的脚踏板了。他直起了身子，伸着腿，吃力地去够那脚踏板。围观的人们看不下去了，纷纷开始指责起来，指责孩子，指责孩子的家长。围观的老人们用手指画着，皱着眉头；围观的小孩们大声地冲着那个骑车的孩子叫道：“下来吧！不行就下来吧！快下来！”其他孩子的家长们不屑的、不耐烦的语调也一直在场中徘徊。工作人员也看不下去了，一边环顾四周，一边高声喊道：“这孩子的家长呢？孩子的家长在哪里？让孩子下来吧！”

一滴眼泪无情地撕裂了孩子原本微笑的面庞。孩子妈妈迅速地冲上场地，扶着孩子的车把将他带到终点，迅速抱起孩子，消失在人群中。

（初 1613 班　吕博涵）

【点评指导】

吕博涵同学的这个小小的习作片段，借科技馆一角中发生的一场小小的冲突，写出了周围人不同的表现，进而折射出了一个很典型的社会环境。在这个环境中，我们看到了一个渴望的、执着的孩子，以及其面对周围人的不理解、指责、嘲弄时的无助。非常好的是作者给习作中的人物做了分类，每类人都有不同的表现，这些不同身份、不同具体表现的人的总和，就构成了一个小小的孩子面对的大大的社会，而在这个社会中，大家清一色地站在了孩子的对立面。当然，小作者的文本中，对这个社会的认识、归纳等是模糊的，但，写出来就可以让人有一点点思考，这样的片段是可以让人思考的，所以有它的价值。

四、以评促思。

请结合你学习《孔乙己》的收获，阅读“赏析助读”文字，学习从“社会环境”角度写简单的文学评论，并从时代背景、周围人群等角度试着分析《断魂枪》中的社会环境对小说人物的影响。

写作要求：观点鲜明，有理有据。

【同学分享】

“半醒的人们，揉着眼，祷告着祖先与神灵；不大会儿，失去了国土、自由与主权。门外立着不同面色的人，枪口还热着。他们的长矛毒弩，花蛇斑彩的厚盾，都有什么用呢；连祖先与祖先所信的神明全不灵了啊！”这是作者在开头写的一段话。在国家主权正在被侵略的时候，“半醒”的中国人还在沉迷于旧文化而不思进取，不想改变。这是整个故事的背景。

而沙子龙，像是一个先觉者，随着“火车、快枪与恐怖”逐渐横行起来，沙子龙意识到自己的“五虎断魂枪”救不了自己，救不了中国，于是他决定让人们忘了这路枪。王三胜是沙子龙的大徒弟，但他并没有师父那样的觉悟，只是卖艺挣钱，并没有报国的意思，只想借武艺图口饭吃；而孙老者是个彻底的武迷，他对武艺的狂热与追求，使他找到沙子龙，孙老者显然并未因时代的更迭而影响自己，仍然陶醉在自己的武术世界中。以他们两个为代表的人群又构成了沙子龙的小环境，注定了沙子龙的“先觉”无人理解。当时的时代已是如此，沙子龙看到了世道的变化，可能也想要改变，虽然他似乎并没有做什么。他不得不收起自己往日的威风，面对新的世界，只能在夜深人静的时候回想往日，只能叹道“不传！不传！”。而这不传，这让人忘记，这让枪和自己一起“进棺材”的选择，或许也是一个武者最后的尊严。

总之，我眼中的沙子龙是处于变革的时代，看清了时代，又难以走进时代的一个无奈而又有尊严的人。

（初1613班　王一飞）

【点评指导】

一则小小的短评可能难以展现小读者对于这篇内涵丰富的小说更充分的思考。但是，我们仍然看到，王一飞同学能够把沙子龙的选择、命运放到一个时代背景中进行考量，并从这个角度对沙子龙形象进行深入一步的理解和把握。同时，他把沙子龙和另外两个重要人物进行了对比，在对比中分析出沙子龙有“先觉”的一面，同时，看到了时代中的人“先觉”与“无奈”之间的一种纠结。把人放到时代中，把时代折射到人身上，这也正是我们这个专题希望同学们在文学阅读中，特别是小说阅读中可以形成的一种思维。

主题思想

在学习小说的过程中，解读小说的主题思想是一项重要的学习任务。即便是平时的休闲阅读，理解小说主题思想也能让我们收获更多的阅读趣味。我们读不同类型的小说的时候，或者不同的读者读同一篇小说的时候，可能会从不同的角度切入对小说的理解。之前我们学习的“人物形象”“故事情节”“自然环境”“社会环境”等，都可以成为我们解读小说、欣赏小说的“抓手”。在我们的实际阅读中，我们往往会从不止一个角度感受到小说的魅力，理解到小说的内涵。

随着阅读的深入，我们越来越发现，一篇优秀的小说，其价值绝不仅仅是讲一个故事，也不仅仅是塑造一个形象，小说家的一切创造，归根结底，是小说家对社会人生的思考、认识的形象化表达。这便是小说的主题了。因此，在实际解读小说主题的时候，我们往往不是从单一的角度，而是要综合各个角度来探索作者对社会、对人生的思考与认知，这些角度往往可以相互印证，将我们的理解引向深入。

⊙学习任务

请从你读过的课内外小说中任选一篇，综合各个角度进行主题分析。

写作要求：观点鲜明，有理有据。

【同学分享】

在阿西莫夫的《孩子最好的朋友》中，作者为我们呈现了未来人工智能在我们生活中的一个小片段。一般的科幻小说可能会写到人工智能对人类的取代，或者是人类如何在某些方面胜过它们。而阿西莫夫别出心裁地表达了另一个深刻的主题：自然生命最后的“自尊心高地”，即丰富的情感，是可能被人工智能超越的。

首先，我们通过小说的情节做一点分析。

在小说的开头，作者描写了安德森夫妇的对话，暗示了罗伯特是一台机器。一般人可能会以为它是一个机器人保姆或玩伴，但后面的段落和大家的预测相反：罗伯特是一只机械狗，但从字里行间根本看不出机械狗的影子。罗伯特与吉米在一起时做出的各种动作都像一只普通的小狗。“罗伯特会轻轻碰他的腿”“罗伯特会跳到他的怀里表示他是多么喜欢他”“罗伯特会一面转着圈子，一面惊恐地低声叫着”……都是很平常、很自然的动作，其中还透着几分可爱。与此同时，吉米的表现也很自然，甚至还会说出“我才不信你呢”这样的话。只有朋友或熟人之间才会这样交流，我们和 Siri、Alpha Go 等人工智能之间肯定不会有这种语气。这从侧面说明罗伯特和吉米之间的感情很深厚。

安德森先生把吉米叫回家之后，小说的行文风格一变，开始展示冲突。这部分中的绝大多数对话都是父子俩之间关于罗伯特的辩论，这里就不细究了。但值得注意的是，作者在描述对话时的情感倾向很是微妙。要放在现实中，人们大都倾向于说吉米后面的话是在抬杠，他不理解真正的感情，他意气用事、拒绝接受新事物等。可是纵观全篇，我们会发现安德森先生的理由只有一个：活物和机器就是不一样，到时候你就知道了。相比吉米的“抬杠”，这个理由更加苍白。作者用不同的叙述方式来包装这个空洞的论点，其目的在于使读者意识到，他们想当然认为人类在情感上胜于机器的想法只是一个先入为主的直觉而已。尤其是最后结尾处，罗伯特“欢喜地叫了起来”，发人深省，促人反思。

然后我们回头看人物。

人物方面，安德森先生和吉米也形成了对比。吉米是罗伯特的伙伴和主人，时刻和它玩在一起，相互之间十分了解。而安德森先生在开篇只是说“维修罗伯特可也并不便宜啊”这样的话，后来更是先入为主地认为罗伯特没有真情实感。加上吉米是个孩子而安德森先生是个大人，两者的立场差别立见。这里也可以看出，作者不赞赏先入为主、高高在上的思想，而偏向于“吉米型”的、从本质和实践入手的思维。

（初 1613 班　赵培源）

【点评指导】

分析一篇科幻小说的现实意义和主题思考，对于初中学生来说，是有一定难度的。但，用解读小说的一般方法，我们也可以对科幻小说的主题做出最基本、最简单的分析和理解。赵培源同学从情节分析和人物分析两个角度入手，解读了这篇科幻小说的基本主题。我们会发现，他在分析情节和人物的时候，突破了我们所讲的“开端”“发展”“高潮”“结局”的模型和人物描写的局限，而能够注意到“冲突”是情节发展的原因和人物性格的集中展现。抓住“冲突”这个点，对情节进行重新梳理，对人物进行比对分析，对主题的理解，也就自然呈现出来了。这一点非常可贵。

更上层楼

阅读理解

鉴　赏　家

汪曾祺

全县第一个大画家是季陶民，第一个鉴赏家是叶三。

叶三是个卖果子的。他专给大宅门送果子。到了什么节令送什么果子都是一定的。他的果子不用挑，个个都是好的。他的果子都是原装。四乡八镇，哪个园子里，什么人家，有一棵出名的好果树，他都知道，而且和园主打了多年交道，熟得像亲家一样了……

叶三五十岁整生日，老大老二都提出爹不要走宅门卖果子了，他们养得起他。

叶三有点生气了："嫌我给你们丢人？我给这些人家送惯了果子。就为了季四太爷一个人，我也得卖果子。你们也不用给我做什么寿。你们要是有孝心，把四太爷送我的画拿出去裱了，再给我打一口寿材。"这里有这样一种风俗，早早就把寿材准备下了，为的讨个吉利：添福添寿。于是老大老二就都依了他。

季四太爷即季陶民。他大排行是老四，城里人都称之为四太爷。

叶三真是为了季陶民一个人卖果子的。他给别人家送果子是为了挣钱，他给季陶民送果子是为了爱他的画。

季陶民有一个脾气，画一张画要喝二斤花雕，吃斤半水果。

叶三搜罗到最好的水果，总是首先给季陶民送去。

季陶民每天一起来就走进他的小书房——画室。叶三不须通报，一来就是半天。季陶民画的时候，他站在旁边很入神地看，专心致志，连大气都不出。有时看到精彩处，就情不自禁地深深吸一口气，甚至小声地惊呼起来。凡是叶三吸气、惊呼的地方，也正是季陶民的得意之笔。季陶民从不当众作画，他画画有时是把书房门锁起来的。对叶三可例外，他很愿意有这样一个人在旁边看着，他认为叶三真懂，不是假充内行，也不是谀媚。

季陶民最佩服李复堂。他认为扬州八怪里复堂功力最深，有笔有墨，也奔放，也严谨，也浑厚，也秀润，而且不装模作样，没有江湖气。有一天，大雪下得痛快，季陶民正准备烫一壶花雕趁着雪饮酒品画，叶三裹着一身风雪来了。叶三给他送来四开李复堂的册页，当叶三把用油纸裹了三层的画册从怀里掏出来，打开的时候，季陶民大吃一惊：这四开册页是真的！季陶民问他是多少钱买的，叶三说没花钱。他到三垛贩果子，看见一家的柜橱的玻璃里镶了四幅画，——他在四太爷这里看过不少李复堂的画，能辨认。

季陶民最讨厌听那些名士卖弄自己高雅博学，评书论画，但是他对叶三另眼相看。

叶三只是从心里喜欢画，他从不瞎评论。季陶民画完了画，钉在壁上，自己负手远看。有时会问叶三："好不好？"

叶三大都能一句话说出好在何处。

季陶民画了一幅紫藤，问叶三。

叶三说："紫藤里有风。"

"唔！你怎么知道？"

"花是乱的。"

"对极了！"

季陶民提笔题了两句词：深院悄无人，风拂紫藤花乱。

季陶民最爱画荷花。有一天，叶三送了一大把莲蓬来，季陶民一高兴，画了一幅墨荷，好些莲蓬。画完了，问叶三："如何？"

叶三说："四太爷，你这画不对。"

"不对？"

"'红花莲子白花藕'。你画的是白荷花，莲蓬却这样大，莲子饱，墨色也深，这是红荷花的莲子。"

"是吗？我头一回听见！"

季陶民于是展开一张八尺生宣，画了一张红莲花，题了一首诗：

红花莲子白花藕，

果贩叶三是我师。

惭愧画家少见识，

为君破例著胭脂。

季陶民送了叶三很多画，都是题了上款的。有时季陶民给叶三画了画，说："这张不题上款吧，你可以拿去卖钱，——有上款不好卖。"叶三说："题不题上款都行。不过您的画我一张也不卖！"

他把季陶民送他的画都放在他的棺材里。

十多年过去了。季陶民死了。叶三已经不卖果子，但是他四季八节，还四处寻觅鲜果，到季陶民坟上供一供。

季陶民死后，他的画价大增。大家知道叶三手里有很多季陶民的画，都是精品。很多人想买叶三的藏画。叶三说：

"不卖。"

有一天有一个外地人来拜望叶三，因为是远道来的，叶三只得把画拿出来。客人非常虔诚，要了清水洗了手，焚了一炷香，还先对画轴拜了三拜，然后才展开。他一边看，一边不停地赞叹：

"喔！喔！真好！真是神品！"

客人要买这些画，要多少钱都行。

叶三说：

"不卖。"

客人只好怅然而去。

叶三死了。他的儿子……

（有改动）

1．请根据文章内容，将下面表格补充完整。（4分）

叶三做的事	体现叶三的特点
看季陶民作画专心致志，看到精彩处情不自禁	
	慧眼识珠
能对季陶民的画作进行评论，并指出季陶民画作中的问题	
	信守诺言，重情重义

2. 第四段中“你们要是有孝心,把四太爷送我的画拿出去裱了,再给我打一口寿材”一句有何作用?(3分)

3. 文中写叶三给季陶民送画册的时候,写到“大雪下得痛快”,这句话有何作用?(3分)

4. 对于季陶民的画,叶三的回答次次都是“不卖!”,为什么?(4分)

5. 请结合文章内容,谈谈你对题目“鉴赏家”的理解。(不超过150字)(7分)

6. 叶三的儿子会怎样处理父亲留下的名画呢?依据文章内容,展开合理的想象,补写文章的结尾,并说明这样补写的理由。(5分)

7. 在叶三指出了季陶民画作的问题之后,季陶民写了一首小诗,这首小诗写得颇有趣味,请根据你对这篇小说人物形象的理解,针对这首小诗提一个问题,并写出问题的答案。(5分)

我的问题是:

我的答案是:

【参考答案】

1. (4分)

叶三做的事	体现叶三的特点
看季陶民作画专心致志,看到精彩处情不自禁	真懂画(懂得鉴赏/真懂艺术……)
给季陶民送李复堂真品册页	慧眼识珠
能对季陶民的画作进行评论,并指出季陶民画作中的问题	见多识广
坚决不卖季陶民的画	信守诺言,重情重义

2. (3分)这句话中“把四太爷送我的画裱了”写出了叶三对季陶民的画的珍爱,“打一口寿材”为下文叶三把季陶民送他的画都装进棺材里做铺垫,此两处的呼应也体现了叶三对季陶民的可贵知己之情。

3. (3分)①为叶三和季陶民赏画评画渲染气氛;②为下文叶三把画揣在怀里,且包了三层油纸铺垫;③烘托出叶三对画的珍爱;④侧面体现叶三真懂画,是季陶民的知己。(答出三点给满分)

4. (4分)①表现了叶三对画的珍视与痴爱,表明了叶三态度的坚决。②三次面对不同的谈话对象,三次同样坚定的回答,隐含了叶三表里如一、坚守承诺、重友谊和重知己的高贵品质。(每点2分)

5. (7分)“鉴赏家”首先是写叶三爱画懂画;其次“鉴赏家”针对“画家”而言,体现了叶三与季陶民之间的知己之情。叶三专门给季陶民送水果，在看季陶民作画时专心致志，并能看出画的精彩，能对季陶民的画作进行评论，且能指出问题，都体现了他懂画。坚决不卖季陶民画作，更是叶三对季陶民知己情谊的体现。

6.（5分）示例一：遵照父亲的遗嘱，把季陶民的画和父亲一起装进棺材里，埋了。在前文中叶三把季陶民送他的画都放在他的棺材里，并且践行了自己的承诺"一张也不卖"。当叶三在生日提出"把四太爷送我的画拿出去裱了，再给我打一口寿材"的要求时，"老大老二就都依了他"，可以看出叶三的儿子很孝顺，所以孝顺的儿子会完成父亲的愿望。

示例二：把父亲留下的画珍藏起来，每到清明的时候，总是带到坟前让父亲观赏。文中叶三的儿子很孝顺，所以他们不会违背父亲的意愿，会把画留下。但是如果带进坟墓中，就会使这样的珍品永不见天日，所以选取了一个折中的办法。既能孝顺父亲，又能留下珍贵的画作。（依据文章内容，言之成理即可。）

7. 略。（提的问题既针对这首诗，又和人物性格有关，回答能兼顾人物和小诗本身，且言之成理即可。）

文章写作

⊙写作指导

如何设计冲突

"文似看山不喜平。"在我们阅读一篇小说的时候往往会被小说一波三折的情节所吸引，而在我们日常的习作中，却往往很难写出如小说家创作的作品一样曲折生动的故事。这是因为生活本身比文学作品平淡得多吗？可能并不是这样的。小说作品来源于生活本身，是对生活的浓缩，生活的空间远比小说广阔得多，小说家们往往是更能够发现生活背后的东西的人，他们对现实生活进行提炼和浓缩，创作了脍炙人口的艺术作品。

如果我们细细去研究，就会发现，小说作品情节曲折发展的背后实际上有一股推动的力量，这股力量就是矛盾冲突，没有冲突，也就没有了情节的发展演进。冲突是促成小说情节发展的重要力量。在《我的叔叔于勒》里，一家人与于勒的"矛盾—和解—升级"促成了这篇小说情节的推进，小说要表达的主题与思考就在其中展示出来了；

《故乡》里，二十年时间给杨二嫂、闰土等人带来的前后巨大反差，构成了另一个层面的强烈冲突，使得主人公在离开故乡的时候不得不思考“生活”与“路”的问题；“神枪沙子龙”的时代成了过去时，他的骄傲与隐忍，只能隐在夜深人静处的一趟五虎断魂枪中……冲突，不仅仅在推动着故事情节的发展，而且在帮助读者发现隐藏在故事情节背后的世相人心。

细究起来，小说中的常见冲突大概可以找出以下几种。

人与人之间的冲突，包括利益冲突、性格冲突、观念冲突等；人与环境之间的冲突，特别是人与社会环境之间的冲突(比如孔乙已或沙子龙与其所处的环境)；人的自我冲突，可以是同一时空下人物内心的矛盾(比如沙子龙的故事)，也可以是不同时空下同一个人物的强烈反差(比如闰土的变化)。在某种意义上讲，正是这些冲突促成了丰富的小说世界。

那么，在我们看似平淡的现实生活中，这些类型的“冲突”是不是也是存在的呢？如果我们能够在自己的叙事习作中注意对生活中冲突的挖掘和体现，是不是也可以使我们的习作浓缩生活，曲折生动，甚至也体现出我们更深一层的思考和认识呢？其实，这些方法都可以从我们在本专题中读到的小说里习得。

一、把冲突作为描写的重点

在平时的习作中，我们都会注意对人物语言、动作、神态、心理，甚至是外貌的描写。那么，怎样的描写才能真正体现人物的心理活动和脾气性格呢？描写真的是事无巨细、越细越好吗？可能不是这样的。老舍的《断魂枪》中，沙子龙虽是主要人物，但直接出场表演并不多，而作者对沙子龙的正面描写主要集中在下面的一段。

“我来为领教领教枪法。”

“功夫早搁下了，”沙子龙指着身上，“已经放了肉！”

“这么办也行，”孙老者深深地看了沙老师一眼：“不比武，教给我那趟五虎断魂枪。”

“五虎断魂枪？”沙子龙笑了：“早忘干净了！早忘干净了！告诉你，在我这儿住几天，咱们各处逛逛，临走，多少送点盘缠。”

“我不逛，也用不着钱，我来学艺！”孙老者立起来，“我练趟给你看看，看够得上学艺不够！”一屈腰已到了院中，把楼鸽都吓飞起去。拉开架子，他打了趟查拳：腿快，手飘洒，一个飞脚起去，小辫儿飘在空中，像从天上落下来一个风筝；快之中，每个架子都摆得稳、准，利落；来回六趟，把院子满都打到，走得圆，接得紧，身子在一处，而精神贯串到四面八方。抱拳收势，身儿缩紧，好似满院乱飞的燕子忽然归了巢。

“好！好！”沙子龙在台阶上点着头喊。

“教给我那趟枪！”孙老者抱了抱拳。

沙子龙下了台阶，也抱着拳：“孙老者，说真的吧；那条枪和那套枪都跟我入棺材，一齐入棺材！”

“不传？”

“不传！”

孙老者的胡子嘴动了半天，没说出什么来。到屋里抄起蓝布大衫，拉拉着腿：“打搅了，再会！”

“吃过饭走！”沙子龙说。

孙老者没言语。

这是非常精彩的一段正面描写，而描写的笔锋集中在一个要学枪，一个坚决不传的矛盾中。特别是孙老者急急切切要学的步步紧逼所体现出来的那个“紧”和沙子龙打定主意不为所动的那个“松”；孙老者的那个“刚”，沙子龙的那个“柔”——两个人围绕着学枪一事的矛盾冲突不仅仅构成了情节冲突，而且展现了性格的冲突、心态的冲突，且在老舍娴熟的对比描写中，呈现出了文章节奏一张一弛的美学冲突。

那么，在我们的习作中，我们是否也可以把描写的笔墨集中在那些可以体现人与人之间、人与环境之间、人与自我之间冲突的关键点上呢？当我们着眼于冲突的时候，我们可能会告别为描写而描写，而是把最能体现冲突双方矛盾点的地方充分地体现出来。着眼冲突，强化反差，我们的描写会更有意义。

有的时候，我们甚至不妨用冲突一方的眼来看另一方，用冲突一方的嘴来转述另一方，这样，矛盾冲突往往能被更鲜明、更直接地体现出来，就如王三胜们后来对沙子龙的各种传言，其实体现的正是不同心态、不同见识的冲突。

二、用冲突控制叙事的节奏

叙事详略的组合能够形成我们叙事文写作的节奏。好的文章节奏往往不是一味向紧或一味向缓的，而是紧张与松弛交替出现，所谓“一张一弛，文武之道”，在叙事节奏上也是这么回事。张弛有度的从容叙述，能让你的故事更好地吸引读者，给读者带来阅读的舒适感。而所谓的张弛、节奏，在很大程度上是由冲突双方的距离与冲突的剧烈程度决定的。

《林教头风雪山神庙》中，林冲遇到李小二，得到了接济，生活逐渐归于稳定的时候，陆谦的影子便幽灵般地闪现出来了，冲突双方有了碰面的可能，情节节奏一下子就转向了紧张；而林冲寻仇几日却并没有遇到陆谦等人，心里也就“慢了下来”，叙事节奏也就随之缓慢了；然后又有了看守草料场，住处被大雪压塌，林冲到山神庙避雪，情节一点点又往紧张走；忽然草料场起火，情节一下子紧张了，林冲刚要出去，外面来了在庙门前看火的人，林冲听他们议论，情节稍缓；林冲发现了奸人诡计，在山神庙前手刃仇敌，矛盾冲突达到最高潮。

叙事的节奏，很大程度上就是冲突的剧烈舒缓交替，就是矛盾的解决、和解，新矛盾的产生、激化。把握住了冲突的节奏，也就把握住了叙事的节奏。在我们的习作中，也常常会有一些对立冲突的情节出现，当我们细致分析了冲突双方矛盾的产生、激化、和解，甚至转化的过程，并以此为依据来控制我们的叙事节奏的时候，文章的详略缓急问题可能都可以得以解决。

三、以冲突体现思考的价值

冲突不仅仅能够推动情节发展，展现人物形象，控制叙事节奏，更重要的是，一篇小说中的冲突，其实体现了作者对人情世相的理解。作者对冲突实质的把握，就是作者对生活实质的思考。小说的主题，多在多元多重的矛盾中得以展现。《我的叔叔于勒》中，无论是菲利普夫妇与于勒之间的矛盾，还是菲利普夫妇对于勒态度的强烈反差，其实质都是金钱利益与血缘亲情之间的冲突，作者的思考与创作，不止于一人一家，而是通过浓缩的一人一家来折射至少一个时代、一个阶层，甚至是许多时代、许多阶层在面对这种冲突时的状貌与内心。

阅读小说，要在冲突中读之；折射大道，当然也要在冲突中描绘。这一点，不仅仅是小说作家们在创作中追求的，在我们的习作中也可以有所体现。去感悟生活中每一次冲突的意义，你会发现，有些意义如此深刻，有些意义其实很积极，有些冲突反而是因为彼此相爱……透过“事件”和“人物”的表象，思考背后的冲突，思考冲突背后的情感价值，可能同样的小事，在你的笔下会表达出与众不同的意义，你文章的立意，也因此得以提升。

⊙写作实践

人与自然的冲突，可能会导致灾难的降临，也可能会带来美丽的新世界；人与人的冲突可能会导致关系的破裂，也可能带来理解的加深；而一个人内心的自我冲突可能导致精神的痛苦与迷失，也可能带来人生真理的彻悟……冲突无处不在，无时不有。

它常常给我们带来各种各样的苦恼，也常常带着我们走到更高、更远、更澄明的天空。请你以“冲突”为题目写一篇文章。

【同学分享】

冲　突

初 1613 班　关　澜

鞭炮的纸屑刚刚落红，春节的气息仍是热烘，小区的花园终于竣工。住在三号楼一层的张叔叔便带来一位来自乡下的贵客——他的父亲张爷爷。爷爷也带来位“贵客”，不过不是别人，倒是一只鹅。

张爷爷从农村来，鹅又随着他，这从农村来的身份便使它即使是只白鹅，在四周邻里的眼里也还是土里土气的。但不论如何，人们终是得封它一个“贵”字。张爷爷与城市格格不入，甚至是有些许冲突，毕竟他每天多次往返小花园，东拾一块砖，西拿一片瓦的行为实在是令人琢磨不透，更多的还是细碎的嚼舌根。张爷爷的零碎砖瓦越堆越高，人们对他们的侧目不免也愈发多了起来。到最后那砖瓦竟盖成个小棚，人们便无话可说，闲言也戛然而止了。那鹅也是心安理得地住了进去，人们见它倒住得坦荡，“贵”字便脱口而出了。

于是每当那鹅同张爷爷带着他们独有的一份呆愣望向从他们面前刻意行过的人们，一声“哎呀，这不是贵客吗!”定是讽刺地脱口而出的。

鹅被围养在棚子里，张爷爷不太能与周围人打上交道，于是也把自己围在家里。身为乡下的鹅，定是受不了这种被好吃好喝供养着而失去自由的日常。只能怪它聪明，为了让自己的主人耳根清净些，它白日也不恼不叫，只是默默地吞着糊满农药的菜叶，呆愣地望着什么地方，使人安心不已。不知哪位城里人说过“黑夜使人的感情肆意逆流成河”，鹅虽是只乡下鹅，这点却实践得相当到位：每适半夜三更，鹅定是会鸣的，鸣得也不甚好听，可以说是刺耳了。它从刚开始的低吟浅唱，至嚎到肝肠寸断，声音粗哑到不行。我与院中的小友们认为它是想到那片金色麦田了，毕竟这里只有钢韧与孤寂。于是待它再嚎时，我们不禁听得敬重，同时生出点为它思乡而不达的惋惜，又对人们不轻易吐出的咒骂表示鄙夷。

张爷爷和鹅终是要走了，当然有这里的封闭使他们透不过气的原因，但更多的还是蔓延的恶意。那些有冲突的人们终于同仇敌忾，谁知仇敌在哪里？

一切都看似平静。

小棚在一场冲突中被砸得稀碎，不过谁都无罪。

【点评指导】

作者所写看似生活中的一件小事儿，是邻里之间因生活习惯不同而发生的一个小冲突。但在这个小冲突的背后，实际上还折射出了更深层次的冲突，这个冲突首先是文化价值的冲突，居民楼的文化场域和乡间的文化场域构成了不同价值取向的冲突；其次还有群体与个体的冲突；最后，可能还有一个与环境隔膜的人的内心冲突。这篇习作，选材小，立意深，以小见大，写得很有层次。

综合实践

1. 我的舞台剧。

请你从本专题的小说中任选一篇，或综合本专题的几篇小说，进行加工创造和艺术编排，创作完整的舞台剧剧本并进行编排和演出。

要求：剧中主要人物均来自本专题的小说，且人物形象性格与原著保持基本一致，矛盾冲突集中紧凑。故事发生的时间、地点可以自由设置。演出时长为15分钟左右。

注意：

① 你的改编应该在忠于原著的同时，使人物之间的矛盾冲突更加集中。

② 你要对人物台词进行进一步的加工设计，通过台词来体现人物性格，同时保留经典对白。

③ 人物的动作、神态，舞台的布景、灯光等，可以用“舞台提示”进行介绍。

④ 如果有必要，可以设计旁白等。

【同学分享】

【时间：某个朝代的某天晚上。地点：鲁镇客栈。】

【店中喧闹无比。画外音：孔乙己，你又添新伤疤啦！】

孔乙己：（不屑地）温两碗酒，要一碟茴香豆。（排出九文大钱，放在桌子上。）

【范进等人入场。】

范进：（坐在板凳上，对同行人说）这次的乡试，我是瞒着我老丈人偷偷出来的，我一定得好好考才行。

【众人开始议论对比孔乙己和范进。范进不以为然，孔乙己脸上通红。】

范进：（对孔乙己）这位兄台，不知高名贵姓？

【孔乙己刚要说话，画外音：他叫孔乙己！】

孔乙己：兄台此去乡试，不知水平如何，让我来考考你罢！

【范进尚未开口同意，周围人就都叫了起来。】

孔乙己：（指着茴香豆）兄台可知“茴香豆”的“茴”字怎么写吗？

【范进刚要开口，小伙计进场。】

小伙计：不是草字头底下一个“来回”的“回”字么？

【孔乙己显出极高兴的样子。】

孔乙己：那可知“回”字有几种写法么？

【小伙计不屑一顾，退场。】

范进：四种。

孔乙己：（高兴）此实乃人才也，不多不多！“多乎哉？不多也。”

【众人大笑不止。】

【老板沙子龙入场。】

沙子龙：各位客官，时候不早了，小店要打烊了。各位明日再会！

【众人纷纷离去。】

【地点：沙子龙房中，有一杆断魂枪。】

沙子龙：（抚着抢叹气）不传，不传。

【沙子龙开始回忆。】

【地点：客栈。】

【林冲入场。】

沙子龙：林教头，久仰，久仰。

林冲：（抱拳）老板，取三四瓶好酒来。

【沙子龙刚要走，只听传来一阵马蹄声。】

【林冲心知不妙，便让沙子龙寻一个藏身之处予他。】

【沙子龙把林冲藏在酒窖之中，锁门。】

【陆谦进场。】

陆谦：（凶恶地）有没有看见一个豹头环眼，燕颔虎须，八尺长短身材，三十四五年纪的壮汉经过？

沙子龙：（紧张）没……没有……

陆谦：此人是朝廷通缉对象，你最好没看见，但要是被我们发现你知情不报！哼哼……（奸笑）

沙子龙：真……没有。

陆谦：（一挥手）走！下一家！

【见陆谦走了，沙子龙舒了一口气，缓缓打开酒窖大门，放林冲出来。】

林冲：多谢恩公救命之恩，无以为报，唯有一本祖传秘籍《断魂枪》与长枪赠予君。

沙子龙：（惊喜）多谢教头。

【林冲摆摆手，提了酒，向外奔去。】

【沙子龙从回忆中醒来。】

沙子龙：（嘟哝）不传，不传……

【几天后，镇上传来范进中举的消息，大家都很高兴。】

【地点：范进家。菲利普、范进、胡屠户入场。】

菲利普：恭喜您中了举人。

范进：范某不才。

胡屠户：我就说我们家女儿没嫁错人！你看看，果然中了吧！

菲利普：这是我弟弟于勒写给我的信，他说他也发财了，什么时候我们去见见他，到时候我们就有钱啦！

范进：令弟果然机智过人。

菲利普：不敢当，若范兄有兴，不妨同去游玩。

胡屠户：好好好，我们这就出发。

【地点：船上。】

于勒：卖牡蛎咯！新鲜的牡蛎！

菲利普：（对夫人）你看他像不像于勒？

夫人：（不安地）说什么呢！怎么可能？

【这时，旁边的桌子上传来声音。】

【画外音：买定离手，买定离手！来，开！一一二，四点小！】

胡屠户：大家赌什么呀，真正的富豪在这儿呢！

【说罢，指向菲利普。】

菲利普：（看向于勒，发现于勒也看着他，一时语塞）这……

胡屠户：（奇怪）你不是有一个特别有钱的弟弟于勒吗？说出来给大伙听听啊！

【周围人开始起哄。】

船长（踱步入场）：于勒？不是我们船上那个卖牡蛎的吗？诺，不在那儿呢吗？

【全场人的目光都集中在于勒身上，聚光灯打在于勒和菲利普身上。】

菲利普：弟弟，你不是说你发财了吗？怎么？是又被败光了还是根本没有啊？

【又一束聚光灯打在胡屠户身上，胡屠户愤然上前。】

胡屠户：你这个畜生都干了些什么？（抽了于勒一耳光）

【全场灯亮起，大家都表情惊愕。】

胡屠户：你这个畜生给你脸了是吧，整天就想着怎么偷你哥哥的钱。还想变天鹅？做梦！美不死你的！（又一耳光）

【船靠岸，菲利普、范进等人下船。】

【孔乙己从角落里出来。】

孔乙己：不知者不罪，其真不知乎？其真不智也。

【全剧终】

（初1613班　罗翔天）

【点评指导】

这个任务的立意，主要是让学生在集中的冲突设计中体会并表现小说中的典型性格。罗翔天同学的设计非常巧妙，他将不同作品中的人物集中在了一起，并让人物之间发生冲突，难能可贵的是，该同学对哪个人物与哪个人物之间发生“对手戏”有精心的设计，在人物冲突之中，人物本身的性格符合原著设定且得以放大。将范进置身鲁镇客栈，让于勒面对胡屠户，看起来何等荒诞，但如果这些人物真的见面，故事如此发生，又自然而然，不刻意，不牵强。唯林教头与沙子龙相见一节，意义不太大，有鸡肋之憾。

2．倾心荐小说。

请你向全校同学倾心推荐一本值得本校图书馆馆藏的小说或小说集。

要求：利用本专题学到的知识和技巧，为你推荐的馆藏小说（或小说集）精心撰写一篇评论文章。

【同学分享】

他们所追的风筝

当我翻开《追风筝的人》正文的第一页，第一眼看去，最引人注目的是一行，也是唯一一行楷体字——为你，千千万万遍。我顿时感觉它吸引了我，读着既温暖又心酸。

这本书讲述了富家少爷阿米尔与仆人哈桑的亲密友谊，这段感情也成了贯穿全书的脉络。他们情同手足，哈桑为阿米尔说出"为你，千千万万遍"。如此美好的友谊毁于一场风筝比赛。他们是冠军。赛后，哈桑受到一个生性凶残的富家少爷阿塞夫的欺凌。阿米尔目睹，却没有相救。出于自责与痛苦，他逼走了哈桑，不久后随父亲逃往美国。成年后的阿米尔无法原谅自己对哈桑当年的背叛，他回到故乡，希望能为好友尽最后一点心力。哈桑已经去世，只留下一个儿子。阿米尔为了那孩子的抚养权，不惜付出一切。他像当年的哈桑，受了欺辱，但仍拼尽全力为他的挚友的孩子追下那只风筝，他只听见自己说："为你，千千万万遍。"

令我感动的是他们的感情——哈桑对阿米尔不求回报的好，阿米尔成年后的领悟与歉疚。但引发我思考，让我觉得这本书真正值得读的地方，是他们所追的风筝。风筝，恰巧象征着这段儿时的友谊，象征着这段关系的脆弱。就像风筝比赛时，那风筝可以被别的风筝线一下子割断，如此不堪一击。

哈桑与阿米尔，都是追风筝的人。

哈桑追的是实质上的风筝，他为阿米尔而追，为仆人对主人的信任而追。但他何尝没有去追友情与信任的那只风筝呢。他对阿米尔是百分之百的信任，执着地认为阿米尔把他当作朋友，一直不求回报地服从他，对他好。那时他却没有追到那风筝，也就是用多年的情谊换来了阿米尔的背叛。

而阿米尔，他成年后，也在追风筝。这风筝是象征性的，既可以是亲情友情，也可以是正直、善良、诚实。对于阿米尔，风筝隐喻他人格中不可缺少的一部分，他为他的良心，为他心中的歉疚，为赎罪，为挽回哈桑的友情而追。只有追到了，他才能成为一个健全的人，成为他所期许的阿米尔。

这是一本值得阅读的小说，愿你们能够细细品味它的故事与它的意义，也愿你们能够勇敢地追寻你们心中的风筝。

（初 1311 班　刘欣潼）

【点评指导】

在一篇小说中，特别是一部长篇小说中，不断复现的东西，往往与小说的主题相关，甚至，可以说是一部小说的精魂所在。《追风筝的人》中不断复现的一句话就是"为你，千千万万遍"，这句话可以直指小说主题。刘欣潼同学很敏锐地抓住了这一点，并且把它鲜明地呈现在了自己的推荐文本的开头，并以之为纲对两位主人公的兄弟情义，以及阿米尔的自我救赎进行了简明扼要的介绍。这篇推荐，抓住了这部小说最核心的东西。而作为推荐，除了对大概内容和小说主题的介绍之外，如果能在小说的艺术水准、时代价值、社会价值，以及读者可能获得的阅读趣味等角度也有所提及，这篇小说推荐会写得更成功。